일잘러의 비밀,
엑셀 대신 **파이썬**으로
업무 자동화하기

개정판

일잘러의 비밀, 엑셀 대신 파이썬으로 업무 자동화하기(개정판)

엑셀 반복 업무로 지친 직장인, 파이썬으로 칼퇴하자!

초판 1쇄 발행 2022년 5월 2일
개정판 1쇄 발행 2024년 9월 2일

지은이 포스코인재창조원 / **펴낸이** 전태호
펴낸곳 한빛미디어(주) / **주소** 서울시 서대문구 연희로2길 62 한빛미디어(주) IT출판1부
전화 02-325-5544 / **팩스** 02-336-7124
등록 1999년 6월 24일 제25100-2017-000058호 / **ISBN** 979-11-6921-267-0 93000

총괄 배윤미 / **책임편집** 이미향 / **기획 · 편집** 권소정
디자인 이아란 / **전산편집** 이경숙
영업 김형진, 장경환, 조유미 / **마케팅** 박상용, 한종진, 이행은, 김선아, 고광일, 성화정, 김한솔 / **제작** 박성우, 김정우

이 책에 대한 의견이나 오탈자 및 잘못된 내용은 출판사 홈페이지나 아래 이메일로 알려주십시오.
파본은 구매처에서 교환하실 수 있습니다. 책값은 뒤표지에 표시되어 있습니다.
한빛미디어 홈페이지 www.hanbit.co.kr / **이메일** ask@hanbit.co.kr
예제 파일 www.hanbit.co.kr/src/11267

지금 하지 않으면 할 수 없는 일이 있습니다.
책으로 펴내고 싶은 아이디어나 원고를 메일(writer@hanbit.co.kr)로 보내주세요.
한빛미디어(주)는 여러분의 소중한 경험과 지식을 기다리고 있습니다.

개정판

일잘러의 비밀,

엑셀 대신 파이썬으로 업무 자동화하기

포스코인재창조원 지음

한빛미디어
Hanbit Media, Inc.

4차 산업혁명 시대의 도래로 인공지능과 코딩에 대한 관심이 높아지고 있습니다. 특히 인공지능 기술은 사람의 인식 수준을 뛰어넘는 수준으로 발전했으며, 이제는 일부 창의력까지 보유한 인공지능이 지식을 창출하는 시대가 다가오고 있습니다. 인공지능을 만드는 것은 전문가의 영역이지만 인공지능을 활용하여 가치를 창출하는 것은 범용 기술로 자리 잡아가고 있는 것입니다.

인공지능을 활용하기 위해서는 컴퓨팅 사고력(소프트웨어 역량)을 기반으로 한 데이터 리터러시와 문제 해결 능력 등이 반드시 필요합니다. 이를 위해 국가적 차원에서도 초·중학교부터 소프트웨어 활용 방법을 필수로 가르치고 있으며, 많은 직장인이 시대에 뒤처지지 않기 위해 코딩 공부에 시간과 열정을 투자하고 있습니다.

인공지능 및 데이터 과학에서 많이 사용하는 프로그래밍 언어가 바로 파이썬입니다. 파이썬은 인간의 언어체계와 유사하여 배우기 쉽고, 다양한 소프트웨어 패키지가 무료로 배포되고 있어 활용성 또한 매우 높습니다. 파이썬 공부를 위한 자료는 유튜브, 구글, 관련 도서 등 어느 곳에서나 쉽게 찾아볼 수 있지만, 정작 직장인 초보자를 위한 설명이 부족하거나 실제 업무에 활용 가능한 살아 있는 지식을 전달하는 책이 없어 아쉬웠습니다.

이 책은 파이썬을 처음 배우는 직장인이 쉽게 학습할 수 있도록 체계적으로 구성되어 있으며 실무에 바로 적용할 수 있는 다양한 예제를 다룹니다. [Part 01. 파이썬 기초]에서는 변수 및 자료형, 제어문, 함수 등 파이썬을 다루는 데 필요한 기초 개념을 초보자 관점에서 이해하기 쉽게 설명합니다. [Part 02. 파이썬으로 엑셀하기]에서는 현업 직장인이 자주 사용하는 엑셀 기능을 파이썬의 주요 함수로 구현하는 방법을 안내합니다. [Part 03. 파이썬으로 업무 자동화하기]에서는 엑셀과 파워포인트 문서 작성을 자동화하는 방법과 웹 크롤링을 다루는데, 현장에서 업무 프로세스를 개선하는 데 많은 도움이 될 것입니다.

애플의 창업자 스티브 잡스는 생전에 "모든 사람은 코딩을 배워야 한다. 코딩은 생각하는 방법을 알려주기 때문이다."라고 말할 정도로 코딩의 중요성을 강조했습니다. 코딩을 배우면 IT 기본 역량을 키우는 것은 물론 창의적으로 일하는 방법까지 습득할 수 있습니다. 파이썬을 활용해 업무를 효율적으로 처리하고 싶은 직장인, 일 잘하는 직장인이 되고 싶은 분께 이 책이 좋은 길잡이가 되길 바랍니다.

포스텍 인공지능연구원장 서영주

포스트 코로나 시대를 맞은 현재, 일하는 방식이 변화함에 따라 디지털 기술의 발전 역시 가속화하고 있습니다. 재택근무가 일상이 되면서 메타버스, 가상 회의, 대화형 AI 등 비대면 소통을 지원하는 새로운 서비스가 등장하고, 이와 관련한 기술의 발전 속도도 더욱 빨라지고 있습니다. 이러한 변화 속에서 기업은 물론 공공분야의 디지털 전환에 대한 중요성 또한 점점 더 높아지고 있습니다. 디지털 전환 시대에는 AI 등 신기술 활용 역량을 보유하는 것은 물론이고, 급격한 환경 변화에 신속하게 대응하기 위한 전략적 사고와 문제 해결 능력을 갖춘 융합형 인재가 필요합니다.

과거 디지털 기술은 일부 제조업이나 IT 업종에 한해서만 활용하는 것으로 알려졌습니다. 그러나 이제는 일반 사무 현장 곳곳에도 디지털 기술이 급격히 확산되고 있습니다. 대표적으로 파이썬을 활용해 업무를 자동화하거나 빅데이터를 수집하는 직장인이 많아지고 있다는 상황을 예로 들 수 있습니다. 더 나아가 AI 기술이 대중화됨에 따라 사무 업무에 인공지능을 적용하는 직장인도 점차 눈에 띄고 있습니다. 디지털 기술을 활용하는 분야에 대한 경계는 사라지고 있으며, 이를 업무에 잘 활용하는 직장인이 더 인정받는 시대로 변화하고 있습니다.

디지털 기술과 경험을 축적하기 위해서는 코딩은 물론 적당한 예제와 데이터를 찾아 학습하고 자신의 업무에 적용해 보는 과정이 반드시 필요합니다. 그러나 초보자 수준에서 당장 활용하는 데 필요한 예제와 데이터를 찾는 것은 여간 번거롭고 까다로운 일이 아닐 수 없습니다. 이 책은 코딩에 익숙하지 않은 직장인을 대상으로 쉽게 풀어 썼으며 실무 예제까지 풍부하게 다루고 있습니다. 특히 엑셀이나 파워포인트 문서 작성을 자동화하는 방법은 자칫 지루해지기 쉬운 코딩 공부를 현실에 맞닿은 내용으로 재미있게 공부할 수 있도록 안내합니다. 따라서 책에서 설명하는 예제들을 자신의 경험으로 축적해 나간다면 보다 숙련된 컴퓨팅 사고력과 문제 해결 능력을 갖추게 될 것입니다.

현시대를 살아가는 직장인이라면 경쟁력 향상을 위해 지속적으로 업무 역량을 키워나가야 합니다. 이 책에서 다루는 내용을 꾸준히 학습하고 자신의 업무에 적용하며 경험을 쌓아간다면 디지털 역량 개발에 큰 도움이 될 것입니다.

前 국가과학기술인력개발원장 **박귀찬**

인공지능, 빅데이터 등 디지털을 기반으로 하는 4차 산업혁명은 사회 전반에 걸쳐 혁신적인 변화를 불러오고 있습니다. 이러한 변화의 물결은 최근 챗GPT, Copilot과 같은 생성형 AI의 출현으로 연결되며, 단순한 기술혁신을 넘어 경제·사회 전반의 급격한 패러다임 변화를 촉발하고 있습니다. 디지털 기술이 우리 삶에 미치는 영향력은 점점 더 커지고 있고, 이에 따라 개개인의 디지털 기술 활용 능력 차이가 소득 수준의 격차까지 심화시키고 있는 실정입니다.

많은 기업이 인공지능, 빅데이터, 블록체인, 생성형 AI 등 새로운 디지털 기술로 무장하고, 나아가 이를 기반으로 한 비즈니스 모델, 조직, 인재 육성, 업무 프로세스, 기업 문화 등을 근본적으로 변화시키는 디지털 트랜스포메이션(DX) 경영전략을 운영 중입니다. 포스코 역시 철강을 비롯한 이차전지, 건설, 수소 에너지, 물류, 트레이딩 등 그룹 사업 전반에 걸쳐 새로운 비즈니스 가치를 창출하는 방향으로 디지털 트랜스포메이션을 추진 중이며, 이를 위한 디지털 인재 육성에 중점을 두고 있습니다.

포스코인재창조원은 포스코형 디지털 인재 육성을 위해 업무 활용성이 높은 파이썬 기반의 업무 자동화, 인공지능, 빅데이터 분석 등 다양한 디지털 교육 과정을 운영하고 있습니다. 특히 직장 생활을 처음 시작하는 신입사원에게는 파이썬과 업무 자동화를 필수로 교육하고 있습니다. 코딩은 이제 전문가의 영역이 아니라 직장인이라면 누구나 활용할 수 있는 도구입니다. 이전에는 파워포인트, 워드, 엑셀을 잘 다루면 일 잘하는 직장인이 될 수 있었듯이 이제는 코딩을 잘해야 일 잘하는 직장인으로 인정받을 수 있습니다. 특히 파이썬은 초보자도 쉽게 배울 수 있어 업무에도 유연하게 활용할 수 있는 훌륭한 프로그래밍 언어로 직장인에게 각광받고 있습니다.

이 책을 기획하게 된 동기는 포스코 직원을 대상으로 한 디지털 교육 경험을 같은 시대를 살아가는 다른 직장인들과 나누고 싶어서입니다. 막상 파이썬을 처음 배우게 되면 자료형, 제어문 등 기초 문법만 공부하다가 흥미를 잃고 그만두는 경우가 많습니다. 파이썬을 자신의 업무에 활용할 수 있는 손에 잡히는 사례가 부족하기 때문입니다. 이 책은 파이썬 기초는 물론 실제 업무에 활용할 수 있는 업무 자동화 및 웹에서 데이터를 자동으로 수집하는 웹 크롤링까지 다루고 있습니다. 특히 직장에서 가장 많이 사용하는 프로그램인 엑셀을 파이썬으로 구현하는 방법을 통해 코딩 공부에 흥미를 잃지 않고 지속적으로 학습할 수 있도록 구성했습니다.

[Part 01. 파이썬 기초]는 파이썬을 처음 접하는 직장인이 필수로 학습해야 할 내용으로 구성했습니다. 파이썬의 특징과 활용 분야, 파이썬 개발 환경을 살펴보고 코딩 기초 지식인 자료형, 제어문과 함수 등에 대해 배웁니다. [Part 02. 파이썬으로 엑셀하기]는 엑셀 함수를 파이썬 코드로 구현하는 내용입니다. 엑셀의 텍스트 함수, 수학 및 통계 함수, 그래프 등을 파이썬 코드와 비교하면서 예제와 함께 쉽게 따라 할 수 있도록 구성했습니다. 손으로 직접 해 보면서 하나하나 익혀 나가다 보면 엑셀로 처리하던

업무를 파이썬으로도 쉽게 처리할 수 있게 될 것입니다. [Part 03. 파이썬으로 업무 자동화하기]는 업무 자동화와 웹 크롤링을 다양한 예제와 실습을 통해 학습할 수 있도록 구성했습니다. 단 몇 줄 코드만으로 지루한 반복 업무나 비효율적인 프로세스를 빠르게 자동화하는 방법, 웹에서 원하는 자료를 자동으로 수집하는 방법 등을 학습할 수 있습니다. 특히 Chapter 9의 실전 프로젝트는 지금까지 배운 코드를 복습하며 자동화의 묘미를 실제로 맛볼 수 있도록 구성했습니다. 여기에 더하여 Chapter 10에서는 생성형 AI인 챗GPT를 통해 원하는 파이썬 코드를 생성해 내고, 코딩 오류, 오류 메시지 등을 쉽게 해결할 수 있는 방법에 대해서도 다루고 있습니다. 코딩 지식을 바탕으로 생성형 AI를 활용하면 코딩이 더 쉬워지고 문제 해결이 간편해 집니다.

코딩은 한 번 보기만 한다고 익힐 수 있는 것이 아닙니다. 직접 코드를 입력해 보고 꾸준히 반복 학습하는 것이 최선의 방법입니다. 입력한 코드가 어떤 결과를 내는지, 코드를 잘못 입력했을 때 어떤 오류가 발생하는지 등을 경험해 보며 직접 고쳐 보는 연습이 실력이 향상되는 지름길입니다. 많은 직장인이 이 책을 읽은 후 코딩에 대한 두려움을 떨쳐 버리고 일 잘하는 직장인으로 인정받기를 기원합니다.

책이 나오기까지 오랜 기간 밤늦도록 집필하느라 고생하신 김두환 리더, 백훈 교수, 유구봉 교수, 이선희 차장, 박민경 차장, 서호동 대리, 안서희 사원에게 진심으로 감사드립니다. 또한 양질의 책이 나올 수 있도록 도와주신 한빛미디어 관계자 여러분께도 감사의 인사를 드립니다.

포스코인재창조원장 김순기

이 책은 총 3개 파트, 10개 장으로 구성되어 있습니다. 각 장에서 배울 내용을 먼저 확인하고 예제를 따라 하면서 파이썬을 익혀 보세요. 좀 더 깊이 있는 내용은 '여기서 잠깐'과 '좀 더 알아보기'를 참고하고, '마무리'에서 배운 내용을 한눈에 정리할 수 있습니다.

이 장에서 배울 내용

이 장에서 앞으로 배울 내용에 대해 한눈에 파악할 수 있습니다.

핵심 함수

해당 예제에서 중점적으로 다루는 함수를 설명합니다.

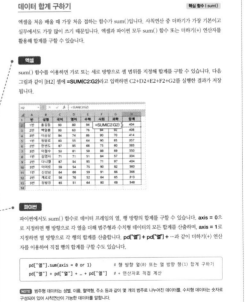

엑셀과 파이썬

엑셀로 하는 업무를 평소처럼 작성해 보고, 같은 내용을 파이썬에서 구현해 보며 공통점과 차이점을 비교해 봅니다.

여기서 잠깐

본문을 학습하면서 추가로 알아 두거나 더 하면 좋을 활동을 안내합니다.

예제 파일

실습에서 사용할 예제 파일을
알려 줍니다.

실습 성적 처리 자동화

예제 파일 | chapter07\score.xlsx

앞서 pandas나 openpyxl로 엑셀을 다루었다면, 이번에는 pyautogui로 엑셀에서 자주 사용하는
기능을 조작하여 성적 처리를 자동화해 보겠습니다. 이번 실습을 진행하고 나면 윈도우에서 사용하
는 다른 유사한 프로그램을 다루는 데에도 많은 도움이 될 것입니다.

코딩 절차

실습 파일에는 10명의 국어, 영어, 수학 성적이 들어 있습니다. 이 파일을 자동으로 열고 총점, 평균
등을 계산해 봅시다. 이번 실습의 목표는 키보드 제어 함수를 활용해 엑셀의 다양한 메뉴 선택, 셀 범
위 지정, 수식 입력 등을 자동화하는 것입니다.

Step 1. 파일 불러오기 윈도우 검색 기능을 사용하여 엑셀 실행하기

Step 2. 데이터 계산하기 입력된 데이터의 총점, 평균 계산하기

Step 3. 정렬 및 표 만들기 전체 열 중간 정렬, 표 서식 지정, 총점 순으로 정렬하기

Step 4. 저장 및 닫기 엑셀을 저장하고 닫기

NOTE 전체 실행이 아지만 부분에 있는 종합 코드로 진행하기 바랍니다.

실습 및 코딩 절차

실습해 볼 내용을 STEP BY STEP으로
한 단계씩 따라 해 봅니다.

좀 더 알아보기 explode 속성으로 원하는 조각만 분리하여 출력하기

원 그래프에서 pie() 함수의 explode 속성을 사용하면 강조하려는 pie를 일정 크기만큼 분리하여 표현할 수 있습
니다. 예를 들어 explode 속성값을 (0.1, 0, 0, 0)으로 입력하면 첫 번째 값인 사과 조각이 0.1 크기만큼 분리됩니다.

```
x = ["사과", "포도", "딸기", "참외"]          # 항목 데이터
y = [12, 31, 24, 46]                         # 비율 데이터
colors = ["coral", "cornsilk", "pink", "aqua"]   # 항목별 색상 지정
plt.title("원 그래프")                        # 파이 차트 제목
plt.pie(y, labels = x, autopct = "%1.1f%%", colors = colors, explode =
(0.1, 0, 0, 0), shadow = True)               # 그래프 설정
plt.show()                                    # 그래프 출력
```

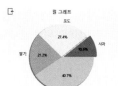

좀 더 알아보기

본문에서 다루지 못한 심화 내용을
추가로 설명합니다.

▼
▼
마무리

- 파이썬의 기능을 확장하려면 관련 패키지를 설치하고, 모듈을 로드해야 합니다.

- 엑셀 기능 수행을 위한 패키지에는 pandas, openpyxl, xlwings 등이 있습니다.

- pandas에서 제공하는 데이터 프레임은 행과 열로 구성된 자료형입니다.

- 파이썬의 텍스트 함수에는 sum( ), upper( ), lower( ), capitalize( ), replace( ),
str[ ], len( ), strip( ) 등이 있습니다.

- 파이썬의 수학 및 통계 함수에는 sum( ), mean( ), groupby( ), rank( ), max( ),
min( ) 등이 있습니다.

마무리

배운 내용을 주요 키워드와 함께
한눈에 복습합니다.

▶▶ 학습을 시작하기 전에

본격적으로 학습을 시작하기 전에 먼저 필요한 예제소스를 다운로드합니다. 이 책의 예제소스는 엑셀과 파워포인트 및 각 장별로 작성하는 파이썬 최종 코드로 구성되어 있습니다. 실제 실습은 이 파일을 이용하여 주피터 노트북에서 실행하기 바랍니다.

1. 자료실 링크로 접속하기

한빛미디어 자료실(https://www.hanbit.co.kr/src/11267)에 접속해서 [예제소스]의 [다운로드] 버튼을 클릭합니다.

2. 한빛출판네트워크 홈페이지에서 도서로 검색하기

① 한빛출판네트워크 홈페이지(https://www.hanbit.co.kr)에 접속합니다.
② 우측 상단의 돋보기 버튼을 클릭하여 '일잘러의 비밀, 엑셀 대신 파이썬으로 업무 자동화하기(개정판)'을 검색합니다.

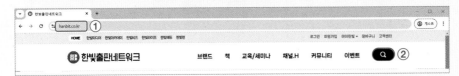

③ 도서 상세 페이지의 [부록/예제소스] 탭에서 [예제소스]의 [다운로드] 버튼을 클릭합니다.

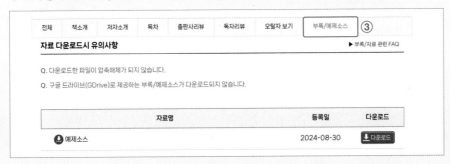

▶▶ 주피터 노트북 단축키 안내

이 책의 실습은 주피터 노트북에서 진행합니다. 웹 브라우저에서 주피터 노트북을 실행하면 운영체제와 상관없이 코드를 작성하고 실행할 수 있습니다. 주피터 노트북을 실행 후 ⒣ 키를 누르면 단축키 목록을 확인할 수 있는데, 여기에서는 자주 쓰는 것들만 모아 정리했습니다.

모드	단축키	작업
셀 선택 모드 (Command Mode)	A	선택한 셀 위에 새로운 셀 추가
	B	선택한 셀 아래에 새로운 셀 추가
	X	선택한 셀 잘라내기
	C	선택한 셀 복사하기
	V	선택한 셀 붙여넣기
	D + D	선택한 셀 삭제하기
	O	실행 결과를 열고 닫기
	Shift + M	선택한 셀과 아래 셀 합치기
	Ctrl + S, S	전체 저장하기
	Enter	선택한 셀의 코드 입력 모드로 돌아가기
	M	선택한 셀을 마크다운(Markdown) 모드로 변경
	Y	선택한 셀을 코드(Code) 모드로 변경
	P	명령 팔레트 열기
코드 입력 모드 (Edit Mode)	Ctrl + Enter	선택한 입력 셀을 실행
	Shift + Enter	선택한 입력 셀을 실행 후 아래 셀로 이동(아래 셀이 없으면 셀 추가)
	Alt + Enter	선택한 입력 셀을 실행 후 아래에 새로운 셀 추가
	Ctrl + A	선택한 셀의 코드 전체 선택
	Ctrl + Z	선택한 셀 안에서 변경 내용 취소
	Ctrl + Y	선택한 셀 안에서 취소 내용 다시 실행
	Ctrl + /	커서가 위치한 라인을 주석으로 처리
	Shift + Ctrl + −	커서가 있는 위치에서 셀을 둘로 나누기

CHAPTER 03 ▶ 제어문과 함수

<table>
<tr><td>PART
02</td><td>파이썬으로 엑셀하기</td></tr>
</table>

CHAPTER 04 ▶ 엑셀 기본 함수 구현하기

CHAPTER 05 ▶ 업무에 자주 쓰는 실무 함수 구현하기

CHAPTER 06 ▶ 그래프 함수로 시각화하기

PART 03 파이썬으로 업무 자동화하기

CHAPTER 07 ▶ 문서 업무 자동화

CHAPTER 08 ▶ 웹 크롤링

PART

01

파이썬 기초

파이썬은 초보자도 쉽게 코딩을 배울 수 있는 범용 프로그래밍 언어입니다. 라이브러리가 풍부하여 다양한 분야에서 활용하고 있으며, 특히 데이터 분석 및 업무 자동화 분야에서 각광받고 있습니다. Part 01에서는 파이썬의 특징을 알아본 후 업무 자동화에 필요한 파이썬 개발 환경을 구현하고, 기초 문법을 살펴보겠습니다.

파이썬 개요

▶▶▶

Chapter 01에서는 파이썬의 특징에 대해 알아보고 엑셀을 파이썬으로 대체했을 때 어떤 효과가 있는지, 업무 자동화에 어떻게 활용하는지 살펴보겠습니다. 또한 파이썬 개발 환경을 구축하는 방법과 파이썬 코드를 작성하고 실행할 수 있는 도구인 주피터 노트북의 사용 방법을 알아보겠습니다.

SECTION
1.1 ▶ **파이썬이란?**

▶▶ 직장인이 왜 코딩을 배워야 할까요? 코딩을 배우면 어떠한 장점이 있는지 살펴보고, 초보자부터 전문
가까지 다양한 계층에서 사랑받고 있는 파이썬의 특징에 대해 알아보겠습니다.

코딩을 배워야 하는 이유

직장인이 업무를 할 때 70~80년대에는 타자기로, 90년대 이후에는 컴퓨터의 파워포인트, 엑셀, 워드 프로그램 등을 활용해 문서를 만들었습니다. 2000년대 이후 IT 기술의 눈부신 발전은 업무 수행과 문제 해결에 편리함과 유용성을 가져왔고, 이제 IT 기술의 활용은 선택이 아닌 필수가 되었습니다. IT 기술을 업무에 제대로 활용하려면 컴퓨터를 직접 다루는 기술을 익혀야 합니다.

컴퓨터에 어떤 일을 시키기 위해서는 컴퓨터가 이해할 수 있는 명령어 체계가 필요한데, 이런 명령어 체계의 집합을 프로그래밍 언어(Programming Language)라고 합니다. 대표적인 프로그래밍 언어로는 자바(Java), C, C++, 파이썬(Python), 비주얼 베이직(Visual Basic) 등이 있습니다.

프로그래밍 언어를 활용하여 우리가 사용하는 언어를 컴퓨터가 알아들을 수 있는 형태의 언어로 작성하는 것을 코딩(Coding)이라고 합니다. 코딩은 소프트웨어 개발자의 영역이라는 시각이 있지만, 최신 IT 기술과 컴퓨터 사용 환경은 초보자도 쉽게 코딩을 배워 업무에 활용할 수 있도록 도와주고 있습니다. 밤을 새워 처리해야 했던 반복적이고 지루한 업무를 간단한 코드 몇 줄로 단숨에 처리할 수 있는 시대가 온 것입니다.

파이썬의 특징

파이썬은 4차 산업혁명 시대에 각광받고 있는 대표적인 프로그래밍 언어로 1989년 네덜란드의 귀도 반 로섬(Guido van Rossum)이 개발했습니다. 특히 데이터 분석과 처리, 그리고 인공지능 분야에서 널리 사용되며 지속적인 인기를 얻고 있습니다.

C, C++, 자바 등 다른 컴퓨터 프로그래밍 언어보다 배우기 쉽고 직관적이며 간결한 문법 구조를 가지고 있어 프로그래밍 입문 언어로 많이 사용합니다. 뿐만 아니라 웹 서버 구축, 빅데이터 분석, 사물인터넷(IoT), 인공지능, 게임 등 전문 분야에도 다양하게 활용하고 있습니다.

직관적이고 쉬운 언어

파이썬은 다른 프로그래밍 언어에 비해 배우기 쉬운 문법 체계를 갖고 있으며, 간단한 영어 문장을 읽듯이 쉽게 이해할 수 있도록 구성되어 있습니다.

오픈 소스 소프트웨어

파이썬은 누구나 무료로 사용할 수 있는 오픈 소스 소프트웨어입니다. 소프트웨어의 복사본을 마음대로 배포할 수 있고, 소스 코드가 공개되어 있어 언제든지 참고할 수 있으며, 목적에 맞게 필요한 부분을 고쳐 사용할 수도 있습니다.

확장 가능한 라이브러리

파이썬은 다양한 명령어, 함수를 해석하고 실행하는 표준 라이브러리를 갖추고 있으며 데이터 분석, 머신러닝, 게임 개발 등 특정 기능을 수행하는 다양한 외부 라이브러리를 지원합니다. 외부 라이브러리는 PyPI 홈페이지(www.pypi.org)에서 검색하고 설치할 수 있습니다.

우수한 이식성

모든 파이썬 프로그램은 별다른 변환 과정 없이도 여러 운영체제에서 사용이 가능합니다. 즉 윈도우에서 작성한 파이썬 프로그램을 리눅스나 맥 OS에서도 동일하게 사용할 수 있습니다.

파이썬 업무 활용

▶▶ 파이썬은 웹 서버 구축, 데이터 분석 모델링, 인공지능 개발 등 다양한 분야의 개발 도구로 활용할 수 있지만 직장인의 업무 효율을 높이는 데에도 유용하게 활용할 수 있습니다.

엑셀 대신 파이썬

직장인이 업무에 가장 많이 사용하는 오피스 프로그램은 아마 엑셀일 것입니다. 엑셀은 사용하기 쉬운 인터페이스와 함수로 데이터 수집 및 정리, 분석 및 요약, 정보 추출 등을 할 수 있어 오랫동안 사랑받아 왔습니다. 그러나 최근 빅데이터의 등장으로 대용량 데이터를 처리하는 경우가 자주 발생하고 있으며, 이를 반복해서 수행하는 경우 엑셀로 작업하기에는 어려운 점이 많습니다. 여러 엑셀 파일에서 데이터를 불러와서 통합하는 작업 등은 자동화하기 어렵고 결국 사람이 일일이 손으로 해야 하기 때문입니다.

파이썬으로 엑셀 기능 구현

파이썬의 pandas나 openpyxl 패키지를 활용하면 엑셀에서 사용하는 기능 대부분을 쉽게 구현할 수 있습니다. 사칙연산, 데이터 분석, 요약, 그래프 작성 등 기본 기능은 엑셀보다 처리 속도도 더 빠릅니다.

예를 들어, 매출 전표나 거래처 정보를 관리하는 등 매번 동일한 수작업을 반복하는 경우 주로 엑셀의 매크로나 VBA(Visual Basic for Application) 기능을 사용하여 자동화하는 경우가 많습니다. 이를 파이썬의 다양한 기능을 활용하면 실행 속도 외에도 폭넓은 분야의 자동화라는 엄청난 이점을 얻을 수 있습니다.

엑셀 주요 기능	파이썬 자동화 기능
· 사칙연산 및 서식 설정 · 데이터 분석 및 요약 · 그래프 작성 및 분석	· 대량의 반복 업무 자동화 · 특정 시간에 작업 자동 수행 · 다양한 응용 프로그램과 연동

엑셀과 파이썬의 주요 기능

파이썬과 엑셀 비교

다음 그림은 엑셀과 파이썬 코드를 비교한 사례입니다. 학생 20명의 5과목 성적을 분석한다고 할 때 엑셀에서는 계산하려는 함수와 범위를 지정해 결과를 구해야 합니다. 즉 과목별 평균 및 편차, 최솟값, 최댓값 등을 구할 때마다 매번 함수와 범위를 지정해야 합니다. 그러나 파이썬은 명령어 한 줄로 간단하게 처리할 수 있습니다.

구분	국어	영어	수학	사회	과학
개수	20.00	20.00	20.00	20.00	20.00
평균	75.40	69.75	71.15	74.30	75.00
표준편차	15.76	14.70	16.05	13.22	12.88
최솟값	52.00	51.00	51.00	54.00	52.00
제1사분위	61.25	65.50	58.75	61.75	65.00
제2사분위	79.00	67.00	65.00	77.00	74.00
제3사분위	88.00	80.25	86.50	85.00	85.25
최댓값	96.00	97.00	97.00	91.00	97.00

엑셀

```
개수 = COUNT(C4:C23)
평균 = AVERAGE(C4:C23)
표준편차 = STDEV(C4:C23)
최솟값 = MIN(C4:C23)
제1사분위 = QUARTILE(C4:C23,1)
제2사분위 = QUARTILE(C4:C23,1)
제3사분위 = QUARTILE(C4:C23,1)
최댓값 = MAX(C4:C23)
```

VS

파이썬

```
df.describe()
```

파이썬과 엑셀 코드 비교

업무 자동화

컴퓨터로 진행하는 사무 업무는 크게 자료 수집, 분석 및 편집, 저장, 메일링 등으로 나눌 수 있는데, 이 중 대부분은 매일 반복해서 수행하는 업무입니다. 최근 소프트웨어를 활용해 회사의 반복 업무 프로세스를 자동화하는 RPA(Robotic Process Automation)가 각광을 받고 있습니다. 이는 업무 효율성을 대폭 향상시켜 직원들이 좀 더 가치 있는 일에 집중할 수 있도록 도와줍니다.

파이썬의 풍부한 패키지를 활용한다면 값비싼 RPA 소프트웨어 없이도 자신의 업무를 자동화할 수 있습니다. 예를 들어, 국세청에서 사업자등록번호를 조회하거나 여러 부서에서 취합한 엑셀 파일을 병합하는 등 매일 반복하는 작업을 자동으로 처리할 수 있습니다.

업무 자동화 사례

다음은 부서별 봉사활동 시간을 엑셀 파일 하나로 통합하는 자동화 사례입니다. 수작업으로 한다면 파일을 모두 열어서 통합 파일에 복사&붙여넣기를 반복해야 합니다. 파이썬으로 코딩한다면 단 12줄 코드만으로도 이 모든 작업을 자동화할 수 있습니다. 실행 시간도 1~2초에 불과해 엄청난 업무 효율성을 보여 줍니다.

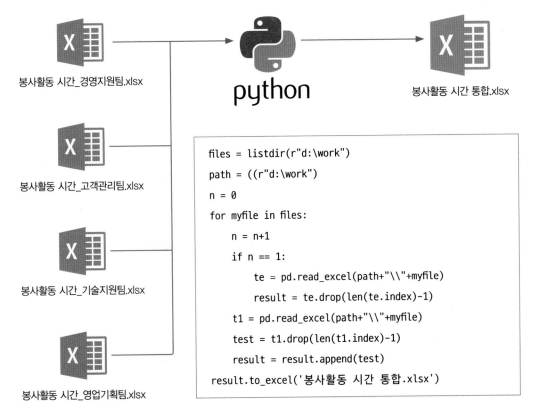

봉사활동 시간_경영지원팀.xlsx

봉사활동 시간_고객관리팀.xlsx

봉사활동 시간_기술지원팀.xlsx

봉사활동 시간_영업기획팀.xlsx

봉사활동 시간 통합.xlsx

```
files = listdir(r"d:\work")
path = ((r"d:\work")
n = 0
for myfile in files:
    n = n+1
    if n == 1:
        te = pd.read_excel(path+"\\"+myfile)
        result = te.drop(len(te.index)-1)
    t1 = pd.read_excel(path+"\\"+myfile)
    test = t1.drop(len(t1.index)-1)
    result = result.append(test)
result.to_excel('봉사활동 시간 통합.xlsx')
```

파이썬으로 구현한 엑셀 파일 통합 자동화 예시

자료 수집 자동화 사례

우리는 자료나 이미지가 필요할 때 대부분 구글이나 네이버에서 검색해 수집합니다. 예를 들어 스포츠카 이미지가 필요하다면 구글에 접속, 검색창에 스포츠카를 입력한 후 원하는 사진을 클릭하여 하나씩 다운로드하는 식입니다. 이 과정을 파이썬으로 코딩하면 30줄 이내 코드로 스포츠카 이미지 1,000장을 1~2분 만에 다운로드할 수 있습니다.

또한 네이버에서 제공하는 국가별 환율 정보를 매일 특정 시간에 수집하여 개인 PC에 파일로 저장하거나, SNS에서 특정 태그가 얼마나 많이 발생하는지 수집하는 작업 등도 파이썬을 사용하면 얼마든지 자동화가 가능합니다.

파이썬으로 구현한 스포츠카 이미지 수집 자동화 예시

SECTION 1.3 파이썬 개발 환경 준비

▶▶ 파이썬을 사용하기 위해서는 먼저 컴퓨터에 파이썬 개발 환경을 구축해야 합니다. 이 책에서는 초보자
도 쉽게 코드를 작성하고 실행할 수 있는 주피터 노트북으로 실습을 진행합니다. 파이썬과 주피터 노트
북을 설치한 후 주피터 노트북을 활용한 파이썬 사용 방법에 대해 알아보겠습니다.

파이썬 개발 환경 구축하기

파이썬 개발 도구는 파이썬 공식 홈페이지(www.python.org)에서 다운로드할 수 있습니다. 설치 파일은 파이썬 언어와 기본 라이브러리, 간단한 코딩을 할 수 있는 환경을 제공합니다. 복잡한 라이브러리가 필요하지 않은 경우 파이썬 파일만 다운받아 활용하는 것이 다양한 라이브러리 간 호환성과 버전 오류를 최소화할 수 있습니다.

파이썬을 활용하기 위해서는 통합 개발 환경(IDE; Integrated Development Environment)이 필요합니다. 통합 개발 환경은 코드를 작성하고 실행하는 코드 에디터로, 다양한 기능을 제공하여 파이썬을 보다 유용하게 활용할 수 있도록 도와줍니다. 파이썬 에디터 중 이 책에서 사용할 '주피터 노트북(Jupyter Notebook)'은 파이썬을 처음 공부하는 초보자가 활용하기에 적합합니다. 다음 과정을 함께 따라 하여 파이썬과 주피터 노트북을 설치해 봅시다.

파이썬 설치 파일 다운로드

01 크롬이나 마이크로소프트 엣지 등을 활용하여 파이썬 공식 홈페이지(www.python.org)에 접속한 후, 상단에서 [Downloads] – [All release] 메뉴를 클릭합니다.

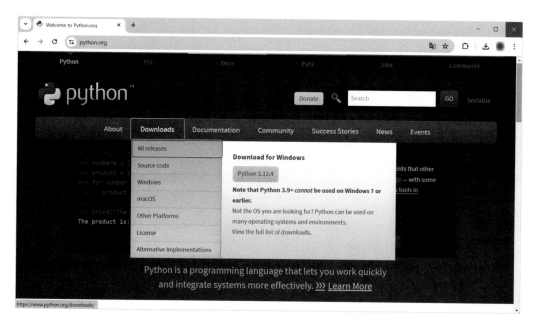

NOTE 파이썬은 다양한 버전을 제공하므로, 원하는 버전을 선택하기 위해 [All release] 메뉴를 클릭합니다. 최신 버전의 경우 바로 다운로드가 가능합니다.

02 스크롤을 내려 [Looking for a specific release?]에서 [Python 3.10.x]를 클릭합니다.

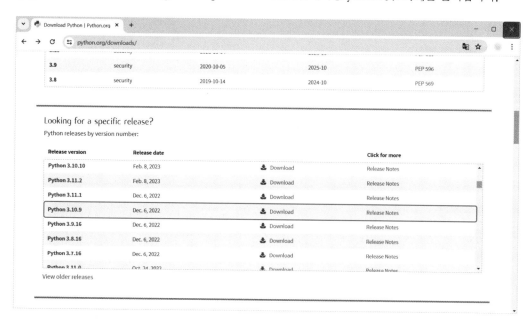

NOTE 본 책의 실습코드는 Python 3.10.x 버전으로 실행했으며, 버전이 다를 시 오류가 발생할 수 있습니다. 3.10의 버전 중 선택할 수 있으며, 그중 3.10.9 버전을 사용했습니다. 파이썬의 경우 버전마다 라이브러리 구성이 조금씩 상이하여, 실습 코드를 실행할 때에는 동일한 버전인지 확인해야 합니다.

03 스크롤을 내려 [Files]의 다양한 설치 파일 중 [Window installer (64-bit)]를 다운로드합니다.

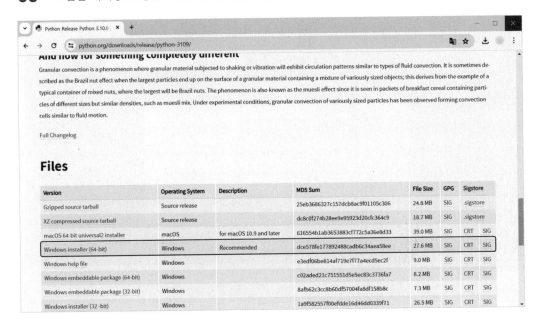

NOTE Windows 외 다른 운영체제를 사용하는 경우에는 해당 installer를 다운로드합니다.

파이썬 설치하기

01 파이썬 설치 파일을 다운로드한 폴더로 이동합니다. 파일을 더블 클릭하면 설치를 시작합니다.

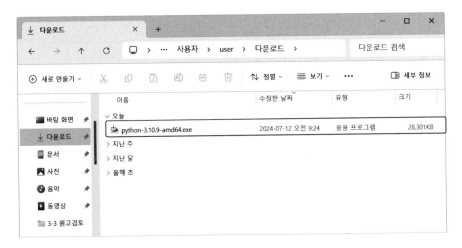

02 설치 화면이 나타나면 [Add python.exe to Path]를 체크하고, [Install Now]를 클릭합니다.

NOTE [Add python.exe to PATH]는 파이썬 실행 경로를 자동 추가하는 기능으로, 체크하지 않으면 직접 PATH에 파이썬 경로를 추가해야 합니다.

03 설치를 완료하면 나타나는 [Setup was successful]에서 [Close] 버튼을 클릭합니다.

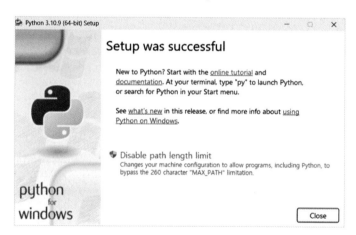

04 파이썬이 올바르게 설치되었는지 확인하기 위해 윈도우 시작 버튼을 클릭하고, [검색] 란에 '명령 프롬프트' 또는 'cmd'를 입력한 후 목록에서 [명령 프롬프트]를 클릭합니다.

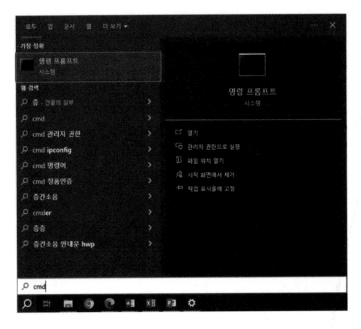

NOTE cmd란 'CoMmamDline'의 약어로 명령 프롬프트를 의미합니다. 파이썬 파일을 실행할 때 많이 사용하므로 알아 두면 편리합니다. Win + R 키를 누른 후 나타나는 [실행] 창에 'cmd'를 입력하는 방법도 있습니다.

05 [명령 프롬프트] 창에 'py -V'를 입력합니다. 설치한 파이썬 버전이 출력되며, 설치가 완료된 것을 확인할 수 있습니다.

NOTE 파이썬 버전에 따라 버전을 확인하는 명령어가 다릅니다. 'py -V'를 입력했을 때, 오류가 발생하거나 버전이 제대로 출력되지 않으면 'python -V'를 입력하여 버전을 확인합니다.

주피터 노트북 살펴보기

주피터 노트북은 파이썬 초보자에게 가장 인기 있는 에디터이며, 웹 브라우저에서 실행합니다. 마크
다운(Markdown)으로 문서를 작성하기 때문에 사용법이 간단하며, 파이썬 코드를 한 줄씩 실행하
여 결과를 확인할 수 있습니다. 또한 코드 실행 중 에러가 발생하면 해당 코드를 바로 찾아 수정할 수
있습니다. 코딩을 본격적으로 시작하기 전에 주피터 노트북 사용법에 대해 알아보겠습니다.

주피터 노트북 설치 및 실행

01 윈도우 시작 버튼을 클릭하고, [검색] 란에 '명령 프롬프트' 또는 'cmd'를 입력한 후 목록에서
[명령 프롬프트]를 클릭합니다.

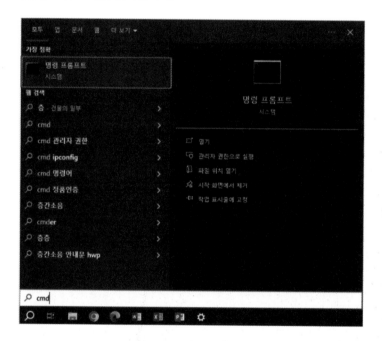

02 [명령 프롬프트] 창에 'pip install jupyter'를 입력하여 주피터 노트북을 설치합니다.

03 주피터 노트북 설치가 시작되고, 'Successfully installed jupyter'가 출력되며 설치가 완료됩니다.

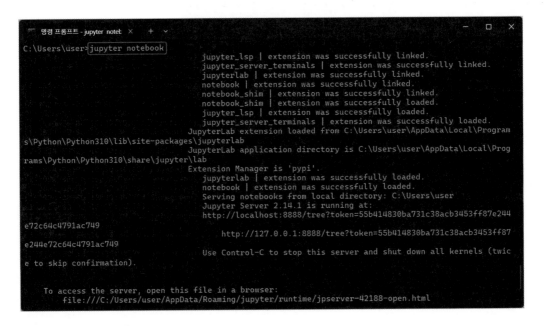

04 이번에는 주피터 노트북을 실행하기 위해 'jupyter notebook'을 입력합니다. 다음과 같이 실행되는 과정이 명령 프롬프트에 출력되는 것을 확인할 수 있습니다.

NOTE 주피터 노트북을 사용하는 동안 [명령 프롬프트] 창을 닫으면 주피터와의 연결이 끊겨 주피터 노트북 웹 페이지가 자동으로 종료됩니다. 주피터 노트북을 사용하는 동안에는 [명령 프롬프트] 창을 종료하지 않도록 주의합니다.

05 [명령 프롬프트] 창에 실행 과정이 출력됨과 동시에, 주피터 웹 페이지가 자동으로 실행됩니다. 웹 페이지에서 작업 파일을 저장할 디렉터리를 선택합니다. 여기서는 [Documents]를 선택하겠습니다.

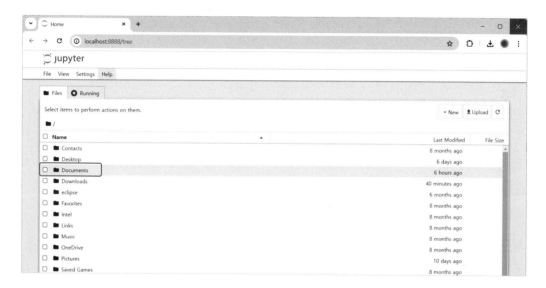

06 [Documents] 디렉터리로 이동해 우측 상단에서 [New] 버튼을 클릭한 후 [Python 3]를 선택합니다. 작업 결과 파일은 컴퓨터의 [Documents] 디렉터리에 저장됩니다.

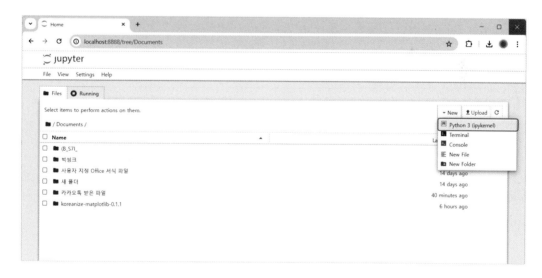

07 이제 파이썬을 실행할 환경 설정이 완료되었습니다. 노트북(파일) 이름은 좌측 상단 [Untitled]를 클릭하여 변경할 수 있습니다.

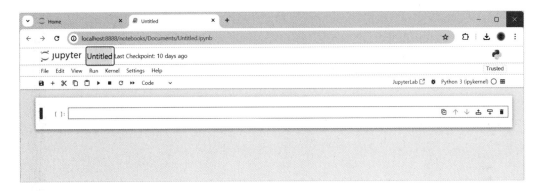

NOTE 맥 OS나 리눅스에서도 유사한 절차로 주피터 노트북을 활용하여 파이썬을 사용할 수 있습니다.

사용자 인터페이스

주피터 노트북의 사용자 인터페이스는 다음 그림과 같이 노트북 이름, 메뉴 바, 툴 바, 셀로 구성됩니다.

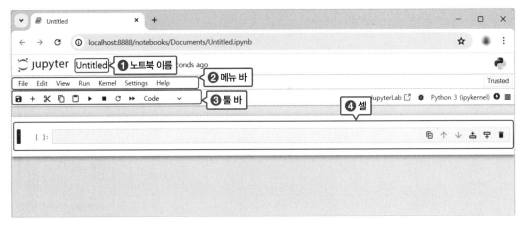

주피터 노트북 사용자 인터페이스

❶ 노트북 이름

노트북을 새로 생성하면 'Untitled'라는 이름이 지정됩니다. 'Untitled'를 클릭하면 나타나는 [Rename File] 대화상자에서 노트북 이름을 변경할 수 있습니다. 노트북 이름을 'test'라고 입력하면 노트북은 'test.ipynb' 파일로 저장됩니다.

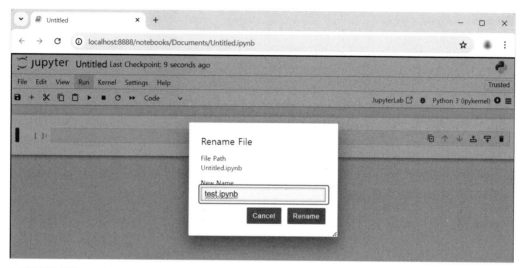

노트북 이름 설정

❷ 메뉴 바

주피터 노트북에서 사용하는 모든 메뉴를 실행할 수 있습니다. 일반적인 편집 프로그램의 메뉴 구조와 유사합니다.

메뉴 바 옵션

ⓐ **파일(File):** 새 노트북 만들기, 노트북 복사하기 등 파일 관련 작업을 합니다.

ⓑ **편집(Edit):** 셀 자르기, 복사하기, 붙이기, 삭제하기 등 편집 작업을 합니다.

ⓒ **보기(View):** 헤더, 툴 바, 라인 번호 보이기/숨기기 등 작업 환경을 조정합니다.

ⓓ **실행(Run):** 셀의 내용(코드, 마크다운)을 실행합니다.

ⓔ **커널(Kernel):** 코드를 번역하고 실행하는 커널을 정지하거나 재시작합니다.

ⓕ **설정(Settings):** 노트북 테마, 셀 실행 방법, 폰트 크기 등 다양한 기능을 설정합니다.

ⓖ **도움말(Help):** 단축키를 확인하거나 도움말 및 레퍼런스를 참고할 수 있습니다.

❸ 툴 바

자주 사용하는 메뉴는 아이콘 형태로 제공합니다. 툴 바의 주요 기능은 다음과 같습니다.

툴 바 옵션

    ⓐ **저장**: 노트북을 저장합니다.

    ⓑ **셀 추가**: 현재 셀의 아래에 새로운 셀을 추가합니다.

    ⓒ **셀 자르기**: 선택한 셀을 잘라냅니다.

    ⓓ **셀 복사**: 선택한 셀을 복사합니다.

    ⓔ **셀 붙이기**: 자르거나 복사한 셀을 아래에 붙입니다.

    ⓕ **실행**: 셀의 내용(코드, 마크다운)을 실행합니다.

    ⓖ **커널 정지**: 셀에서 실행하고 있는 커널을 정지합니다.

    ⓗ **커널 재시작**: 커널을 다시 시작합니다.

    ⓘ **커널 재시작 후 전체 재실행**: 커널을 다시 시작해 전체 노트북을 재실행합니다.

    ⓙ **셀 유형 선택**: 셀 유형을 코드 또는 마크다운 형식으로 변경합니다.

NOTE 마크다운(Markdown)은 특수 기호와 문자를 사용해 텍스트의 크기나 굵기 등을 지정하는 마크업 언어입니다. 주로 셀의 내용을 설명하거나 참고사항을 텍스트로 표현하는 데 사용합니다.

❹ 셀

코드와 문서를 작성하는 공간입니다. Cell Type(셀 유형)을 [Code]로 지정하면 코드를 입력할 수 있는 셀이 되고, [Markdown]으로 지정하면 문서를 작성할 수 있는 셀이 됩니다. 코드 셀의 앞에는 [ ] :이 표시되고 코드를 입력한 후 실행하면 [ ] 안에 숫자가 나타납니다. 하단에 실행 결과도 함께 볼 수 있습니다.

셀 입출력 예시

코드 작성 및 실행

이제 셀에 직접 코드를 입력하고 실행하는 방법을 알아보겠습니다. 파이썬의 print( ) 함수를 사용해 간단한 내용을 출력해 봅시다.

01 print( ) 함수는 ( ) 안의 내용을 출력해 줍니다. 생성한 노트북의 첫 번째 셀 영역을 마우스로 클릭한 후 **print("안녕하세요")**라고 입력합니다.

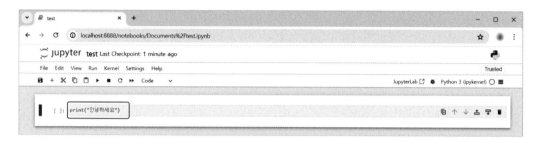

02 툴 바에서 실행(▶) 아이콘을 클릭하거나 셀에서 Shift + Enter 키를 누르면 실행 결과가 출력됩니다.

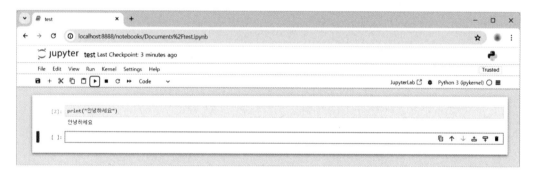

NOTE Shift + Enter 키는 현재 셀을 실행하며 아래에 새로운 셀을 추가합니다. Ctrl + Enter 키는 현재 셀을 실행하지만 새로운 셀은 추가하지 않습니다.

03 [Run] – [Cell Type] – [Change to Markdown Cell Type] 메뉴를 선택하여 셀 유형을 마크다운으로 변경하면 셀에 입력하는 내용은 문서가 됩니다. 문자의 크기를 지정하려면 **#** 기호를, 강조하려면 문자의 양 옆에 ** 기호를 붙입니다. 셀을 실행하면 셀에 있는 내용이 지정한 서식으로 변경되는 것을 확인할 수 있습니다.

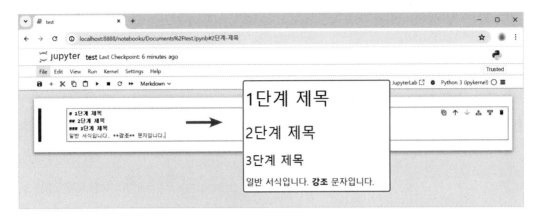

코드 작성으로 다시 돌아가고 싶다면 [Run] – [Cell Type] – [Change to Code Cell Type] 메뉴를 실행하면 됩니다.

운영체제 명령어 실행

주피터 노트북에서는 직접 운영체제 명령어를 실행할 수도 있습니다. 디렉터리 생성, 삭제가 가능하며 디렉터리 내용을 보거나 변경할 수도 있습니다. 셀에서 운영체제 명령어를 실행하려면 ! 다음에 명령어를 입력하면 됩니다.

운영체제 명령어

명령어	설명	사용 예
cd	디렉터리 변경	!cd workbook
dir	디렉터리 파일 목록 출력	!dir
mkdir	디렉터리 생성	!mkdir python_study
rmdir	디렉터리 삭제	!rmdir python_study
type	텍스트 파일 내용 표시	!type test.txt

다음과 같이 셀에 **!dir**을 입력하고 실행하면 현재 디렉터리인 [Documents]의 목록을 볼 수 있습니다.

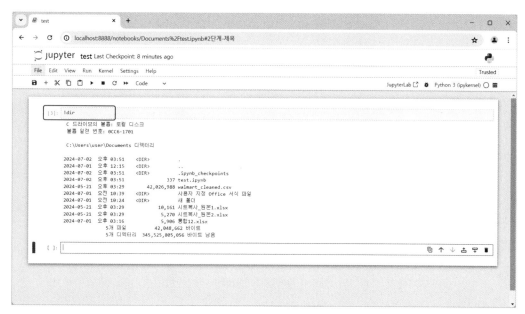

디렉터리 파일 목록 출력 예

 운영체제 명령어는 윈도우의 명령 프롬프트에서 직접 실행할 수 있으며, 리눅스나 맥 OS에서는 터미널 창에서 실행합니다.

여기서 잠깐 ▶   파이썬 통합 개발 환경 알아보기

파이썬 개발을 위한 다양한 통합 개발 환경은 대부분 무료이며 윈도우, 리눅스, 맥 OS 등 여러 운영체제에서 사용 가능합니다. 대표적으로 자주 사용하는 통합 개발 환경은 다음과 같습니다.

No	개발 환경	설명
1	Jupyter Notebook	코드 및 마크다운 문서 작성 가능, 실행 결과 바로 확인 가능
2	PyCharm	다양한 확장 기능, 코드별 파이썬 버전 선택 가능, 함수 관리에 용이
3	Visual Studio Code	가볍고 빠름, 가상환경 관리에 용이, 다양한 플러그인 지원
4	Spyder	아나콘다 배포 시 제공, 과학기술 분야 계산용으로 특화
5	Python Idle	파이썬 기본 내장 개발 환경, 간단한 코드 테스트 가능

마무리

- 파이썬은 대표적인 프로그래밍 언어 중 하나로, 초보자가 배우기 쉬운 문법으로 구성되어 있으며 다양한 분야에서 활용 가능합니다.

- 파이썬으로 엑셀을 대체하면 대량의 단순 반복 업무를 빠르고 쉽게 자동화할 수 있습니다.

- 웹 브라우저에서 실행되는 주피터 노트북은 대화형 인터프리터로, 파이썬 코드를 작성하고 실행하는 사용법이 간단합니다.

CHAPTER 02

자료형

▶▶▶

자료형은 컴퓨터 프로그래밍에서 사용되는 자료구조를 의미하며 가장 기본적으로 알아야 할 코딩 문법입니다. Chapter 02에서는 자료를 임시 저장하는 변수에 대해 살펴보고 파이썬의 자료형인 숫자(Number), 문자열(String), 리스트(List), 튜플(Tuple), 딕셔너리(Dictionary) 등을 배워 보겠습니다.

▶▶ 컴퓨터는 입력된 데이터를 메모리에 임시 저장하고 처리하여 결과를 보여 줍니다. 이때 데이터를 임시 저장하는 곳을 변수라고 합니다. 변수가 다양한 조건에 따라 값이 바뀌는 데이터라면, 한 번 값을 정하면 변하지 않는 데이터는 상수라고 합니다. 여기서는 코드를 작성할 때 변수와 상수를 어떻게 활용하는지 알아보겠습니다. 지금부터 나오는 코드들은 주피터 노트북에서 실행하여 결과를 확인하기 바랍니다.

변수 선언하기

변수(Variable)는 어떤 값을 저장할 수 있는 컴퓨터의 물리적 저장 공간인 메모리에 붙이는 이름입니다. 프로그램은 변수를 이용해 컴퓨터에 데이터를 저장하거나 읽을 수 있습니다. 변수를 만든다는 것은 곧 숫자나 문자열과 같은 데이터를 저장할 수 있는 공간을 마련하는 것입니다.

파이썬에서는 변수를 만듦과 동시에 데이터를 할당할 수 있습니다. 변수에 데이터를 할당하려면 변수명과 등호(=), 할당할 데이터를 차례로 입력하면 됩니다. 등호는 수학에서 '같다'는 의미이지만 대부분 프로그래밍 언어에서는 변수에 데이터를 '할당'한다는 의미로 사용합니다.

우리가 박스에 사과를 담으면 사과 박스, 귤을 담으면 귤 박스가 되듯이 변수에 숫자를 할당하면 숫자 자료형, 문자를 할당하면 문자열 자료형 변수가 됩니다.

```
a1 = 2048          # 변수 a1은 숫자를 저장
a2 = "안녕하세요."    # 변수 a2는 문자열을 저장
```

변수에 값을 할당하고 print( ) 함수로 ( ) 안 값을 화면에 출력해 봅시다. 파이썬에서는 코드의 의미를 정확하게 전달하기 위해 #으로 주석을 작성할 수 있습니다. # 이후 내용은 실행되지 않습니다.

NOTE 함수란 어떤 입력값을 주었을 때 특정 기능을 수행한 후 결괏값을 돌려주는 코드의 집합입니다. print()는 파이썬에서 기본으로 제공하는 함수입니다.

```
a = 1024     # 변수 a에 1024를 저장
print(a)     # a를 화면에 출력
```

⤷ 1024

변수명 규칙

파이썬에서 변수명은 영문자, 숫자, 언더바(_)로 구성하며 특수문자(&, *, ,(쉼표), %, $, #, @, !)나 공백 등은 사용하면 안 됩니다. 반드시 문자 또는 언더바로 시작해야 하며 숫자로 시작할 수 없습니다.

또한 프로그래밍 언어에서 특정 의미를 미리 정해서 사용하는 단어, 즉 예약어(Reserved Word)를 사용하면 에러가 발생합니다. 다음 표에 파이썬의 예약어를 정리해 놓았습니다.

파이썬 예약어

and	del	from	None	True	as	elif
global	nonlocal	try	assert	else	if	not
while	break	except	import	or	with	class
False	in	pass	yield	continue	finally	is
raise	def	for	lambda	return		

NOTE 변수명은 가급적 문자로 시작하는 의미 있는 단어로 작성하는 것이 좋습니다. 가령 사과 개수를 의미하는 변수로 apple_sum을 사용하면 나중에 보더라도 변수의 의미를 쉽게 파악할 수 있습니다.

다음과 같이 변수명 규칙을 어길 경우, 즉 문법에 어긋난 코드가 들어오면 컴퓨터가 해석이 불가능하기 때문에 주피터 노트북은 실행을 중단하고 **SyntaxError: invalid syntax**를 출력합니다.

```
email@ = "test@naver.com"     # 변수명에 특수문자 @을 사용하여 에러 발생
my age = 30                   # 변수명에 공백을 사용하여 에러 발생
break = 100                   # 변수명에 예약어를 사용하여 에러 발생
```

⤷ SyntaxError: invalid syntax

NOTE SyntaxError는 우리말로 '구문 오류'라고도 합니다. 예를 들면 괄호를 열었는데 닫지 않거나, 필요한 특수문자를 빠뜨리는 등 기본 문법 규칙을 지키지 않으면 발생합니다.

상수 사용하기

상수(Constant)란 수식에서 변하지 않는 값을 뜻하는데, 프로그래밍에서도 마찬가지로 변하지 않는 데이터를 말합니다. 숫자 상수는 있는 그대로 표시하지만 문자나 문자열 상수는 작은따옴표(')혹은 큰따옴표(")로 감싸 줍니다.

```
print(20)            # 숫자 상수 20을 화면에 출력
print('A')           # 문자 상수 'A'를 화면에 출력
print("선생님")        # 문자열 상수 "선생님"을 화면에 출력
```

⇨ 20
   A
   선생님

변수와 상수는 같은 유형끼리 연산할 수 있습니다. 다음 예제는 숫자 변수와 상수, 문자열 변수와 상수를 더하는 코드입니다.

```
x = 3                        # 변수 x에 3을 저장
y = x + 2                    # 변수 x에 2를 더하여 y에 저장
print(y)                     # 변수 y를 화면에 출력

s = "선생님"                  # 변수 s에 "선생님" 저장
s = s + ", " + "안녕하세요!"    # 변수 s에 ", "와 "안녕하세요!"를 더하여 s에 다시 저장
print(s)                     # 변수 s를 화면에 출력
```

⇨ 5
   선생님, 안녕하세요!

기본 자료형

▶▶ 파이썬에서 다루는 자료는 기본 자료형과 복합 자료형으로 구분할 수 있습니다. 기본 자료형으로는 숫자 자료형, 문자열 자료형, 불(Bool) 자료형이 있고, 복합 자료형에는 리스트, 튜플, 딕셔너리 등이 있습니다. 이 자료형의 특징을 하나씩 살펴보겠습니다.

숫자

숫자(Number) 자료형은 정수, 실수로 구분할 수 있고 정수는 다시 음의 정수, 0, 양의 정수로, 실수는 소수, 분수, 복소수로 구분할 수 있습니다. 자주 사용하지는 않지만 8진수와 16진수 형식도 있습니다.

정수형

정수형(Integer)은 소수점이 없는 숫자(Digit)를 말합니다. 흔히 0, 1, 2, 3, ...의 숫자를 말하며 음의 정수도 이에 해당합니다. 변수에 값을 저장하고 type( ) 함수를 사용하면 변수의 자료형을 확인할 수 있습니다. 다음 예제의 출력 결과인 **<class 'int'>**는 변수 a가 정수형이라는 것을 알려 줍니다.

```
a = 359          # 변수 a에 359를 저장
print(type(a))   # a의 자료형을 출력
```
⌞▸ <class 'int'>

여기서 잠깐 ▶

파이썬의 결괏값 확인 기능

다른 프로그래밍 언어와 달리 파이썬에서는 print() 함수를 사용하지 않고 변수명만 입력해도 변수에 저장된 값을 확인할 수 있습니다.

```
a = 359     # 변수 a에 359를 저장
a           # print() 함수를 사용하지 않아도 저장된 값 확인 가능
```

⊩ 359

실수형

실수형(Float)은 0.29, −3.704와 같이 소수점이 있는 숫자를 말합니다. 즉 정수와 정수 사이의 숫자를 나타내며, 크게 보면 정수도 실수에 포함됩니다. 실수를 변수에 저장하고 변수의 자료형을 확인하면 **float**으로 나타납니다.

```
a = -3.619     # 변수 a에 -3.619를 저장
print(type(a))    # a의 자료형을 출력
```

⊩ <class 'float'>

숫자 연산하기

숫자 자료형끼리는 사칙연산이 가능합니다. 사칙연산은 일반적으로 알고 있는 더하기, 빼기, 곱하기, 나누기로 연산마다 사용하는 연산자가 다릅니다. 예시를 통해 확인해 보겠습니다.

```
a = 27    # 변수 a에 27을 저장
b = 9     # 변수 b에 9를 저장
a + b     # a와 b 더하기, 연산자 + 사용
```

⊩ 36

```
a - b     # a에서 b 빼기, 연산자 - 사용
```

⊩ 18

```
a * b    # a와 b 곱하기, 연산자 * 사용
```

⬚▶ 243

NOTE 주피터 노트북에서 변수를 선언하면 선언된 값을 사용해 다음 셀에서 코드를 이어 작성할 수 있기 때문에 이와 같이 변수 a, b 선언은 생략하여 설명하겠습니다.

나누기 연산자는 구하는 값에 따라 다른 연산자를 사용합니다. 값을 나눌 때는 **/**를 사용하고, 나눈 결과의 몫을 구할 때는 **//**, 나머지를 구할 때는 **%**를 사용합니다.

```
print(a / b)    # a를 b로 나누었을 때 값 구하기, 연산자 / 사용
print(a // b)   # a를 b로 나누었을 때 몫 구하기, 연산자 // 사용
print(a % b)    # a를 b로 나누었을 때 나머지 구하기, 연산자 % 사용
```

⬚▶ 3.0
3
0

NOTE 파이썬에서 나누기 연산자를 사용하여 나눈 값은 항상 실수형으로 나타납니다. 나누어 떨어져서 나머지가 0인 값도 3.0과 같이 소수점 형식(실수형)으로 나타납니다. 몫과 나머지는 정수형입니다.

4^3은 $4 \times 4 \times 4$입니다. 이것은 4의 3제곱, 즉 거듭제곱을 의미합니다. 거듭제곱은 곱하기 연산자(*)를 두 개 연속 사용합니다.

```
4 ** 3    # 4의 세제곱, 연산자 ** 사용
```

⬚▶ 64

기본적으로 연산 순서는 왼쪽에서 오른쪽으로 진행됩니다. 연산자가 여러 개일 경우, 연산 순서는 괄호(**()**) → 거듭제곱(******) → 곱하기(*****)와 나누기(**/**) → 더하기(**+**)와 빼기(**-**) 순으로 우선 순위를 둡니다.

```
3 + 2 ** 3 / (5 - 3)
```

⬚▶ 7.0

지금까지 사용한 연산자를 정리하면 다음 표와 같습니다.

연산자 종류

연산자	뜻	문법	설명
+	더하기(addition)	x + y	x와 y를 더한다.
−	빼기(subtraction)	x − y	x에서 y를 뺀다.
*	곱하기(multiplication)	x * y	x와 y를 곱한다.
/	나누기(division)	x / y	x를 y로 나눈다.
//	몫(quotient)	x // y	x를 y로 나누었을 때 몫을 구한다.
%	나머지(remainder)	x % y	x를 y로 나누었을 때 나머지 값을 구한다.
**	거듭제곱(power)	x ** y	x를 y번 곱한다(x를 y제곱한다).

일부 연산자는 함수로도 표현이 가능합니다. 다음 표는 숫자 자료형에서 자주 사용하는 함수를 정리한 것입니다.

연산에 사용하는 함수

문법	설명
abs(x)	x를 절댓값으로 변환한다.
divmod(x, y)	x를 y로 나눈 몫과 나머지를 구한 값을 튜플 형식으로 돌려준다.
float(x)	x를 실수형으로 변환한다.
int(x)	x를 정수형으로 변환한다(실수형인 경우 소수점 이하는 버린다).
pow(x, y)	x를 y번 곱한다(x를 y제곱한다).
round(x, y)	x를 소수점 y번째 자리까지 반올림한다(y가 없는 경우 첫째 자리까지 반올림한다).

함수를 이용해서 절댓값과 반올림을 구해 봅시다.

```
abs(-3)              # -3의 절댓값을 구함
```

☐→ 3

```
round(3.14159, 3) # 실수 3.14159를 소수점 넷째 자리에서 반올림하여 셋째 자리까지 출력
```

☐→ 3.142

8진수와 16진수

8진수(Octal)는 0o 또는 0O(숫자 0 뒤에 알파벳 소문자 o 또는 대문자 O) 뒤에, 16진수(Hexadecimal)는 0x(숫자 0 뒤에 알파벳 소문자 x) 뒤에 값을 입력해서 표현합니다. 파이썬에서 8진수와 16진수는 잘 사용하지 않지만 간혹 보이는 경우가 있으므로 어떤 형식인지만 이해하고 넘어갑시다.

예를 들어 8진수 0o467을 10진수로 변환하면 $4*8^2 + 6*8^1 + 7*8^0$으로 **311**이 됩니다. print( ) 함수를 이용하면 10진수로 변환되어 출력됩니다.

```
a = 0o467    # 8진수 표현
b = 0x7fc    # 16진수 표현
print(a)
print(b)
```

▶ 311
  2044

문자열

문자열(String)은 문자의 배열로 이루어진 자료형입니다. 문자를 입력할 때 앞뒤에 작은따옴표(') 또는 큰따옴표(")를 사용하면 문자열이 됩니다. 파이썬에서 작은따옴표와 큰따옴표는 의미상 차이가 없으므로 둘 중 하나를 선택해서 사용하면 됩니다. 문자열의 자료형은 **str**로 나타납니다.

```
a = "Hello Python!"
a
```

▶ 'Hello Python!'


```
type(a)
```

▶ str

NOTE 문자열을 바로 출력하면 코드에서 사용한 따옴표의 종류와 관계없이 작은따옴표가 포함되어 결괏값이 나옵니다. 결괏값에 작은따옴표가 없는 상태로 출력하고 싶다면 print( ) 함수로 문자열을 출력합니다.

문자열 안에 따옴표 포함시키기

문자열 안에 따옴표를 포함시키고 싶을 때는 문자열 안에 들어가는 따옴표를 문자열 앞뒤에 붙이는 따옴표와 다른 종류로 입력하면 됩니다. 예를 들어, 문자열 안에 작은따옴표(')를 표현하고 싶다면 문자열 앞뒤에는 큰따옴표(")를 입력하고, 문자열 안에 큰따옴표를 표현하고 싶다면 문자열 앞뒤에는 작은따옴표를 입력합니다.

```
sen = "It's mine."                         # 작은따옴표를 문자열 안에 포함할 때
print(sen)
```

▶ It's mine.

```
sen2 = '"It is impossible." He says.'       # 큰따옴표를 문자열 안에 포함할 때
print(sen2)
```

▶ "It is impossible." He says.

앞의 예제처럼 서로 다른 따옴표를 사용하지 않아도 문자열 안에 따옴표를 포함시킬 수 있는 방법이 있습니다. 문자열 앞뒤와 문자열 안에 같은 따옴표를 입력했을 때, 문자열 안에 들어가는 따옴표 앞에 이스케이프 코드(Escape Code)인 \(백슬래시)를 사용하면 됩니다.

```
sen3 = 'It\'s mine.'                        # 작은따옴표를 문자열 앞뒤와 안에 사용
sen4 = "\"It is impossible.\" He says."     # 큰따옴표를 문자열 앞뒤와 안에 사용
print(sen3)
print(sen4)
```

▶ It's mine.
   "It is impossible." He says.

NOTE 이스케이프 코드는 사용하는 프로그램 혹은 작업 환경에 따라 \(백슬래시) 또는 ₩(원화 기호)로 표시됩니다.

문자열을 여러 줄로 나타내기

문자열을 여러 줄로 표현하고 싶을 때는 작은따옴표(또는 큰따옴표)를 세 개 연속으로 사용하여 줄바꿈하면 따옴표 안에 들어가는 모든 공백과 줄바꿈을 표현한 결괏값을 출력할 수 있습니다.

```
a = """Hello!
Python!"""
print(a)
```

```
Hello!
Python!
```

또한, 줄바꿈 이스케이프 코드(**\n**)를 사용하면 같은 문자열 내에서도 줄바꿈이 가능합니다. 줄바꿈을 여러 번 할 경우에는 이스케이프 코드보다 따옴표를 사용하는 것이 깔끔합니다.

```
a = "Hello! \nPython!"
print(a)
```

```
Hello!
Python!
```

-ᄋᄋ- **여기서 잠깐 ▶**   **자주 사용하는 이스케이프 코드**

이스케이프 코드란 앞에서 사용했던 \n과 같이 \ 뒤에 오는 문자나 숫자에 따라 특정한 기능을 수행하도록 정의해 둔 코드입니다. 자주 사용하는 이스케이프 코드는 다음과 같습니다.

이스케이프 코드

코드	설명
\\	문자열 안에서 \(백슬래시)를 그대로 표시
\'	문자열 안에서 '(작은따옴표)를 그대로 표시
\"	문자열 안에서 "(큰따옴표)를 그대로 표시
\b	한 칸 지움, 백스페이스(Backspace)
\f	커서를 다음 줄로 이동, 폼피드(Formfeed)
\n	문자열 안에서 줄바꿈(Linefeed)
\r	줄바꿈, 캐리지 리턴(Carriage Return)
\t	문자열 사이 간격 주기, 탭(Tab)

문자열 연산하기

문자열은 더하기와 곱하기 연산이 가능합니다. 문자열의 더하기는 문자열끼리 연결하는 것을 의미하고, 곱하기는 곱한 수만큼 문자열을 반복하는 것을 의미합니다.

```
a = "Hello! "
b = "Python!"
print(a + b)    # 문자열 변수 a와 b를 연결
```

➡ Hello! Python!

```
a * 3    # 문자열 변수 a를 3번 반복
```

➡ 'Hello! Hello! Hello! '

정수를 문자열로 지정하고 연산하면 동일한 문자열 연산 규칙을 따릅니다.

```
a = "26"
b = "3"
a + b    # 문자열 변수 a와 b를 연결
```

➡ '263'

```
a * 3    # 문자열 변수 a를 3번 반복
```

➡ '262626'

💡 여기서 잠깐 ▶   연산은 동일한 자료형끼리만 가능

자료형이 다른 유형끼리 연산을 수행하면 다음과 같이 **TypeError**가 발생합니다.

```
a = 26     # 변수 a에 숫자 자료형(정수) 26을 저장
b = "8"    # 변수 b에 문자열 자료형 8을 저장
a + b
```

➡ TypeError: unsupported operand type(s) for +: 'int' and 'str'

문자열 인덱싱과 슬라이싱

문자열 자료형은 문자마다 순서대로 번호를 매길 수 있습니다. 이것을 문자열 인덱싱(Indexing)이라고 합니다. 이 번호로 문자의 위치를 확인할 수 있고, 특정 위치에서 문자열을 잘라내는 슬라이싱도 할 수 있습니다.

다음은 문자열에서 해당 번호(x)에 위치한 문자를 확인하는 표현식입니다.

```
문자열[x] 또는 변수명[x]
```

문자열의 첫 글자 인덱싱 번호는 0부터 시작합니다. 인덱싱은 반대 방향으로도 가능한데, 뒤에서부터 셀 때는 −1부터 시작합니다. 가령 변수 a에 "Hello! Python!" 문자열을 저장하면 H의 인덱스는 0이 됩니다.

```
a = "Hello! Python!"
```

문자열	H	e	l	l	o	!		P	y	t	h	o	n	!
앞쪽 인덱스	0	1	2	3	4	5	6	7	8	9	10	11	12	13
뒤쪽 인덱스	−14	−13	−12	−11	−10	−9	−8	−7	−6	−5	−4	−3	−2	−1

```
a[-1]      # 뒤에서부터 인덱스를 계산, 인덱스 -1에 위치한 문자는 !
```
➡ '!'

```
a[3]       # 앞에서부터 인덱스를 계산, 인덱스 3에 위치한 문자는 l
```
➡ 'l'

슬라이싱(Slicing)은 무엇을 얇게 잘라내는 것을 의미합니다. 인덱싱 번호를 사용해 슬라이싱하면 문자열을 원하는 길이만큼 잘라낼 수 있습니다.

다음은 문자열을 슬라이싱하는 표현식입니다. 끝 번호까지 잘라내는 것이 아니라 끝 번호의 바로 앞 번호(−1)까지 잘라내는 것에 유의합니다.

```
문자열[시작_번호:끝_번호] 또는 변수명[시작_번호:끝_번호]
```

```
a[3:9]      # 인덱스 3부터 8까지 추출
```

⮕ `'lo! Py'`

```
a[3:-4]     # 인덱스 3부터 -5까지 추출
```

⮕ `'lo! Pyt'`

시작 번호를 비우면 문자열의 처음부터 추출하고, 끝 번호를 비우면 문자열의 끝까지 추출합니다.
a[:]처럼 시작 번호와 끝 번호를 모두 비우면 문자열 전체가 추출됩니다.

```
a[:8]      # 문자열 처음부터 인덱스 7까지 추출
```

⮕ `'Hello! P'`

```
a[3:]      # 인덱스 3부터 문자열 끝까지 추출
```

⮕ `'lo! Python!'`

🔅 여기서 잠깐 ▶   문자열 안 값 바꾸기

슬라이싱을 활용하면 문자열 안 값을 바꿀 수 있습니다. 다음 예제는 "Life"의 f를 v로 변경해 출력한 것입니다.

```
a = "Life"                 # 변수 a에 문자열 자료형 "Life"를 저장
b = a[0:2] + "v" + a[-1]   # 슬라이싱 활용
print(b)
```

⮕ Live

문자열 포맷팅

문자열 포맷팅은 문자열 안에 있는 어떤 값을 바꿀 때 사용하는 방법입니다. 어떤 값이란 숫자가 될
수도 있고 문자열이 될 수도 있습니다. 또한 변수를 생성한 다음 변수에 저장된 값으로도 바꿀 수 있
습니다.

포맷팅 표현식은 다음과 같습니다.

```
"~~ %s ~~" %문자(또는 숫자)          # 문자열 내 포함된 %s 대신 문자(또는 숫자)를 삽입
"~~ %s ~~" %변수명                   # 문자열 내 포함된 %s 대신 변숫값을 삽입
```

다음 예제 코드를 살펴보면 문자열 포맷팅을 쉽게 이해할 수 있습니다.

```
"I eat %s bananas." %3              # %s 대신 3을 입력해서 값을 출력
```
⤷ 'I eat 3 bananas.'

```
"I eat %s bananas." %"three"        # %s 대신 "three"를 입력해서 값을 출력
```
⤷ 'I eat three bananas.'

```
color = "blue"                      # color 변수를 생성
"I like %s color." %color           # %s 대신 변수 color에 저장된 "blue" 값을 출력
```
⤷ 'I like blue color.'

자주 사용하는 포맷 코드는 다음 표와 같습니다. 입력되는 값이 숫자이면 숫자 포맷 코드(**%d** 또는 **%f**)를, 문자열이면 문자열 포맷 코드(**%s**)를 사용합니다. 단, 문자열 포맷 코드는 입력되는 값이 숫자이든 문자열이든 구분 없이 사용할 수 있습니다.

포맷 코드

코드	설명	입력되는 값
%c	'character'의 첫 글자. 문자 1개를 의미	문자 1개, 0 또는 양의 정수
%d	'digit'의 첫 글자. 정수형 숫자를 의미	음의 정수, 0, 양의 정수
%f	'floating point'의 첫 글자. 실수형 숫자를 의미	실수(정수 포함)
%s	'string'의 첫 글자. 문자열을 의미	문자열, 실수, 정수

포맷 코드를 좀 더 응용해 보겠습니다. 포맷 코드에 정수를 입력하면 문자열 길이를 설정할 수 있습니다. 단, 양의 정수이면 입력되는 값이 오른쪽 정렬로, 음의 정수이면 입력되는 값이 왼쪽 정렬로 나타납니다.

다음은 **"%15s"**로 문자열 길이를 15로 지정하고, **"hello"**를 오른쪽 정렬한 예제입니다.

```
ar = "%15s" %"hello"      # 문자열 길이 15, hello 오른쪽 정렬
ar
```

⬕ '   hello'

1	2	3	4	5	6	7	8	9	10	11	12	13	14	15
공백										h	e	l	l	o

다음은 **"%-15s"**로 문자열 길이를 15로 지정하고, **"hello"**를 왼쪽 정렬한 예제입니다.

```
ar = "%-15s" %"hello"     # 문자열 길이 15, hello 왼쪽 정렬
ar
```

⬕ 'hello   '

1	2	3	4	5	6	7	8	9	10	11	12	13	14	15
h	e	l	l	o	공백									

정렬되는 값 외에 다른 문자열도 추가할 수 있습니다. **"John%10s" %"hello"**는 John 다음에 공백을 10개 추가하고 "hello" 문자열을 오른쪽 정렬하여 반환합니다.

```
ar = "John%10s" %"hello"      # John 다음에 공백 10개 추가, hello 오른쪽 정렬
print(ar)
```

⬕ John   hello

				1	2	3	4	5	6	7	8	9	10
J	o	h	n	공백					h	e	l	l	o

숫자 자료형에도 포맷 코드를 사용할 수 있는데 **%d**는 정수형, **%f**는 실수형에 사용합니다.

```
a = "%4d" %34              # 공백을 4개 만들고 정수를 오른쪽 정렬
print(a)
```

> 　　　34

```
b = "%10.2f" %5.6182359  # 공백을 10개 만들고 실수를 소수점 둘째 자리까지 오른쪽 정렬
print(b)
```

> 　　　5.62

문자열 함수

문자열 함수로는 문자열 포맷팅을 하거나 문자열 내 특정 문자 개수를 구할 수 있습니다. 또한 문자열의 분리 및 결합, 대소문자 변경 등도 가능합니다.

format() 함수

문자열 포맷팅은 % 연산자 대신 format( ) 함수를 사용해서 구현할 수도 있습니다. format( ) 함수의 가장 기본적인 형식을 살펴보겠습니다. 인덱스는 중괄호 { }로 표현하는데, **{인덱스}**로 변경할 위치를 지정하고 **.format(값)**으로 값을 정해 줍니다. 중괄호 안에 숫자를 작성하지 않고 { }만 입력해도 됩니다.

```
test = "I need {} eggs.".format(5)   # format() 함수에 있는 값 5가 {} 위치에 들어감
print(test)
```

> I need 5 eggs.

입력할 값이 여러 개라면 값을 변수로 지정한 후 인덱스에 출력할 수 있습니다. 인덱스 중괄호 { }에 숫자를 작성하지 않으면 format( ) 함수에 입력된 값의 순서대로 인덱스 위치에 출력됩니다. 다음 예제를 보면 첫 번째 중괄호에는 변수 color의 값인 **white**가, 두 번째 중괄호에는 변수 num의 값인 **5**가 출력되었습니다.

```
color = "white"
num = 5
test = "I like {} egg. I need {} eggs.".format(color, num)
# 여러 개의 값을 변수로 입력
print(test)
```

> I like white egg. I need 5 eggs.

위 예제에는 인덱스인 중괄호가 비어 있지만, **"I like {0} egg. I need {1} eggs.".format(color, num)**과 같이 입력해도 결괏값이 동일하게 나옵니다.

여기서 잠깐 ▶   **소수점 자릿수를 지정해 실수 표현하기**

format() 함수를 활용하면 실수의 소수점 자릿수를 지정할 수 있습니다. 중괄호를 사용하여 {:.2f"}를 입력하면 함수 값을 소수점 둘째 자리까지 나타낸다는 뜻입니다.

```
a = "{:.2f}".format(5.6182359)
# 소수점 둘째 자리까지 표현(소수점 셋째 자리에서 반올림)
print(a)
```

> 5.62

```
x = 5.6182359
a = "{:15.2f}".format(x)    # 숫자 길이 15, 오른쪽 정렬, 소수점 둘째 자리까지 표현
print(a)
```

>   5.62

---

count() 함수

문자 개수를 세는 count() 함수는 다음과 같이 변수명에 붙여서 변수 a의 문자열에 포함된 n의 개수를 셀 때 사용합니다.

```
a = "I eat banana."
a.count("n")    # 문자열에서 "n"의 개수 구하기
```

⤷ 2

---

find(), index() 함수

find()와 index() 함수는 찾고 싶은 문자의 위치를 찾아 인덱스 값을 반환해 줍니다. 문자열 안에 찾는 문자가 중복으로 들어 있으면 첫 번째 위치에 있는 문자의 인덱스 값을 나타냅니다.

```
a = "I eat banana."
print(a.find("n"))   # find() 함수 활용, 문자열에서 "n"이 처음 나오는 인덱스 값 구하기
print(a.index("n"))  # index() 함수 활용, 문자열에서 "n"이 처음 나오는 인덱스 값 구하기
```

⤷ 8

  8

두 함수의 차이점은 문자열에서 찾는 문자가 없을 때 반환하는 값입니다. 찾는 문자가 없는 경우, find()는 **-1**의 값을 돌려주고 index()는 에러를 발생시킵니다.

```
print(a.find("d"))     # 문자열에서 "d"가 처음 나오는 인덱스 값 구하기
print(a.index("d"))    # 문자열에서 "d"가 처음 나오는 인덱스 값 구하기
```

⤷ -1

  ValueError: substring not found

---

join() 함수

join() 함수를 사용하면 문자열 안에 값을 삽입할 수 있습니다. 다음 예제는 문자열 "fruit" 사이에 ,(쉼표)를 삽입하여 출력합니다.

```
b = ",".join("fruit")    # join() 함수 안에 있는 문자열의 문자 사이에 "," 삽입하기
print(b)
```

⤷ f,r,u,i,t

upper(), lower() 함수

upper( ) 함수는 영문 소문자를 대문자로 바꾸고, lower( ) 함수는 대문자를 소문자로 바꿔 줍니다.

```
a = "Hello"
print(a.upper())    # 문자를 전부 대문자로 변경
print(a.lower())    # 문자를 전부 소문자로 변경
```

```
HELLO
hello
```

strip() 함수

strip( ) 함수를 사용하면 문자열 사이의 공백을 지울 수 있습니다. strip( ) 함수는 문자열 양쪽에 있는 공백을, lstrip( ) 함수는 왼쪽 공백을, rstrip( ) 함수는 오른쪽 공백을 제거합니다. 한 줄에 여러 문장을 작성할 때는 세미콜론(;)으로 구분합니다.

```
a = " Hello "
print(a.strip()) ; print(a.lstrip()) ; print(a.rstrip())
```

```
Hello
Hello
   Hello
```

split() 함수

문자열을 공백 또는 특정 값을 기준으로 분리할 수도 있습니다. split( ) 함수에 구분자를 생략하면 공백으로 문자열을 나누며, 구분자를 지정하면 구분자를 기준으로 문자열을 나눠 줍니다.

```
a = "I eat banana."
a.split()        # 공백을 기준으로 문자열 나누기
```

```
['I', 'eat', 'banana.']
```

```
a = "a:b:c:d:e"
a.split(':')     # ':'을 기준으로 문자열 나누기
```

```
['a', 'b', 'c', 'd', 'e']
```

replace() 함수

replace() 함수를 이용하면 문자열의 값을 원하는 값으로 바꿀 수 있습니다. 속성으로는 찾을 값, 바꿀 값, 바꿀 횟수를 입력합니다. 이때 바꿀 횟수를 생략하면 찾을 값을 모두 변경하고, 바꿀 횟수를 입력하면 입력한 횟수만큼 변경합니다.

```python
a = "I eat banana."
print(a.replace("a", "b", 1))    # 문자열에서 "a"를 "b"로 1회 변경
print(a.replace("a", "b"))       # 문자열에서 "a"를 "b"로 모두 변경
```

```
I ebt banana.
I ebt bbnbnb.
```

불

불(Bool)은 논리적으로 참(True) 또는 거짓(False)을 나타내는 자료형입니다. 영국의 수학자인 조지 불(George Boole)의 이름에서 따온 것으로, 불린(Boolean)이라고도 합니다. 자료형을 판단해서 True 또는 False 중 하나의 값을 출력합니다.

다음 예제는 1과 1이 같은지, 그리고 10이 8보다 작은지 비교한 후 결괏값을 출력합니다. 비교 연산 자에 대해서는 Chapter 03의 조건문에서 자세하게 다루겠습니다.

```python
print(1 == 1)     # 1과 1이 같은지 판단, True 출력
print(10 < 8 )    # 10이 8보다 작은지 판단, False 출력
```

```
True
False
```

bool() 함수는 조건에 맞는 bool 값(True, False)을 반환합니다. bool() 함수에 문자열 자료형을 입력하면 해당 문자가 있는 경우에는 **True**, 비어 있는 경우에는 **False**를 출력합니다.

```python
print(bool("python"))    # "python"이라는 문자열이 있으므로 True
print(bool(None))        # None 또는 ""인 경우 False
```

```
True
False
```

자료형에 따라 True와 False를 나타내는 bool 값을 정리하면 다음 표와 같습니다.

bool() 함수의 참과 거짓

값	True or False	설명
"python"	True	문자열 자료형은 참이다.
" "	False	입력값이 없는 자료는 거짓이다.
" "	True	공백(띄어쓰기)은 참이다.
[1, 2, 3]	True	리스트 자료형에 값이 입력되어 있으면 참이다.
[]	False	비어 있는 리스트 자료형은 거짓이다.
()	False	비어 있는 튜플 자료형은 거짓이다.
{}	False	비어 있는 딕셔너리 자료형은 거짓이다.
1	True	숫자 자료형은 참이다.
0	False	숫자 자료형에서 0은 거짓이다.
None	False	None은 아무것도 없다는 것을 나타내는 자료형이므로 거짓이다.

NOTE []는 리스트 자료형, ()는 튜플 자료형, {}는 딕셔너리 자료형을 표현할 때 사용하는 기호입니다. 각 자료형에 대해서는 2.3절 복합 자료형에서 자세히 설명하겠습니다.

복합 자료형

▶▶ 여러 개의 숫자와 문자열, 또는 숫자와 문자열을 함께 사용하는 자료형을 복합 자료형이라고 합니다. 복합 자료형에는 리스트(List), 튜플(Tuple), 딕셔너리(Dict), 집합(Set) 자료형이 있는데, 특히 리스트는 실무에서 가장 많이 사용하는 자료형입니다. 복합 자료형을 사용하면 여러 자료를 하나로 묶어서 한 번에 처리할 때 편리합니다.

리스트

리스트(List) 자료형은 여러 개의 데이터를 하나의 변수에 담을 수 있는 데이터 구조입니다. 대괄호 [ ]로 표현하고, 대괄호 안에 실제 데이터들이 들어갑니다. 리스트에는 숫자, 문자열, 리스트 등 다양한 자료형이 들어갈 수 있습니다.

```
변수명 = [데이터1, 데이터2, 데이터3, ...]
```

```
a = [ ]                              # 공백(띄어쓰기)을 데이터로 갖는 리스트
b = [1, 2, 3, 4, 5]                  # 숫자를 데이터로 갖는 리스트
c = ["I", "like", "python"]          # 문자열을 데이터로 갖는 리스트
d = [1, 2, "Python"]                 # 숫자와 문자열을 데이터로 갖는 리스트
e = [1, 2, ["Python", "C", "Java"]]  # 숫자와 리스트를 데이터로 갖는 리스트
```

리스트 연산하기

문자열에서 살펴보았던 연산과 인덱싱, 슬라이싱을 복합 자료형에서도 사용할 수 있습니다. 연산은 더하기와 곱하기가 가능하며, 문자열 연산에서와 동일하게 더하기는 추가, 곱하기는 반복을 의미합니다. 다음 예제에서 리스트 a에 3을 곱하면 [3, 7, 9] 값을 3번 반복해서 출력합니다.

```
a = [3, 7, 9]
b = [4, 6, 10]
print(a + b)     # 리스트 자료형을 가진 변수 a에 변수 b의 데이터를 추가
print(a * 3)     # 리스트 자료형을 가진 변수 a의 데이터를 세 번 반복
```

⯈ [3, 7, 9, 4, 6, 10]
   [3, 7, 9, 3, 7, 9, 3, 7, 9]

리스트 인덱싱과 슬라이싱

리스트 역시 인덱싱과 슬라이싱이 가능합니다. 문자열에서 실습했던 인덱싱과 슬라이싱 표현식을 그대로 따르며 인덱스는 0부터 시작합니다. 다음 예제에서 **print(test[2])**를 실행하면 test의 3번째 데이터인 **95**가 출력됩니다.

```
test = [75, 69, 95, 84, 89]
food = ["milk", "juice", "rice", "soup", "cookie"]
print(test[2])        # 인덱스가 0부터 시작하기 때문에 3번째 데이터인 95를 출력
print(food[3:5])      # 인덱스 3~4에 있는 데이터인 'soup', 'cookie'를 출력
```

⯈ 95
   ['soup', 'cookie']

중첩 리스트에도 인덱싱과 슬라이싱을 할 수 있습니다. 중첩 리스트란 리스트 안에 리스트가 있는 구조를 말하며, 리스트 안에 있는 리스트는 하나의 데이터로 취급됩니다. 다음 예제에서 **print(a[2])**를 실행하면 변수 a의 3번째 데이터인 **['Python', 'C', 'Java']**가 출력됩니다.

```
# 숫자와 리스트를 데이터로 갖는 리스트(중첩 리스트)
a = [1, 2, ["Python", "C", "Java"]]
print(a[2])          # 변수 a에 저장된 데이터 중 3번째 데이터를 출력
print(a[2][:2])      # 출력된 3번째 데이터에서 처음부터 인덱스 1까지 슬라이싱
```

⯈ ['Python', 'C', 'Java']
   ['Python', 'C']

리스트 변경과 삭제

리스트에서 데이터를 수정할 수도 있습니다. 표현식은 다음과 같습니다.

> 변수명[위치] = 변경할 값

다음 코드를 실행하면 변수 a의 인덱스 3 데이터인 7이 8로 변경됩니다.

```
a = [1, 3, 5, 7, 6, 2, 4]
a[3] = 8    # 변수 a의 인덱스 3 데이터를 8로 변경
print(a)
```

[→] [1, 3, 5, 8, 6, 2, 4]

리스트에 있는 데이터를 삭제하려면 del 명령문을 사용합니다. 표현식은 다음과 같습니다.

> del 변수명[위치]

다음 코드를 실행하면 변수 a의 인덱스 3 데이터인 7이 삭제됩니다.

```
a = [1, 3, 5, 7, 6, 2, 4]
del a[3]    # 변수 a의 인덱스 3 데이터 삭제
print(a)
```

[→] [1, 3, 5, 6, 2, 4]

리스트 함수

리스트 자료형에 다양한 함수를 붙여 사용할 수도 있습니다. 데이터 추가, 원하는 인덱스 위치에 데이터 삽입, 데이터 삭제 등을 예시로 살펴보겠습니다. 리스트 자료형이 변수에 저장되었다고 가정했을 때, 함수를 사용하는 표현식은 다음과 같습니다.

> 변수명.함수명(x)   # x는 데이터(숫자, 문자열, 리스트 또는 인덱스 값)

append() 함수

append() 함수를 이용하여 리스트 변수의 마지막 위치에 데이터를 추가할 수 있습니다.
a.append(3)을 실행하면 리스트 a의 마지막 위치에 3을 추가합니다. 또한 append() 함수 안에
리스트를 입력하면 중첩 리스트를 만들 수 있습니다.

```
a = [1, 2, 3, 4]
a.append(3)     # 변수 a의 마지막 위치에 3을 추가
print(a)
```

▶ [1, 2, 3, 4, 3]

```
a.append([3, 5, 9])     # 변수 a에 리스트를 추가
print(a)
```

▶ [1, 2, 3, 4, 3, [3, 5, 9]]

insert() 함수

insert() 함수로 원하는 위치에 데이터를 추가할 수 있습니다. **a.insert(0, 7)**을 실행하면 리스트 변
수 a의 인덱스 0 위치에 7을 삽입합니다.

```
a = [1, 2, 3, 4]
a.insert(0, 7)     # 변수 a의 인덱스 0 위치에 7을 추가
print(a)
```

▶ [7, 1, 2, 3, 4]

remove() 함수

remove() 함수로 리스트 안에서 처음으로 일치하는 데이터를 삭제할 수 있습니다. **a.remove(4)**를
실행하면 리스트 변수 a에서 첫 번째 4를 삭제합니다.

```
a = [1, 2, 3, 4, 5, 4, 3, 2, 1]
a.remove(4)     # remove(x)는 리스트에서 첫 번째로 일치하는 x를 삭제
print(a)
```

▶ [1, 2, 3, 5, 4, 3, 2, 1]

sort(), reverse() 함수

리스트 안 데이터들을 오름차순 또는 내림차순으로 정렬할 수 있습니다. **a.sort()**를 실행하면 리스트 변수 a의 데이터들이 오름차순으로, **a.sort(reverse=True)**를 실행하면 내림차순으로 정렬됩니다. **a.reverse()**는 현재 데이터들의 순서를 뒤집어서 출력합니다.

```
a = [1, 3, 5, 7, 6, 2, 4]
a.sort()     # 변수 a의 데이터를 오름차순 정렬
print(a)
```

▶ [1, 2, 3, 4, 5, 6, 7]

```
a = [1, 3, 5, 7, 6, 2, 4]
a.sort(reverse=True)     # 변수 a의 데이터를 내림차순 정렬
print(a)
```

▶ [7, 6, 5, 4, 3, 2, 1]

```
a = [1, 3, 5, 7, 6, 2, 4]
a.reverse()     # 변수 a의 데이터 순서 뒤집기
print(a)
```

▶ [4, 2, 6, 7, 5, 3, 1]

NOTE count() 함수는 문자 개수를 세는 것 외에도 리스트에 저장된 데이터의 개수를 셀 수도 있습니다. index() 함수 또한 리스트에 저장된 위치의 인덱스 값을 반환해 줍니다. 이 두 함수는 문자열에서 실습했으니 리스트형 자료에서는 설명을 생략하겠습니다.

pop() 함수

pop( ) 함수는 리스트에서 맨 마지막에 있는 데이터를 보여 주거나, x번 인덱스에 있는 데이터를 보여 주고 그 데이터를 삭제합니다. 함수 다음에 오는 ( )에 입력이 없으면 리스트의 제일 마지막 데이터를 보여 준 다음 그 데이터를 삭제하고, pop(x)라고 입력하면 리스트에서 인덱스 x의 데이터를 보여 준 다음 그 데이터를 삭제합니다.

```
a = [1, 3, 5, 7, 6, 2, 4]
print(a.pop())        # 변수 a의 마지막 데이터를 보여 준 다음 삭제
print(a)
```

▶ 4

  [1, 3, 5, 7, 6, 2]

```
a = [1, 3, 5, 7, 6, 2, 4]
print(a.pop(3))       # 변수 a의 인덱스 3 데이터를 보여 준 다음 삭제
print(a)
```

▶ 7

  [1, 3, 5, 6, 2, 4]

extend() 함수

extend( ) 함수는 리스트 끝에 다른 리스트의 데이터를 추가할 수 있는 리스트 확장 함수입니다. append( ) 함수가 리스트 끝에 데이터 하나를 추가하는 것에 비해 extend( ) 함수는 여러 데이터들을 추가할 수 있습니다. 다음 예제에서 **a.extend([3, 5, 7])**을 실행하면 리스트 변수 a의 마지막 위치에 [3, 5, 7]을 추가합니다.

```
a = [1, 3, 5, 7, 6, 2, 4]
a.extend([3, 5, 7])      # 변수 a에 3, 5, 7을 추가
print(a)
```

▶ [1, 3, 5, 7, 6, 2, 4, 3, 5, 7]

```
a = [1, 3, 5, 7, 6, 2, 4]
b = [3, 5, 7]
a.extend(b)     # 변수 a에 변수 b 데이터를 추가
print(a)
```

➡ [1, 3, 5, 7, 6, 2, 4, 3, 5, 7]

NOTE 파이썬에는 특정 자료형에서만 사용할 수 있는 함수들이 있습니다. 문자열에서 사용할 수 있는 함수가 리스트에서는 사용할 수 없거나, 리스트에서는 사용할 수 있지만 튜플에서는 사용할 수 없는 경우도 있습니다. 자료형에 맞지 않는 함수를 실행할 경우 AttributeError가 발생합니다.

튜플

튜플(Tuple) 자료형은 여러 개의 자료를 묶어서 하나로 처리하는 자료형으로, 몇 가지 사항을 제외하면 리스트와 거의 비슷합니다. 단, 리스트는 대괄호 [ ]로 표현하지만 튜플은 소괄호 ( )로 표현하고, 리스트는 리스트 안 데이터들을 추가, 삭제, 수정할 수 있지만 튜플은 수정이 불가능합니다. 튜플의 표현식은 다음과 같습니다.

> 변수명 = (데이터1, 데이터2, 데이터3, ...)

```
tp1 = ( )
tp2 = (1, )       # 데이터가 하나만 있는 튜플을 만들 경우 데이터 뒤에 ,(쉼표) 필수 입력
tp3 = (1, 2, 3)
tp4 = 1, 2, 3   # 소괄호 ( ) 생략 가능
tp5 = ("a", "b", ("ab", "cd"))
```

튜플 자료형에서 데이터 수정은 불가능하지만 연산(더하기, 곱하기) 및 인덱싱과 슬라이싱은 가능합니다. 연산 결과는 리스트 자료형과 동일합니다. **print(tp1 + tp2)**는 두 개의 튜플 변수를 더하여 출력하고, **print(tp2 * 2)**는 튜플 tp2의 데이터를 두 번 반복하여 출력합니다.

```
tp1 = (1, 2, 3, "a", "b", "c")
tp2 = (4, 5, 6)
print(tp1 + tp2)     # 튜플 자료형을 가진 변수 tp1과 tp2의 데이터를 합치기
print(tp2 * 2)       # 튜플 자료형을 가진 변수 tp2의 데이터를 두 번 반복하기
```

▶ (1, 2, 3, 'a', 'b', 'c', 4, 5, 6)
  (4, 5, 6, 4, 5, 6)

튜플 자료형의 인덱싱 및 슬라이싱 방법도 리스트와 유사합니다. **print(tp[2])**를 실행하면 튜플 tp의 3번째 데이터가 출력됩니다.

```
tp = (1, 2, ("ab", "cd", "ef"), 3, "a", "b", "c")
                    # 숫자, 문자열, 튜플을 데이터로 갖는 튜플
print(tp[2])        # 변수 tp에 저장된 데이터 중 3번째 데이터를 출력
print(tp[2][:2])    # 변수 tp의 3번째 데이터에서 처음부터 인덱스 1까지 슬라이싱
```

▶ ('ab', 'cd', 'ef')
  ('ab', 'cd')

NOTE 튜플 자료형은 리스트와 달리 데이터 수정이 안 되기 때문에 삭제(del), 제거(remove), 값 추가(append), 삽입(insert), 확장(extend) 등과 같이 값을 변경하는 함수들은 사용할 수 없습니다.

딕셔너리

딕셔너리(Dictionary) 자료형은 단어의 의미처럼 사전 형식을 가지고 있습니다. 사전에서 원하는 단어를 찾으면 단어 옆에 그 뜻이 있듯이, 딕셔너리 자료형도 찾을 단어에 해당하는 Key 값과 단어의 뜻에 해당하는 Value 값으로 구성되어 있습니다. 중괄호 { }를 사용하고, Key와 Value 값을 쌍으로 갖는 자료형입니다.

```
변수명 = {Key1 : Value1, Key2 : Value2, Key3 : Value3, ...}
```

Key는 변하지 않는 값이어야 하고, Value는 변하는 값이나 변하지 않는 값 모두 사용 가능합니다. 다음 예제에서 dict1 변수에는 "name"과 "Lee", "age"와 29, "birth"와 "0320"이 쌍으로 저장됩니다.

```
dict1 = {"name" : "Lee", "age" : 29, "birth" : "0320"}    # 예시
dict2 = {1 : "ab"}                   # Key에 정수형, Value에 문자열 자료형을 입력한 예
dict3 = {"test" : [1, 3, 5, 7]}    # Value에 리스트 자료형을 입력한 예
```

NOTE Key는 변하지 않는 값이어야 하기 때문에 리스트로 표현할 수 없고, 튜플로 표현할 수 있습니다. 딕셔너리 자료형은 문자열, 리스트나 튜플처럼 순서대로 나열된 개념이 아니라 Key를 통해 Value를 얻기 때문에 순차 개념이 없어 index() 함수를 활용할 수 없습니다.

딕셔너리 자료 추가 및 삭제

Key를 사용해서 Value를 출력해 봅시다. 다음 예제를 실행하면 Key 값인 "a"에 대응하는 Value 값인 **[1, 2]**가 출력됩니다.

```
dict4 = {"a" : [1, 2], "b" : [3, 4], "c" : [5, 6]}
print(dict4["a"])
```

⤷ `[1, 2]`

딕셔너리에 Key와 Value 쌍을 추가할 수도 있습니다. 표현식은 다음과 같습니다.

```
변수명[Key] = Value
```

다음 예제에서 **dict5["b"] = [3, 4]**는 변수 dict5에 Key : Value가 "b" : [3, 4]인 데이터 쌍을 추가하라는 의미입니다.

```
dict5 = {"a" : [1, 2]}
dict5["b"] = [3, 4]     # 변수 dict5에 Key:Value가 "b" : [3, 4]인 딕셔너리 쌍 추가
print(dict5)
```

⤷ `{'a' : [1, 2], 'b' : [3, 4]}`

딕셔너리에서 Key와 Value 쌍을 삭제하는 표현식은 다음과 같습니다. Key만 삭제해도 Key : Value 데이터 쌍이 함께 삭제됩니다.

```
del 변수명[Key]
```

다음 예제를 보면 del 명령문으로 변수 dict6에서 Key 값인 "c"를 삭제했는데, Value 값인 [5, 6]도 함께 삭제되는 것을 확인할 수 있습니다.

```python
dict6 = {"a" : [1, 2], "b" : [3, 4], "c" : [5, 6]}
del dict6["c"]    # Key "c"를 삭제하면 Value [5, 6]까지, Key : Value 쌍이 삭제됨
print(dict6)
```

▶ {'a' : [1, 2], 'b' : [3, 4]}

데이터들이 한 쌍으로 구성된 리스트나 튜플이 있다면 dict( ) 함수를 이용하여 딕셔너리 자료형으로 변경할 수 있습니다.

```python
list1 = [["a", 2], ["b", 4], ["c", 6]]
dict(list1)     # 중첩 리스트로 구성된 자료형을 딕셔너리로 변경
```

▶ {'a' : 2, 'b' : 4, 'c' : 6}

```python
list2 = [("a", 2), ("b", 4), ("c", 6)]
dict(list2)     # 리스트 내 튜플로 구성된 자료형을 딕셔너리로 변경
```

▶ {'a' : 2, 'b' : 4, 'c' : 6}

```python
tp1 = (["a", 2], ["b", 4], ["c", 6])
dict(tp1)     # 튜플 내 리스트로 구성된 자료형을 딕셔너리로 변경
```

▶ {'a' : 2, 'b' : 4, 'c' : 6}

```python
tp2 = (("a", 2), ("b", 4), ("c", 6))
dict(tp2)     # 중첩 튜플로 구성된 자료형을 딕셔너리로 변경
```

▶ {'a' : 2, 'b' : 4, 'c' : 6}

파이썬에는 입력된 값이나 변수의 자료형을 변환해 주는 함수가 있습니다. 기본 자료형 변환 함수로는 실수로 변환하는 float(), 정수로 변환하는 int(), 문자열로 변환하는 str(), 문자로 변환하는 chr(), 불(불린)로 변환하는 bool()까지 총 5가지가 있습니다.

다음은 정수형(int)을 실수형(float)으로, 실수형을 정수형으로 변경하는 예시입니다.

```
a = 3        # 변수 a에 정수형 자료 저장
float(a)     # 변수 a를 실수형으로 변환
```

⤷ 3.0

```
a = 3.619    # 변수 a에 실수형 자료 저장
int(a)       # 변수 a를 정수형으로 변환(소수점 자리는 버림)
```

⤷ 3

복합 자료형 선언 함수로는 list(), tuple(), dict() 등이 있습니다. 이 함수들을 이용해 형 변환을 하려면 앞서 쌍으로 구성된 리스트 또는 튜플 자료형을 딕셔너리 자료형으로 변환한 예제처럼 변환할 자료형 양식에 맞게 구성되어 있어야 합니다. 그렇지 않으면 **TypeError**가 발생합니다.

```
b = [1, 2, 3, 4, 5]    # 변수 b에 리스트 자료 저장
tuple(b)               # 변수 b를 튜플형으로 변환
```

⤷ (1, 2, 3, 4, 5)

```
dict(b)     # 변수 b가 쌍으로 구성되지 않았기 때문에 딕셔너리로 변경 시 에러 발생
```

⤷ TypeError: cannot convert dictionary update sequence element #0 to a sequence

자료형은 type() 함수로 확인할 수 있습니다.

```
a = 5        # 정수
b = 3.14     # 실수
c = "love"   # 문자열
d = True     # 불
```

```
    e = [1, 2, 3, 4, 5]                # 리스트
    f = (6, 7, 8, 9, 10)               # 튜플
    g = {"name":"park", "number":"505"}  # 딕셔너리
    print(type(a), type(b))
    print(type(c), type(d))
    print(type(e), type(f), type(g))
```

```
<class 'int'> <class 'float'>
<class 'str'> <class 'bool'>
<class 'list'> <class 'tuple'> <class 'dict'>
```

딕셔너리 함수

딕셔너리 자료형에는 순서가 없기 때문에 인덱스로 데이터를 추출할 수는 없지만, Key와 Value를 추출하기 위한 여러 함수를 제공합니다.

keys(), values() 함수

keys() 함수는 딕셔너리에서 Key만 모아 출력하고, values() 함수는 딕셔너리에서 Value만 모아 리스트로 출력합니다.

```
dict1 = {"name" : "Lee", "age" : 29, "birth" : "0320"}
print(dict1.keys())           # 변수 dict1의 Key만 모아서 출력
print(list(dict1.keys()))     # 변수 dict1의 Key만 모인 객체를 리스트로 출력
```

```
dict_keys(['name', 'age', 'birth'])
['name', 'age', 'birth']
```

```
list(dict1.values())          # 변수 dict1의 Value만 모인 객체를 리스트로 출력
```

```
['Lee', 29, '0320']
```

items() 함수

items() 함수를 이용하면 Key와 Value 쌍을 튜플 형식으로 출력할 수 있습니다.

```
dict2 = {"name" : "Lee", "age" : 29, "birth" : "0320"}
dict2.items()     # 변수 dict2의 Key와 Value 쌍을 튜플로 출력
```

⤷ `dict_items([('name', 'Lee'), ('age', 29), ('birth', '0320')])`

clear() 함수

clear( ) 함수를 사용해서 Key와 Value를 모두 지울 수도 있습니다. 이때 변수에 들어 있는 값만 지워지며, 변수는 지워지지 않습니다.

```
dict3 = {"name" : "Lee", "age" : 29, "birth" : "0320"}
dict3.clear()     # 변수 dict3의 모든 쌍을 삭제
print(dict3)
```

⤷ `{}`

💡 **여기서 잠깐 ▶**　　　　　　　　　　　　　　　　　**딕셔너리 안에 Key가 있는지 확인하기**

키워드 in을 사용하면 특정 Key 값이 딕셔너리 안에 있는지 확인할 수 있습니다. 다음 예제를 실행하면 Key 값인 "name"이 변수 dict3에 있으므로 True가 출력됩니다.

```
dict3 = {"name" : "Lee", "age" : 29, "birth" : "0320"}
print("name" in dict3)  # 변수 dict3 안에 "name" Key가 있으면 True, 없으면 False
```

⤷ `True`

집합

집합(Set) 자료형은 집합과 관련한 것을 표현하는 자료형입니다. 집합은 사전적 의미로 '모아서 합함'을 뜻하는데, 데이터의 순서 없이 그저 모아 놓은 것이기 때문에 인덱싱으로 값을 얻을 수 없고 중복도 허용하지 않습니다. 표현식은 다음과 같습니다. 소괄호 ( ) 안에는 리스트나 문자열이 올 수 있습니다.

```
set([데이터1, 데이터2, 데이터3, ...])
set(문자열)
```

숫자로 된 리스트를 만들어서 집합으로 지정하거나 문자열을 집합으로 지정하면 개별 문자로 분해되고 중복 문자는 제거됩니다.

```python
set1 = set([1, 2, 5, 3, 7, 4])
print(set1)     # 숫자로 된 리스트의 집합 자료형은 분해되면서 오름차순으로 출력됨
```

```
{1, 2, 3, 4, 5, 7}
```

```python
set2 = set("school bus")     # 문자열의 경우 문자로 분해되고 중복 문자는 제거됨
print(set2)                  # 집합 자료형은 순서를 가지지 않으므로 랜덤으로 출력됨
```

```
{'c', 'u', 'l', 'b', 'h', 's', 'o', ' '}
```

집합에도 다른 자료형과 같이 연산(더하기, 빼기)의 개념이 있습니다. 다음은 집합 자료형 간 교집합, 합집합, 차집합을 구하는 예제입니다.

```python
set1 = set([1, 2, 3, 4, 5, 6, 7])
set2 = set([5, 6, 7, 8, 9, 10, 11])
print(set1 & set2)               # 교집합(두 집합의 공통 데이터)
print(set1.intersection(set2))   # 교집합(set2.intersection(set1)과 결과는 동일)
```

```
{5, 6, 7}
{5, 6, 7}
```

```python
print(set1 | set2)               # 합집합(두 집합의 전체 데이터), |는 [shift] + [\]
print(set1.union(set2))          # 합집합(set2.union(set1)과 결과는 동일)
```

```
{1, 2, 3, 4, 5, 6, 7, 8, 9, 10, 11}
{1, 2, 3, 4, 5, 6, 7, 8, 9, 10, 11}
```

```python
print(set1 - set2)               # 차집합(set1에 포함되나 set2에 포함되지 않는 집합)
print(set1.difference(set2))     # 차집합(set2.difference(set1)과 결과는 다름)
```

```
{1, 2, 3, 4}
{1, 2, 3, 4}
```

```
print(set2 - set1)                # 차집합(set2에 포함되나 set1에 포함되지 않는 집합)
print(set2.difference(set1))      # 차집합(set1.difference(set2)와 결과는 다름)
```

⤷ {8, 9, 10, 11}
　 {8, 9, 10, 11}

좀 더 알아보기　**집합 자료형에 데이터 추가 및 삭제하기**

집합 자료형에 add(), update(), remove() 함수를 이용하면 데이터를 한 개 또는 여러 개 추가하거나 특정 데이터를
삭제할 수 있습니다.

데이터 한 개 추가

```
set1 = set([1, 2, 3, 5])
set1.add(4)
set1
```

⤷ {1, 2, 3, 4, 5}

데이터 여러 개 추가

```
set2 = set([1, 2, 3, 4, 5])
set2.update([6, 7, 8])
set2
```

⤷ {1, 2, 3, 4, 5, 6, 7, 8}

특정 데이터 삭제

```
set3 = set([1, 2, 3, 4, 5])
set3.remove(3)
set3
```

⤷ {1, 2, 4, 5}

마무리

- 변수는 숫자나 문자 등 데이터를 저장할 수 있는 공간으로, 등호(=)를 사용해서 데이터를 저장합니다.

- 변수명은 영문자, 숫자, 언더바(_)로 구성하며 특수문자나 공백 등은 사용할 수 없습니다.

- 숫자 자료형의 연산 순서는 괄호(()), 거듭제곱(**), 곱하기(*)와 나누기(/), 더하기(+)와 빼기(−) 순입니다.

- 문자열 자료형의 인덱스는 0부터 시작하며, 인덱싱과 슬라이싱을 통해 특정 위치의 문자를 출력할 수 있습니다.

- 불 자료형은 True(참) 또는 False(거짓)를 나타내며 조건문에서 주로 사용합니다.

- 리스트 자료형은 대괄호 [ ]로 데이터를 저장하며 인덱싱과 슬라이싱 및 데이터 추가와 삭제가 가능합니다.

- 튜플 자료형은 소괄호 ( )로 데이터를 저장하며 데이터 추가, 삭제, 수정을 할 수 없습니다.

- 딕셔너리 자료형은 사전 형식을 가진 자료형으로 중괄호 { }로 데이터를 저장하며, Key와 Value 값을 쌍으로 갖습니다.

- 집합 자료형은 수학의 집합과 유사한 형식으로 변수 간 교집합, 합집합, 차집합을 연산할 수 있습니다.

CHAPTER **03**

제어문과 함수

▶▶▶

Chapter 03에서는 조건에 따라 실행 순서를 조정하거나 반복하는 제어문에 대해 알아보겠습니다. 또한 사용자 정의 함수를 만드는 방법과 주요 내장 함수를 알아보고, 클래스와 객체의 기본 개념을 살펴보겠습니다.

제어문

▶▶ 제어문은 어떤 조건에 따라 특정 코드만 수행하거나 반복하도록 제어합니다. 파이썬의 제어문은 조건문인 if 문과 반복문인 while 문, for 문이 있습니다. 제어문을 잘 활용하면 조건에 따라 다양한 작업을 수행할 수 있을 뿐만 아니라 반복되는 코드를 줄여 코딩을 단순화할 수 있습니다.

if 문

if 문은 조건에 따라 코드를 실행하거나 실행하지 않도록 만들고 싶을 때 사용하는 구문으로, 조건문과 블록으로 구성됩니다. 조건문의 값이 참이면 if 조건문 바로 다음 블록(if 블록)을 수행하고, 거짓이면 else 문 다음 블록(else 블록)을 실행합니다. 블록으로 구분된 문장, 즉 **if 조건문 :**과 **else :** 이후 블록에는 반드시 들여쓰기(indentation)를 해야 합니다.

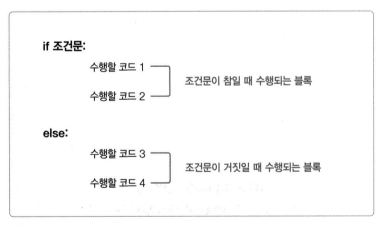

if 조건문:
　　수행할 코드 1 ⎤
　　　　　　　　　⎦ 조건문이 참일 때 수행되는 블록
　　수행할 코드 2

else:
　　수행할 코드 3 ⎤
　　　　　　　　　⎦ 조건문이 거짓일 때 수행되는 블록
　　수행할 코드 4

if 문 구조

다음 그림처럼 학생들의 시험 성적이 60점 이상이면 '합격', 60점 미만이면 '불합격'으로 분류해서 개인별로 통보한다고 가정해 봅시다. 이 경우 시험 성적을 나타내는 변수가 60점 이상인지 미만인지를 판단한 후에 조건에 따라 어떤 코드를 실행할 것인지 결정하면 됩니다. 이때 파이썬의 if 문을 사용하면 성적이 60점 이상이면 '합격'으로, 60점 미만이면 '불합격'으로 분류할 수 있습니다.

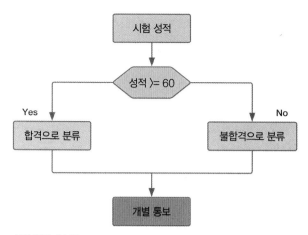

성적 처리 순서도

비교 연산자

if 문에서 조건문이란 참과 거짓을 판단하는 문장으로, 비교 또는 논리 연산으로 구성됩니다. 비교 연산자는 다음 표와 같이 **==, !=, >, <, >=, <=**를 사용합니다. 예를 들어 **x == y**는 x와 y값이 같을 때 참, **x != y**는 x와 y값이 같지 않을 때 참, **x >= y**는 x가 y보다 크거나 같을 때 참으로 판단합니다.

비교 연산자 종류

비교 연산자	문법	설명
==	x == y	x와 y가 같다.
!=	x != y	x와 y가 같지 않다.
〉	x 〉y	x가 y보다 크다.
〈	x 〈y	x가 y보다 작다.
〉=	x 〉= y	x가 y보다 크거나 같다.
〈=	x 〈= y	x가 y보다 작거나 같다.

파이썬 코드로 x가 y보다 큰 값인지 비교해 봅시다. x가 10, y가 5이므로 결과는 참(True)이 됩니다.

```
x = 10     # 변수 x에 10을 입력
y = 5      # 변수 y에 5를 입력
x > y      # x가 y보다 큰 값인지 비교
```

⯈ True

같은 변수에서 **x == y**를 실행하면 x, y가 서로 다른 값이므로 결과는 거짓(False)이 됩니다.

```
x == y    # x와 y가 같은 값인지 비교
```

➡ False

___

같은 변수에서 **x != y**를 실행하면 x, y가 서로 다른 값이므로 결과는 참(True)이 됩니다.

```
x != y    # x와 y가 다른 값인지 비교
```

➡ True

___

논리 연산자

논리 연산자에는 and, or, not이 있으며 **and**는 두 값이 모두 참일 때, **or**는 두 값 중 하나라도 참일 때, **not**은 조건식이 거짓일 때 참이 됩니다.

논리 연산자	문법	설명
and	x and y	x, y 모두 참이면 참
or	x or y	x, y 중 하나라도 참이면 참
not	not x	x가 거짓이면 참

다음 예제에서 **x or y**를 실행하면 x와 y값 중 하나라도 참이기 때문에 결과는 참(True)이 됩니다.

```
x = True    # 변수 x에 True 입력
y = False   # 변수 y에 False 입력
x or y      # x와 y값 중 하나라도 참이면 True를 출력
```

➡ True

___

같은 변수에서 **x and y**를 실행하면 x, y값 모두 참이 아니기 때문에 결과는 거짓(False)이 됩니다.

```
x and y     # x와 y값 모두가 참이 아니면 False를 출력
```

➡ False

___

여기서 잠깐 ▶ 조건문에 in, not in 사용하기

파이썬에서는 비교, 논리 연산 외에도 in, not in 연산자를 리스트, 튜플, 문자열과 함께 사용하면 보다 유연하게 조건문을 만들 수 있습니다. in은 영어 단어와 같은 의미로 해석하면 됩니다.

다음은 in을 사용한 조건문으로, 리스트 [10, 20, 30] 안에 10이 있으므로 참(True)을 출력합니다.

```
10 in [10, 20, 30]          # 리스트 [10, 20, 30]에 10이 있으면 참
```

> True

다음은 not in을 사용한 조건문으로, 튜플 ("x", "y", "z")에 x가 없어야 참이 되는데 x가 있으므로 거짓(False)을 출력합니다.

```
"x" not in ("x", "y", "z")     # 튜플 ("x", "y", "z")에 "x"가 없으면 참
```

> False

if 문으로 짝수/홀수 판단하기

조건문을 공부했으니 이제 if 문을 완성해 보겠습니다. 어떤 값이 짝수이면 "짝수"를, 홀수이면 "홀수"를 출력하는 코드를 작성해 봅시다. % 연산자를 이용해 좌변의 값을 우변의 값으로 나눈 나머지가 0이면 짝수로, 0이 아니면 홀수로 판단하면 됩니다.

다음 예제에서 x가 3일 때 **x % 2**의 결괏값이 1이므로 **1 == 0** 비교 연산은 거짓이 되어 else 문을 실행하고 **홀수**를 출력합니다.

```
x = 3                    # 변수 x에 3을 대입
if x % 2 == 0:           # x를 2로 나눈 나머지 값과 0을 비교
    print("짝수")         # 조건문이 참일 때 실행
else:
    print("홀수")         # 조건문이 거짓일 때 실행
```

> 홀수

NOTE 들여쓰기 규칙을 지키지 않으면 파이썬은 IndentationError: expected an indented block이라는 에러 메시지를 출력합니다. 따라서 if 문이나 else 문 다음의 코드는 반드시 들여쓰기를 해야 합니다.

if 문에서 리스트 활용하기

조건문에서는 리스트 변수를 활용할 수 있습니다. 다음은 시험 합격자 명단을 pass_list 변수에 리스트로 저장하고 있을 때, if 문을 활용하여 합격 여부를 판단하는 예제입니다. name 변수에 합격 여부를 판단할 대상인 "강감찬"을 저장하고 if 문을 실행합니다. pass_list 안에 name의 값인 "강감찬"이 있으므로 결과는 참이 되어 바로 아래에 있는 print( ) 함수를 실행합니다.

```
pass_list = ["이순신", "을지문덕", "연개소문", "강감찬"]    # 리스트로 저장
name = "강감찬"
if name in pass_list:
    print (name + " 님은 합격입니다.")
else:
    print (name + " 님은 불합격입니다.")
```

➡ 강감찬 님은 합격입니다.

elif 문

수행할 조건이 하나가 아니라 여러 개가 있는 경우 if ~ else 문에 elif 문을 추가하여 사용할 수 있습니다. elif는 이전 조건문의 값이 거짓일 때 수행됩니다.

다음 그림을 보면 if 조건문이 참일 때 코드 1이 수행되고, 거짓일 때는 첫 번째 elif 조건문이 실행됩니다. 첫 번째 elif 조건문이 참이면 코드 2가 수행되고, 거짓이면 두 번째 elif 조건문이 실행됩니다. 최종적으로 모든 조건을 만족하지 못하면 else 아래에 있는 코드 4가 수행됩니다. elif는 개수에 제한 없이 사용 가능합니다.

```
if 조건문:
        코드 1

elif 조건문:
        코드 2

elif 조건문:
        코드 3

else:
        코드 4
```

elif 문 구조

다음 그림처럼 제품 테스트 성적이 70점 이상이면 '양호', 70점에서 40점 사이면 '보통', 40점 미만이면 '불량'으로 판단해야 하는 경우에는 if ~ else 문에 elif 문을 추가하여 사용하면 됩니다.

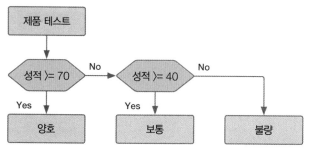

제품 테스트 순서도

순서도를 코드로 옮기면 다음과 같습니다. 변수 x에 55를 입력하고 if ~ elif ~ else 문을 실행하면 첫 번째 elif 조건문의 값이 참이 되어 **보통**을 출력합니다.

```
x= 55
if x >= 70:      # x가 70보다 작으므로 조건문의 값은 거짓
    print ("양호")
elif x >= 40:    # x가 40보다 크므로 조건문의 값은 참
    print ("보통")
else:
    print ("불량")
```

▶ 보통

여기서 잠깐 ▶   **조건 표현식 활용하기**

다음은 변수 x가 80점 이상이면 합격, 80점 미만이면 불합격을 변수 msg에 대입하는 예제입니다.

```
if x >= 80:
    msg = "합격"
else:
    msg = "불합격"
```

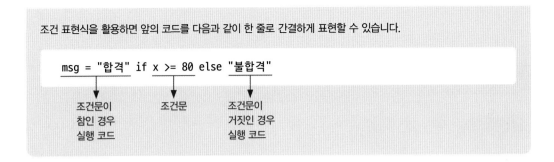

조건 표현식을 활용하면 앞의 코드를 다음과 같이 한 줄로 간결하게 표현할 수 있습니다.

```
msg = "합격" if x >= 80 else "불합격"
```

조건문이   조건문   조건문이
참인 경우   거짓인 경우
실행 코드   실행 코드

while 문

반복해서 코드를 수행해야 할 경우에는 while 문을 사용할 수 있습니다. while 문은 조건문이 참인 동안 while 아래의 코드가 반복해서 수행됩니다. while 문의 구조는 다음과 같습니다.

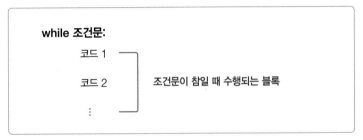

while 문 구조

while 문으로 1부터 100까지 더하는 코드를 작성해 보겠습니다. while 문의 조건식이 참일 때, 즉 i가 101보다 작을 때까지 while 문 아래 코드 블록이 반복해서 수행됩니다. 변수 result에 i를 더하고 계속해서 i를 1씩 증가시키다가 i가 101이 되면 조건문이 거짓이 되어 while 문은 종료됩니다.

```
i = 1
result = 0
while i < 101:     # i가 101보다 작을 동안 계속해서 반복
    result = result + i
    i = i + 1
print("1 + 2 + ... + 99 + 100 =", result)
```

▶ 1 + 2 + ... + 99 + 100 = 5050

break 문

while 문은 특정 조건을 만족하는 동안 코드 블록을 무한 반복하기 때문에 중간에 멈춰야 하면 break 문을 활용하여 while 루프를 빠져나와야 합니다. 다음은 while 문의 조건식을 True로 정해 무한 반복을 수행하다가 egg가 0이 되면 **계란이 없습니다.**를 출력한 후 break로 while 문을 빠져나오는 예제입니다.

```
egg = 2
while True:          # 무한 반복
    egg = egg - 1
    print("남은 계란은 %d개입니다." % egg)
    if egg == 0:     # egg가 0일 때 print() 실행
        print("계란이 없습니다.")
        break
```

➦ 남은 계란은 1개입니다.
　남은 계란은 0개입니다.
　계란이 없습니다.

continue 문

while 문의 코드 블록을 실행하다가 어떤 특정 조건을 만족하면 나머지는 실행하지 않고 다시 처음부터 while 문을 실행할 때 continue 문을 사용합니다. 다음은 i를 1부터 10까지 1씩 증가시키면서 홀수만 출력하는 예제입니다. i를 2로 나눈 나머지가 0일 경우, 즉 짝수이면 continue 문을 실행해 처음으로 돌아가고, 홀수이면 숫자를 출력합니다.

```
i = 0
while i < 10:
    i = i + 1
    if i % 2 == 0: continue    # i가 짝수일 경우 while 문의 처음 코드로 돌아감
    print(i)
```

➦ 1
　3
　5
　7
　9

무한 루프

무한 루프란 끝없이 반복한다는 의미입니다. 특정 값이 입력될 때까지 어떤 작업을 반복할 필요가 있을 때 이 무한 루프를 자주 사용합니다. 다음 예제에서 while 문의 조건문은 True이므로 결과는 항상 참이 됩니다. 따라서 이 코드는 while 문 안에 있는 문장을 무한 수행하며 [Ctrl]+[C] 키를 눌러야만 종료됩니다.

```
while True:     # 조건문이 True이므로 항상 참
    print("Ctrl+C를 눌러야 빠져나갈 수 있습니다.")
```

Ctrl+C를 눌러야 빠져나갈 수 있습니다.
Ctrl+C를 눌러야 빠져나갈 수 있습니다.
Ctrl+C를 눌러야 빠져나갈 수 있습니다.
⋮

NOTE 무한 루프를 빠져나가기 위해서는 [Ctrl]+[C] 키를 누르면 되지만, 주피터 노트북 등 파이썬 개발 환경에서는 커널 실행 중단을 통해서만 빠져나갈 수 있습니다.

for 문

파이썬에서는 for 문을 활용한 반복문을 많이 사용합니다. for 문은 while 문과 달리 지정한 횟수만큼 코드를 반복할 때 주로 사용하며 리스트, 튜플, 문자열로 반복 범위를 지정할 수 있습니다. for 문의 기본 구조는 다음과 같습니다.

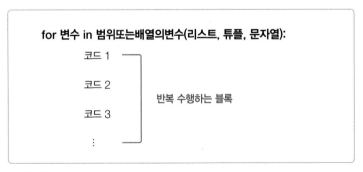

for 문 구조

for 문은 리스트를 활용하여 반복문을 수행하는 경우가 많습니다. 다음 예제는 for 문에서 ["네이버", "구글", "다음"] 리스트 요소들을 변수 a에 차례로 대입한 후 출력하는 내용입니다.

```
web_list = ["네이버", "구글", "다음"]
for a in web_list:      # 변수 a에 "네이버", "구글", "다음"이 차례로 대입됨
    print(a)
```

➡ 네이버
   구글
   다음

다음 예제는 튜플을 사용하는 경우입니다. 튜플 변수인 a의 값들이 for 문의 x, y에 차례로 대입되는데, 첫 번째 대입되는 값은 x = 3, y = 6이며 결과는 x와 y를 곱한 값을 출력합니다.

```
a = [(3, 6), (4, 5), (3, 8)]
for (x, y) in a:      # 변수(x, y)에 (3, 6), (4, 5), (3, 8)이 차례로 대입됨
    print(x * y)      # x와 y를 곱하고 출력
```

➡ 18
   20
   24

range() 함수 활용

for 문은 숫자 리스트를 자동으로 만들어 주는 range() 함수와 함께 사용하는 경우가 많습니다. range() 함수는 파이썬에서 제공하는 내장 함수로 범위의 시작 숫자, 끝 숫자, 간격을 차례대로 지정하면 끝 숫자를 제외한 숫자 리스트가 생성됩니다.

다음은 range() 함수를 활용한 숫자 리스트 생성 예제입니다. 첫 번째 코드를 보면 변수 a에는 range() 함수를 통해 생성된 1부터 9까지의 숫자 리스트가 저장됩니다. 변수 b와 변수 c에도 동일한 방식으로 숫자 리스트가 저장됩니다.

```
a = list(range(1, 10))        # 1부터 9까지 숫자 리스트 생성
b = list(range(1, 10, 2))     # 1~9에서 2씩 증가하는 숫자 리스트 생성
c = list(range(10, 1, -1))    # 10~2에서 -1씩 감소하는 숫자 리스트 생성
print(a, b, c)
```

➡ [1, 2, 3, 4, 5, 6, 7, 8, 9] [1, 3, 5, 7, 9] [10, 9, 8, 7, 6, 5, 4, 3, 2]

NOTE range() 함수에서 생성되는 값은 입력한 시작 숫자부터 끝 숫자 -1까지입니다.

다음은 for 문과 range( ) 함수를 사용하여 1부터 100까지 더하는 예제입니다. range( ) 함수로 1부터 99까지 2씩 증가하는 숫자 리스트를 생성한 후 변수 result에 차례로 더해서 출력합니다.

```python
result = 0
for a in range(1, 100, 2):      # 1~99에서 2씩 증가, 홀수 리스트를 생성
    result = a + result         # 변수 result에 홀수를 차례로 더함
print(result)
```

⮕ 2500

중첩 for 문

for 문은 중첩해서 사용할 수 있습니다. 다음은 구구단을 간략하게 코딩한 예제입니다.

x는 2부터 7까지, y는 2부터 6까지 반복합니다. 반복 순서는 x가 2일 때 y가 2부터 6까지 반복하고, x가 3일 때 y가 다시 2부터 6까지 반복하며 x가 7이 될 때까지 동일한 순서로 반복합니다. 이때 x, y 그리고 x * y를 출력하면 구구단이 완성됩니다.

```python
for x in range(2, 8):        # x에 2부터 7까지 대입
    for y in range(2, 7):    # y에 2부터 6까지 대입
        print("%d X %d = %d"%(x, y, x * y), "\t", end="")
                             # x, y, x * y 출력, tab으로 간격 조정
    print(" ")               # 줄 바꾸기
```

⮕ 2 X 2 = 4	2 X 3 = 6	2 X 4 = 8	2 X 5 = 10	2 X 6 = 12
3 X 2 = 6	3 X 3 = 9	3 X 4 = 12	3 X 5 = 15	3 X 6 = 18
4 X 2 = 8	4 X 3 = 12	4 X 4 = 16	4 X 5 = 20	4 X 6 = 24
5 X 2 = 10	5 X 3 = 15	5 X 4 = 20	5 X 5 = 25	5 X 6 = 30
6 X 2 = 12	6 X 3 = 18	6 X 4 = 24	6 X 5 = 30	6 X 6 = 36
7 X 2 = 14	7 X 3 = 21	7 X 4 = 28	7 X 5 = 35	7 X 6 = 42

NOTE \t는 탭을 출력하고, end=" "는 print() 이후 줄을 바꾸지 않겠다는 의미입니다.

continue 문

for 문에서도 continue 문을 사용할 수 있습니다. 다음은 학생 번호와 시험 점수가 튜플로 구성되어 있을 때, 이를 for 문으로 하나씩 불러와서 시험 점수가 60점 이상일 경우 **○번 학생 축하합니다.** 라는 메시지를 출력하는 예제입니다.

scores 튜플에서 첫 번째 데이터를 불러오면 num에 1, score에 83이 대입됩니다. 이후 if 문에서 score가 83으로 60보다 크므로 continue 문은 실행되지 않고 print( ) 함수가 실행됩니다. 세 번째 튜플은 score가 55이므로 조건이 참이 되기 때문에 continue 문이 실행되어 for 문의 처음으로 돌아갑니다.

```python
scores = [(1, 83), (2, 66), (3, 55), (4, 70), (5, 50)]
for num, score in scores:     # num과 score에 튜플 데이터를 대입
    if score < 60:            # score가 60보다 작을 경우 continue 실행
        continue
    print("%d번 학생 축하합니다." %num)  # score가 60보다 크거나 같을 경우 print() 실행
```

➡ 1번 학생 축하합니다.
2번 학생 축하합니다.
4번 학생 축하합니다.

SECTION 3.2 ▶ 함수와 클래스

▶▶ 프로그래밍에서 함수란 어떤 입력값을 주었을 때 특정 기능을 수행한 후 결괏값을 돌려주는 코드의 집합이며, 클래스는 함수와 변수를 하나로 묶어 놓은 것입니다. 함수와 클래스를 활용하면 코드를 좀 더 효율적으로 작성할 수 있을 뿐만 아니라 이미 작성한 코드를 간편하게 재활용할 수 있습니다.

함수 만들기

함수라고 하면 y = f(x)와 같은 함수식이 떠오를 것입니다. 이 식에서는 x라는 입력값에 대해 함수 f( )에서 어떤 처리를 진행한 후 y라는 결괏값을 돌려주는데, 파이썬에서도 마찬가지입니다.

파이썬에서 함수는 def로 정의하며 함수명은 변수처럼 임의로 만들어 줍니다. 매개변수는 이 함수에 입력으로 전달되는 값을 받는 변수이며 함수 안에서 활용합니다. 함수의 마지막에는 return 문을 사용하는데, 함수의 결괏값을 함수를 호출한 곳으로 전달합니다.

```
def 함수명(매개변수):
        코드 1

        코드 2

         ...

        return 결괏값
```

함수 구조

간단한 더하기 함수를 만들어 보고 호출해 봅시다. 다음은 매개변수 a, b를 통해 전달된 값을 더하고 결괏값을 반환하는 summation( ) 함수입니다. print( ) 함수에서 **summation(10, 20)**으로 함수를 호출하면 a=10, b=20이 되며, 함수 내에서 **result = a + b**가 계산되고 결괏값인 **30**이 return 값으로 전달됩니다.

```
def summation(a, b):        # summation() 함수 정의, 매개변수 a, b
    result = a + b
    return result           # result를 결괏값으로 전달


print(summation(10, 20))  # summation() 함수 호출, 10과 20은 매개변수로 전달되는 인수
```

➡ 30

함수의 형식은 입력값과 결괏값의 존재 유무에 따라 4가지 유형으로 나눌 수 있습니다. 하나씩 살펴
보겠습니다.

입력과 결과가 있는 함수

입력값과 결괏값이 모두 있는 일반적인 함수입니다. 다음 예제의 mul() 함수는 매개변수로 전달받
은 값을 곱하여 반환합니다.

```
def mul(x, y):          # mul() 함수 정의, 매개변수 x, y
    res = x * y
    return res          # res를 결괏값으로 전달


print(mul(100, 2))      # mul() 함수 호출, 100과 2는 매개변수로 전달되는 인수
```

➡ 200

입력이 없는 함수

입력값이 없는 함수도 정의할 수 있습니다. 다음 예제의 good() 함수는 별도의 매개변수는 없고, 호
출되면 문자열인 **안녕하세요! 반갑습니다.**를 반환합니다.

```
def good():         # good() 함수 정의, 매개변수 없음
    return "안녕하세요! 반갑습니다."


print(good())       # good() 함수 호출
```

➡ 안녕하세요! 반갑습니다.

결과가 없는 함수

결괏값이 없는 함수도 만들 수 있습니다. 다음 예제의 test( ) 함수는 매개변수로 전달받은 값이 60점 이상이면 합격 축하 메시지를, 60점 미만이면 불합격 메시지를 출력합니다. return 문이 없으며, 함수가 호출되면 함수 내 코드만 실행합니다.

```
def test(a):          # test() 함수 정의
    if a >= 60:       # a가 60 이상이면 "합격을 축하드립니다." 출력
        print("합격을 축하드립니다.")
    else:             # a가 60 미만이면 "불합격입니다.ㅠㅠ" 출력
        print("불합격입니다.ㅠㅠ")
test(55)
```

➡ 불합격입니다.ㅠㅠ

입력과 결과가 모두 없는 함수

매개변수와 return 문이 모두 없는 함수도 만들 수 있습니다. 함수를 호출하기만 하면 어떤 문장을 출력하도록 할 때 활용할 수 있습니다. 다음 예제에서 사용한 sayhello( ) 함수는 호출하면 **안녕하세요! 반갑습니다.**를 출력합니다.

```
def sayhello():       # sayhello() 함수 정의
    print("안녕하세요! 반갑습니다.")

sayhello()            # 함수 호출
```

➡ 안녕하세요! 반갑습니다.

함수 사용 시 주의할 점은 변수의 효력 범위입니다. 함수 안 변수와 함수 밖 변수는 변수명이 동일하더라도 서로 다른 변수입니다. 즉, 함수 안에서 새로 만든 변수는 그 함수 안에서만 효력이 있습니다.

다음 예제의 test( ) 함수는 매개변수에 전달된 값에 1을 더해 반환하는데, a를 전달했기 때문에 2가 출력될 것 같지만 결과를 보면 **1**이 출력되었습니다. 함수 안 변수 a와 함수 밖 변수 a는 변수명만 동일할 뿐 서로 다른 변수이기 때문입니다.

```
a = 1
def test(a):        # test() 함수 정의
    a = a + 1
    return a
test(a)             # test() 함수 호출
print(a)
```

⯈ 1

___

입력과 출력 함수

입출력 함수 중 가장 기본적인 함수는 input( )과 print( )입니다. input( )은 키보드로부터 데이터를
입력받는 함수이며, print( )는 사용자가 지정한 형식대로 변숫값을 출력하는 함수입니다.

입력 함수

Chapter 02에서는 변수에 데이터를 직접 입력했습니다. 이제는 키보드로 입력한 데이터를 input( )
함수를 사용해서 변수에 저장하는 방법에 대해 알아보겠습니다.

01 주피터 노트북 셀에 다음과 같이 입력합니다. 입력되는 값을 저장하기 위해 test라는 변수명에
input( ) 함수를 사용했습니다.

```
In [ ]:  test = input()
```

02 ⎡Shift⎤+⎡Enter⎤ 키를 눌러 실행하면 아래 output 라인에 입력하는 공간이 나타납니다. 입력란에
Hello Python이라고 입력한 후 ⎡Enter⎤ 키를 누릅니다.

```
In [*]:  test = input()
         Hello Python|
```

03 입력한 값이 test 변수에 저장되고 화면에 출력되는 것을 확인할 수 있습니다.

```
In [1]: test = input()
        Hello Python
```

04 **print(test)**를 실행하면 **Hello Python**이 출력됩니다. **type(test)**로 자료형이 문자열(str)인 것을 확인할 수 있습니다.

```
In [2]: print(test)
        Hello Python

In [3]: type(test)
Out[3]: str
```

-🔅- **여기서 잠깐 ▶**   **괄호 안에 직접 문자열 입력하기**

input() 함수를 사용하면 다음과 같이 괄호 안에 직접 문자열을 입력해도 됩니다.

```
input("저장하고 싶은 값을 입력하세요:")
```

▶ 저장하고 싶은 값을 입력하세요:

출력 함수

출력하고 싶은 변수, 문자, 숫자, 연산식 등을 print() 함수에 입력하면 그 값을 출력합니다.

print() 함수의 기본적인 사용법은 Chapter 02에서 살펴보았습니다. 여러 문자열을 하나의 print()로 출력하고 싶으면 문자열 사이에 공백, 쉼표(,), 더하기 기호(+)를 사용하면 됩니다. 공백은 문자열에만 사용할 수 있으며, 출력할 때에는 공백 없이 출력됩니다. 쉼표(,)를 사용하면 값 사이마다 공백이 추가되며, 더하기 연산은 더하는 값들의 자료형이 동일해야 가능합니다.

```
print("I" "eat" "5" "eggs.")    # 공백을 사용했지만 출력값 사이에 공백 없이 출력됨
```

▶ Ieat5eggs.

```
print("I", "eat", 5, "eggs.")   # 쉼표(,) 사용 시 출력값에 공백 추가됨, 숫자 입력 가능
```

▶ I eat 5 eggs.

```
print("I"+"eat"+"5"+"eggs.")     # 더하기 기호(+)는 같은 자료형끼리만 사용 가능
```

▶ Ieat5eggs.

또한, print( ) 함수를 사용하면 print( ) 개수만큼 여러 줄이 출력됩니다. 이것을 모두 한 줄로 출력하고 싶다면 자료 입력 후 **end=" "**를 입력합니다. **" "** 사이에 공백을 넣으면 공백을 포함해서 출력하고, 공백이 없으면 공백 없이 한 줄로 출력합니다.

```
print("I", end=" ")     # " " 사이에 공백 입력
print("eat", end=" ")
print(5, end=" ")
print("eggs.", end=" ")
```

▶ I eat 5 eggs.

입력값을 숫자로 변환하기

input() 함수를 통해 입력된 값은 숫자를 입력해도 전부 문자열로 처리됩니다. 숫자로 변환하고 싶다면 형 변환을 해야 합니다. input() 함수로 숫자를 입력한 후 정수형으로 변환하는 과정을 살펴보겠습니다.

01 input() 함수를 사용하여 변수 num에 39를 입력합니다.

```
num = input()
```

▶ 39

02 num에 저장된 값을 출력합니다.

```
print(num)
```

▶ 39

03 type() 함수를 사용해서 num의 자료형을 확인합니다.

```
type(num)
```

⤷ str

04 변수 num을 정수형(int)으로 변환한 후 변수 num2에 다음과 같이 저장합니다. type() 함수로 자료형을 확인합니다.

```
num2 = int(num)
type(num2)
```

⤷ int

외부 파일 읽고 쓰기

앞서 입력과 출력 함수에서 키보드로 데이터를 입력하는 방법에 대해 알아보았습니다. 이번에는 파일을 통해 입력하고 출력하는 방법에 대해 알아보겠습니다.

파일 열기 모드

파이썬에서 파일을 열 때에는 내장 함수 open()을 사용합니다. 표현식은 다음과 같습니다.

```
open(file, mode, buffering, encoding, errors, newline, closefd, opener)
```

- file: 파일 경로
- mode: 파일이 열리는 옵션. 입력값에 따라 읽기용, 생성용, 편집용 등으로 설정됩니다.
  - r: 읽기 모드. 파일을 읽을 때 사용하며 기존 파일이 없으면 에러가 발생합니다.
  - w: 쓰기 모드. 파일에 내용을 작성할 때 사용하며, 기존 파일이 있으면 기존 내용 삭제 후 작성합니다.
  - a: 추가 모드. 기존 내용 다음에 추가로 작성하며, 기존 내용은 유지됩니다.

- x: 기존 파일이 없으면 파일을 생성하여 쓰기 모드로 열고, 기존 파일이 있으면 에러가 발생합니다.

파일을 열고 작업을 완료하면 반드시 파일을 닫아야 합니다. 파일을 닫지 않으면 버퍼링되어 있는 데이터가 기록되지 않고 지워질 수 있습니다. 파일 닫기는 close( ) 함수를 사용합니다. 파일을 읽기 모드로 여닫는 방법을 살펴보겠습니다.

파일이 없는 상태에서 **r**로 읽으면 다음과 같이 에러가 발생합니다.

```
f = open("A lucky day.txt", "r")   # 현재 경로에서 "A lucky day.txt"를 읽기 모드로 열기
f.close()                          # 파일 닫기
```

⤷ FileNotFoundError : [Errno 2] No such file or directory: 'A lucky day.txt'

NOTE 파일을 열 때 파일명만 입력하면 주피터 노트북이 실행되는 디렉터리에서 파일을 읽거나 저장합니다. 다른 디렉터리를 이용하고 싶다면 "C:\Users\PIAI\Downloads\A lucky day.txt"처럼 경로를 포함해서 작성해야 합니다.

파일이 없는 상태에서 **w**로 읽으면 입력한 대로 새로운 파일을 생성합니다. 해당 폴더를 열어 보면 파일이 새로 생성된 것을 확인할 수 있습니다.

```
f = open("A lucky day.txt", "w")   # 현재 경로에서 "A lucky day.txt"를 쓰기 모드로 열기
f.close()                          # 파일 닫기
```

텍스트 파일 만들고 쓰기

이번에는 파일을 열어 텍스트를 추가한 후 저장해 보겠습니다. 텍스트를 추가하는 함수는 write( )입니다. 한 줄만 입력하려면 큰따옴표(**"내용"**)를, 여러 줄을 입력하려면 큰따옴표 3개(**"""내용"""**)를 사용합니다. 표현식은 다음과 같습니다.

```
변수명.write("내용")
```

다음은 'A lucky day.txt' 파일에 텍스트 4줄을 입력하는 예제입니다. 작업을 완료하면 반드시 close( ) 함수로 파일을 닫아 줍니다.

```
f = open("A lucky day.txt", "w")      # 파일 열기
f.write("""새침하게 흐린 품이 눈이 올 듯하더니 눈은 아니 오고
얼다가 만 비가 추적추적 내리었다.
이날이야말로 동소문 안에서 인력거꾼 노릇을 하는 김 첨지에게는
오래간만에도 닥친 운수 좋은 날이었다.""")
f.close()                             # 파일 닫기
```

파일 읽는 방법

파일의 내용을 한 줄 또는 전체로 읽을 수 있습니다. 표현식은 다음과 같습니다.

```
변수명.readline()    # 파일 내용을 한 줄 출력
변수명.read()        # 파일 내용을 전부 출력
변수명.readlines()   # 파일 내용의 각 라인을 데이터로 갖는 리스트로 변환
```

다음 예제는 변수 fr에 'A lucky day.txt' 파일을 읽기 모드로 연 후, readline( ) 함수로 한 줄만 읽어와 출력하는 내용입니다.

```
fr = open("A lucky day.txt", "r")    # 파일 읽기 모드로 열기
line = fr.readline()                 # 파일 내용 한 줄 출력
print(line)                          # 한 줄 출력
fr.close()
```

▶ 새침하게 흐린 품이 눈이 올 듯하더니 눈은 아니 오고

read( ) 함수를 이용하면 파일의 전체 내용을 출력할 수 있습니다.

```
fr1 = open("A lucky day.txt", "r")    # 파일 읽기 모드로 열기
print(fr1.read())                     # 파일 내용 전체 출력
fr1.close()
```

▶ 새침하게 흐린 품이 눈이 올 듯하더니 눈은 아니 오고
얼다가 만 비가 추적추적 내리었다.
이날이야말로 동소문 안에서 인력거꾼 노릇을 하는 김 첨지에게는
오래간만에도 닥친 운수 좋은 날이었다.

파일을 열 때 **a** 속성을 사용해 기존 파일은 유지하고 마지막에 새로운 텍스트를 추가할 수도 있습니다.

```
fr4 = open("A lucky day.txt", "a")     # 파일 추가 모드로 열기
fr4.write("""
문안에(거기도 문밖은 아니지만) 들어간답시는 앞집 마나님을
전찻길까지 모셔다 드린 것을 비롯으로
행여나 손님이 있을까 하고 정류장에서 어정어정하며 내리는 사람 하나하나에게
거의 비는 듯한 눈결을 보내고 있다가
마침내 교원인 듯한 양복장이를 동광학교(東光學校)까지 태워다 주기로 되었다.""")
fr4.close()
```

'A lucky day.txt' 파일을 읽기 모드로 열어 보면 앞에서 입력했던 내용이 추가된 것을 확인할 수 있습니다.

```
fr4 = open("A lucky day.txt", "r")     # 파일 읽기 모드로 열기
print(fr4.read())                      # 파일 내용 전체 출력
fr4.close()
```

▶ 새침하게 흐린 품이 눈이 올 듯하더니 눈은 아니 오고
  얼다가 만 비가 추적추적 내리었다.
  이날이야말로 동소문 안에서 인력거꾼 노릇을 하는 김 첨지에게는
  오래간만에도 닥친 운수 좋은 날이었다.
  문안에(거기도 문밖은 아니지만) 들어간답시는 앞집 마나님을
  전찻길까지 모셔다 드린 것을 비롯으로
  행여나 손님이 있을까 하고 정류장에서 어정어정하며 내리는 사람 하나하나에게
  거의 비는 듯한 눈결을 보내고 있다가
  마침내 교원인 듯한 양복장이를 동광학교(東光學校)까지 태워다 주기로 되었다.

내장 함수

코딩에서 활용도가 높거나 중요한 기능들은 파이썬 인터프리터 설치 시 자동으로 설치되는데, 이를 내장 함수라고 합니다. 앞서 파이썬 기초를 학습하며 배운 print( ), input( ), range( ) 등이 바로

내장 함수입니다. 외부에서 만들어진 함수를 활용하려면 패키지 설치와 모듈 import 작업이 필요하지만, 내장 함수는 아무런 설정 없이 바로 사용할 수 있습니다. 파이썬에서는 약 70여 가지 내장 함수를 제공하며, 여기서는 자주 활용하는 10가지만 알아보겠습니다.

NOTE 파이썬 내장 함수에 대한 자세한 설명은 파이썬 공식 도큐멘테이션(Documentation) 페이지(https://docs.python.org/ko/3/library/functions.html)에서 확인할 수 있습니다.

abs() 함수

어떤 숫자를 입력받았을 때, 그 숫자의 절댓값을 반환하는 함수입니다.

```
abs(-5)
```

⤷ 5

```
abs(2) == abs(-2)    # abs(2)와 abs(-2)는 절댓값이 같음
```

⤷ True

chr(), ord() 함수

chr()은 유니코드(Unicode) 값을 입력받아 그 코드에 해당하는 문자를 출력하는 함수이며, ord()는 문자의 유니코드 값을 돌려주는 함수입니다.

```
for i in range(97, 123): print(chr(i), end = " ")
# for 문을 활용해 유니코드 97~122 문자 출력
```

⤷ a b c d e f g h i j k l m n o p q r s t u v w x y z

```
for i in ["a", "b", "c", "d"]: print(ord(i), end = " ")
# "a", "b", "c", "d"의 유니코드 출력
```

⤷ 97 98 99 100

NOTE 유니코드는 전 세계 모든 문자를 컴퓨터에서 일관되게 표현하고 다룰 수 있도록 설계된 산업 표준으로, 유니코드 협회(Unicode Consortium)에서 제정합니다.

enumerate() 함수

순서가 있는 자료형(리스트, 튜플, 문자열)을 입력받아 인덱스 값을 포함하는 객체를 돌려주는 함수입니다. for 문과 함께 사용합니다.

```
for i, item in enumerate(["사과", "참외", "수박"]): print(i, item)
# 리스트 문자열을 입력받아 인덱스는 변수 i에, 문자열은 변수 item에 대입
```

⤷ 0 사과
   1 참외
   2 수박

int() 함수

문자열 형식의 숫자나 소수점이 있는 숫자를 정수로 돌려주는 함수입니다.

```
int("8")     # 문자열 8을 숫자 8로 반환
```

⤷ 8

```
int(2.3)     # 숫자 2.3을 2로 반환
```

⤷ 2

len() 함수

입력 변수의 길이(요소의 수)를 반환하는 함수입니다.

```
len("대한민국")     # 문자열의 길이를 반환
```

⤷ 4

```
len([1, 2, 3, 4, 5, 6, 7])     # 리스트의 요소 수를 반환
```

⤷ 7

max(), min() 함수

반복 가능한 자료를 입력받아 max( )는 최댓값, min( )은 최솟값을 반환합니다.

```
test = [1, 2, 3, 4, 5, 6, 7, 8, 9, 10]
max(test), min(test)    # 변수 test의 최댓값과 최솟값을 반환
```

⌷→ (10, 1)

pow() 함수

제곱값을 계산하는 함수로, pow(x, y)는 x를 y제곱한 결과를 반환합니다.

```
pow(3, 2)    # 3의 2제곱
```

⌷→ 9

```
pow(2, 10)    # 2의 10제곱
```

⌷→ 1024

round() 함수

round(x, y)는 실수 x를 y자리까지 반올림하여 반환합니다.

```
round(32.3132, 2)    # 소수점 둘째 자리까지 반올림하여 반환
```

⌷→ 32.31

```
round(24.3788, 3)    # 소수점 셋째 자리까지 반올림하여 반환
```

⌷→ 24.379

sum() 함수

입력받은 리스트나 튜플의 모든 요소 합을 계산하여 반환합니다.

```
sum([1, 2, 3, 4, 5, 6, 7, 8, 9, 10])     # 리스트 요소를 모두 더함
```

➡ 55

```
a = [1, 2, 3, 4, 5, 6, 7, 8, 9, 10]
avg = sum(a)/len(a)     # sum()과 len() 함수를 이용해 리스트의 평균을 구함
print(avg)
```

➡ 5.5

sorted() 함수

입력값을 오름차순으로 정렬한 후, 결과를 리스트로 반환합니다. 내림차순으로 정렬하려면 reverse 옵션을 추가하면 됩니다.

```
sorted((3, 1, 4, 5, 2)), sorted((3, 1, 4, 5, 2), reverse=True)
# 튜플을 오름차순과 내림차순으로 정렬
```

➡ ([1, 2, 3, 4, 5], [5, 4, 3, 2, 1])

```
sorted([3, 1, 4, 5, 2])     # 리스트를 오름차순으로 정렬
```

➡ [1, 2, 3, 4, 5]

```
sorted("대한민국"), sorted(["b", "c", "a"])
# 문자열은 글자를 분리하여 정렬, 리스트 문자열은 요소로 정렬
```

➡ (['국', '대', '민', '한'], ['a', 'b', 'c'])

클래스와 객체

코딩에서 클래스와 객체는 초보자가 이해하기 다소 어려운 개념입니다. 파이썬에서도 클래스와 객체를 다루지만 굳이 사용하지 않아도 모든 기능을 충분히 구현할 수 있습니다. 하지만 잘 알고 활용하면 더 좋은 결과를 얻을 수 있기 때문에 여기에서는 클래스와 객체가 무엇인지, 왜 필요한지, 어떤 구조로 되어 있는지, 어떻게 사용하는지 정도만 이해하고 넘어가겠습니다.

클래스 구조

클래스와 객체는 붕어빵 틀과 붕어빵을 생각하면 쉽게 이해할 수 있습니다. 붕어빵 100개를 만들기 위해 하나하나 모양을 만든다면 얼마나 불필요한 낭비일까요? 붕어빵 틀에 반죽만 넣고 찍어 주면 간단하게 붕어빵 100개를 만들 수 있는데 말입니다.

코딩에서도 마찬가지입니다. 동일한 기능을 수행하는 코드를 필요할 때마다 작성한다면 수많은 중복과 낭비가 발생할 것입니다. 붕어빵 틀처럼 동일한 목적을 가진 함수와 변수를 한데 묶어 놓고 필요할 때마다 가져와서 사용하면 코드를 효율적으로 작성할 수 있습니다. 여기에서 붕어빵 틀을 '클래스', 붕어빵을 '객체'라고 부릅니다. 또한 클래스에 포함된 변수를 '멤버변수', 클래스에 포함된 함수를 '메소드'라고 합니다.

클래스는 다음과 같이 선언할 수 있습니다. 클래스명 아래에 멤버변수를 선언하고, 메소드는 함수처럼 선언합니다.

```
class 클래스명:        # 클래스 선언
    코드 1              # 멤버변수 선언

    코드 2

    def 함수명():       # 메소드 선언
        코드 3

        코드 4
```

클래스 구조

클래스를 기반으로 생성하는 객체는 '인스턴스(instance)'라고 하고, 다음과 같이 생성합니다. 인스턴스에서 클래스의 멤버변수나 메소드는 **인스턴스명.멤버변수** 또는 **인스턴스명.메소드**로 호출합니다.

```
인스턴스명 = 클래스명()        # 인스턴스 생성
인스턴스명.멤버변수            # 인스턴스에서 클래스에 정의된 멤버변수를 사용
인스턴스명.메소드()            # 인스턴스에서 클래스에 정의된 메소드(함수)를 사용
```

클래스 활용 예제

예제를 통해 클래스와 객체를 살펴보겠습니다. 사무실에 들어가고 나갈 때 인사하는 클래스를 만들어 봅시다.

멤버변수는 sayhello, goodbye이며 메소드는 __init__, hello, bye입니다. __init__는 객체가 생성될 때 자동으로 실행되는 메소드로 변수를 초기화한다고 생각하면 됩니다. 파이썬 클래스에서 첫 번째 매개변수 이름은 관례적으로 self를 사용하는데, 이는 객체를 의미합니다. 메소드를 호출할 때 호출한 객체 자신도 전달되기 때문에 self를 사용한 것입니다.

```
class message:                              # 클래스 선언
    sayhello = "안녕하세요. 반갑습니다."        # 클래스 멤버변수
    goodbye = "감사합니다. 안녕히 가십시오."      # 클래스 멤버변수
    def __init__(self, name):               # 객체가 생성될 때 자동으로 호출, 초기화
        self.name = name
    def hello(self):                        # hello() 메소드 선언
        print(self.name, "님,", self.sayhello)  # 전달받은 변수와 intro 메시지 출력
    def bye(self):                          # bye() 메소드 선언
        print(self.name, "님,", self.goodbye)   # 전달받은 변수와 bye 메시지 출력
```

이제 kim, lee 객체를 생성하고 hello(), bye() 메소드를 사용해 봅시다. 객체를 생성할 때 name 멤버변수에서 사용할 값인 "김온달", "이평강"도 같이 지정합니다.

예를 들면 kim 객체를 생성할 때 "김온달"을 name 멤버변수에 저장합니다. kim에서 message 클래스의 메소드인 hello(), bye()를 사용하기 위해 kim 뒤에 **.hello()**, **.bye()**를 붙입니다. 그러면 전달받은 name 값과 hello(), bye() 메소드를 활용해 다음과 같은 인사말이 출력됩니다.

```
kim = message("김온달")      # kim 객체 생성, name 변수에 "김온달" 저장
lee = message("이평강")      # lee 객체 생성, name 변수에 "이평강" 저장
```

```
kim.hello()      # kim 객체에서 message 클래스의 hello(), bye() 메소드 호출
kim.bye()
```

▶ 김온달 님, 안녕하세요. 반갑습니다.
　김온달 님, 감사합니다. 안녕히 가십시오.

```
lee.hello()      # lee 객체에서 message 클래스의 hello(), bye() 메소드 호출
lee.bye()
```

▶ 이평강 님, 안녕하세요. 반갑습니다.
　이평강 님, 감사합니다. 안녕히 가십시오.

이 장에서 클래스의 모든 기능을 이해하기엔 턱없이 부족하지만, 간략하게 구조를 살펴보았습니다.

이상으로 Part 01 파이썬 기초를 마치겠습니다. 지면 관계상 많은 내용을 담지 못했지만 Part 02, Part 03를 학습하기에는 충분합니다. 파이썬 기초 문법에 대한 심화 학습이 필요한 독자는 구글에서 관련 내용을 검색해 보거나 다른 서적을 참고하시기 바랍니다.

마무리

- 파이썬의 제어문에는 조건문인 if 문과 반복문인 while 문, for 문이 있습니다.

- if 문은 조건에 따라 코드를 실행하거나 실행하지 않도록 할 때 사용합니다.

- if ~ else 문은 조건문의 값이 참이면 if 블록을 수행하고 거짓이면 elif 블록을 실행합니다.

- 수행할 조건이 여러 개일 경우에는 if ~ elif ~ else 문을 사용합니다. elif는 개수에 제한 없이 사용 가능합니다.

- while 문은 조건문이 참인 동안에 while 아래의 코드가 반복해서 수행됩니다.

- for 문은 지정한 횟수만큼 반복할 때 사용하며 리스트, 튜플 등을 반복 범위로 지정할 수 있습니다.

- 함수란 어떤 입력값을 주었을 때 특정 기능을 수행한 후 결괏값을 돌려주는 코드의 집합입니다.

- 파이썬 인터프리터 설치 시 자동으로 설치되는 기본 함수를 내장 함수라고 합니다.

- 클래스는 동일한 목적을 가진 함수와 변수를 한데 묶은 것으로 객체(인스턴스)를 생성해서 사용합니다.

- 클래스에 포함된 변수를 멤버변수, 클래스에 포함된 함수를 메소드라고 합니다.

PART

02

파이썬으로
엑셀하기

회사에서 사무 업무를 할 때 정말 많이 사용하는 프로그램 중 하나가 엑셀입니다. 엑셀은 사용하기 편리한 메뉴 구성으로 데이터를 쉽게 분석할 수 있고 차트도 그릴 수 있지만, 대용량 데이터 처리나 반복 업무를 자동화하는 데는 한계가 있습니다. 파이썬의 다양한 함수를 이용하면 엑셀 기능을 쉽게 구현할 수 있을 뿐만 아니라 업무 자동화를 효율적으로 진행할 수 있습니다.

## CHAPTER 04

엑셀 기본 함수
구현하기

▶▶▶

파이썬으로 엑셀 기능을 구현할 수 있는 대표적인 패키지로 pandas, openpyxl, xlwings 등이 있습니다. 엑셀에서 사용하는 함수는 pandas나 파이썬 내장 함수로 쉽게 구현할 수 있습니다. Chapter 04에서는 엑셀 파일을 다루기 위한 pandas 함수에 대해 알아보고, 엑셀과 파이썬을 활용한 업무 스킬을 본격적으로 향상시켜 보겠습니다.

파이썬으로
엑셀 파일 다루기

▶▶ 파이썬으로 엑셀 기능을 구현하려면 우선 데이터를 다루는 함수들이 묶여 있는 pandas 패키지를 설치해야 합니다. 또한 파이썬으로 엑셀 파일을 읽고 쓸 수 있어야 하며, 엑셀의 워크시트를 다루는 것처럼 행과 열을 자유롭게 추가하거나 삭제할 수 있어야 합니다.

파이썬 패키지 설치하기

파이썬은 기능을 확장할 수 있는 다양한 패키지를 제공하고 있습니다. 그런데 이 패키지를 어떤 책에서는 모듈이라고 하고, 라이브러리라고 표현하기도 합니다.

다음 표를 보면 '모듈'이 가장 기본적인 구조로, 특정 기능을 수행하는 함수, 변수, 클래스를 하나의 파일로 묶어 놓은 것입니다. 이런 모듈을 여러 개 묶은 것을 '패키지'라고 부르며, 유사한 기능을 수행하는 모듈과 패키지를 묶은 상위 개념을 '라이브러리'라고 부릅니다. 라이브러리는 기본으로 설치되어 있어 사용자가 별도로 설치할 필요는 없습니다.

파이썬 패키지 관련 용어

구분	주요 내용
모듈	특정 기능(함수, 변수, 클래스 등)이 구현되어 있는 파이썬 파일(.py)
패키지	특정 기능과 관련한 여러 모듈을 하나의 폴더에 넣어 구성
라이브러리	유사한 모듈과 패키지를 묶어서 구성, 사용자가 별도의 설치나 import할 필요 없음

엑셀 관련 패키지

엑셀 기능을 구현할 수 있는 대표적인 패키지는 다음 표와 같습니다. 엑셀의 기본 함수는 대부분 pandas나 파이썬 내장 함수로 구현할 수 있으며, 엑셀 워크시트나 셀 서식 등을 편집하려면 openpyxl 패키지를 활용하는 것이 편리합니다.

엑셀 기능 구현 패키지 종류

패키지	특징
pandas	테이블 형태의 데이터를 다룰 수 있는 대표적인 파이썬 패키지
openpyxl	엑셀 워크시트 및 셀 편집, excel 2010 버전 이후 xlsx 파일 편집 가능
xlwings	엑셀에서 VBA(Visual Basic for Application)를 대체하여 파이썬으로 매크로 구현

Chapter 04부터 Chapter 06까지는 주로 엑셀 함수를 파이썬으로 구현하는 내용이므로 우선 파이썬 내장 함수와 pandas를 활용하는 방법을 알아보겠습니다. openpyxl은 Chapter 07의 문서 업무 자동화에서 자세하게 설명하겠습니다.

여기서 잠깐 ▶   패키지 설치 명령어

파이썬으로 어떤 특정한 일을 하려면 먼저 패키지를 설치해야 합니다. 게임을 제작하려면 게임 관련 패키지를, 데이터를 분석한다면 이와 관련한 패키지를 찾아 설치합니다. 파이썬의 다양한 패키지는 www.pypi.org에서 다운로드할수 있습니다. 윈도우에 파이썬 패키지를 설치하는 명령어는 **pip**입니다. 다음 표에 pip 명령어 사용법을 자세하게 정리해 두었습니다.

파이썬 패키지 설치 명령어

명령어	내용
pip list	현재 환경에 설치된 패키지를 보여 줌
pip install 패키지명	패키지 설치, 일반적으로 압축파일 형태로 특정 사이트에서 제공
pip install 패키지명==버전 넘버	특정 버전의 패키지 설치 ex) pip install pandas==3.0.0
pip install --upgrade 패키지명	특정 패키지 업그레이드
pip uninstall 패키지명	특정 패키지 삭제

---

pandas 설치하기

엑셀 기본 함수를 다루려면 pandas 패키지를 설치해야 합니다. pandas 패키지를 설치하기 위해 주피터 노트북에서 다음과 같이 입력합니다.

```
!pip install pandas
```

NOTE 주피터 노트북의 셀에 pip 명령어를 직접 입력할 수 있습니다. 단, pip 앞에 !를 붙여야 합니다.

```
!pip list
```

```
Package                        Version
-------------------------------------------------------
anyio                          4.4.0
argon2-cffi                    23.1.0
argon2-cffi-bindings           21.2.0
arrow                          1.3.0
asttokens                      2.4.1


---- 이하 생략 ----
```

NOTE 각자 설치되어 있는 패키지에 따라 출력 리스트가 다를 수 있습니다.

좀 더 알아보기   **명령 프롬프트(cmd 창)에서 openpyxl 패키지 설치하기**

명령 프롬프트에서도 pip 명령어를 사용하여 패키지를 설치할 수 있습니다. 명령 프롬프트 창에서 openpyxl을 설치하는 과정을 알아봅시다.

01 윈도우 검색 버튼을 클릭하고, cmd를 검색하여 [명령 프롬프트]를 클릭합니다.

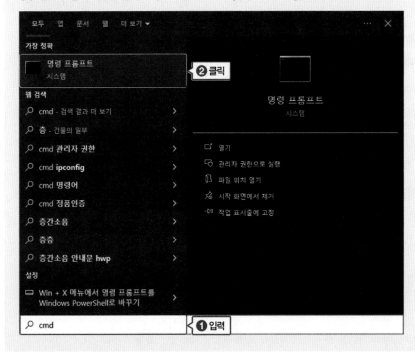

02 명령어를 입력할 수 있는 명령 프롬프트 창이 열리면 openpyxl를 설치하기 위해 다음과 같이 입력하고 `Enter` 키를 누릅니다.

```
pip install openpyxl
```

> **NOTE** [명령 프롬프트] 창에서 pip 명령어를 이용해 패키지 제거 및 업그레이드도 할 수 있습니다.

모듈 불러오기

pandas 패키지를 설치했다고 바로 사용할 수 있는 것은 아닙니다. 내가 작성하고 있는 파이썬 코드에서 이를 사용하려면 import 명령어로 패키지 내에 포함된 모듈을 불러와야 합니다. 일반적으로 pandas는 pd라는 별명으로 불러옵니다.

주피터 노트북에서 다음과 같이 실행합니다. 만약 주피터 노트북을 새로 시작했다면 모듈도 다시 불러와야 합니다.

```
# pandas 패키지를 pd라는 별명으로 불러오기
import pandas as pd
```

> **NOTE** 코딩 시 패키지 전체 이름을 사용하는 것은 비효율적이므로 주로 별명을 사용합니다. pandas에 있는 함수를 사용할 때 **pandas.함수명( )**이라고 입력하는 것보다 **pd.함수명( )**이라고 입력하는 것이 훨씬 더 간결하니까요.

데이터 프레임 생성하기

pandas에서는 Series( ), DataFrame( ) 함수로 자료형을 제공합니다. 엑셀 함수를 구현하기 위해서는 2차원 배열로 구성된 데이터 프레임을 다루는 함수를 학습해야 합니다. 데이터 프레임은 기본적으로 행(row)과 열(column)로 이루어져 있습니다. 데이터 프레임을 생성하려면 딕셔너리로 열 이름과 데이터를 정의한 후 DataFrame( ) 함수를 실행하면 됩니다.

다음은 이름, 출생년도, 점수로 구성된 3개의 열과 데이터를 딕셔너리로 정의한 후 DataFrame( )

함수로 데이터 프레임 df를 만드는 예제입니다. 결과를 보면 5행, 3열의 데이터 프레임이 생성된 것을 확인할 수 있습니다.

```python
# 딕셔너리 유형으로 data를 만든 후 데이터 프레임 생성하기
import pandas as pd       # 모듈 불러오기
data = {"이름" : ["홍길동", "이순신", "강감찬", "임꺽정", "이성계"],
        "출생년도" : [1980, 1986, 1990, 1985, 1988],
        "점수" : [1.5, 1.7, 3.6, 2.4, 2.9]}
df = pd.DataFrame(data)
df
```

	이름	출생년도	점수	열 이름
0	홍길동	1980	1.5	
1	이순신	1986	1.7	
2	강감찬	1990	3.6	
3	임꺽정	1985	2.4	
4	이성계	1988	2.9	

행 방향 인덱스

NOTE 행 방향 인덱스는 0부터 시작합니다.

데이터 프레임의 열 이름을 변경하려면 rename( ) 함수 속성에 변경하려는 열 이름을 딕셔너리형으로, 변경할 축을 columns로 설정합니다.

다음은 df의 두 번째 열 이름인 '출생년도'를 '출생'으로 변경하는 예제입니다.

```python
# df의 열 이름 변경하기
df = df.rename({"출생년도":"출생"}, axis = "columns")
df
```

	이름	출생	점수
0	홍길동	1980	1.5
1	이순신	1986	1.7
2	강감찬	1990	3.6
3	임꺽정	1985	2.4
4	이성계	1988	2.9

행과 열 추가 및 삭제하기

pandas는 데이터 프레임의 특정 열과 행 데이터를 가져오거나, 추가 및 삭제할 수 있는 다양한 함수를 제공합니다. 그중 자주 사용하는 함수에 대해 살펴보겠습니다.

행과 열 데이터 가져오기

먼저 열 단위로 데이터를 선택해 봅시다. **df["열 이름"]** 또는 **df.열 이름**을 입력하면 해당 열의 데이터를 선택할 수 있습니다. 2개 이상의 열을 선택할 때는 **df[["열 이름", "열 이름"]]**이라고 입력합니다. 다음은 [이름] 열과 [출생] 열을 선택하는 예제입니다.

```
# df의 열 데이터 가져오기
df[["이름", "출생"]]     # [이름]과 [출생] 열 데이터 가져오기
```

	이름	출생
0	홍길동	1980
1	이순신	1986
2	강감찬	1990
3	임꺽정	1985
4	이성계	1988

NOTE [이름] 열의 데이터만 선택하려면 **df["이름"]** 또는 **df.이름**이라고 입력합니다.

행 데이터는 **df[시작 인덱스:끝 인덱스]**로 범위를 지정해서 데이터를 가져올 수 있습니다. 인덱스는 0부터 시작하며 범위는 **시작 인덱스**부터 **끝 인덱스-1**까지입니다. 즉 **df[0:2]**라고 입력하면 df의 0행과 1행의 데이터를 가져올 수 있습니다. 다음은 df의 1~2행 데이터를 가져오는 예제입니다.

```
# df의 행 데이터 가져오기
df[1:3]     # 1행부터 2행 데이터 가져오기
```

	이름	출생	점수
1	이순신	1986	1.7
2	강감찬	1990	3.6

NOTE df[:]는 df의 모든 행을 의미하며 **print(df)**와 결과가 동일합니다.

다음으로 loc[ ]와 iloc[ ] 함수로 행과 열 데이터를 가져오는 방법에 대해 알아보겠습니다. loc는 행과 열 이름으로, iloc는 인덱스로 행과 열을 선택하거나 범위를 지정할 수 있습니다. 행 또는 열만 지정할 수도 있고, 행과 열을 모두 선택할 수도 있습니다. [이름]과 [출생] 열의 0행과 1행을 가져오는 코드를 비교하면 다음과 같습니다.

loc[ ]와 iloc[ ] 비교

함수	내용
df.loc[0:1, ["이름", "출생"]]	– 행, 열 이름으로 범위 지정. 행 이름이 없으면 인덱스를 이름으로 사용 – 인덱스를 행 이름으로 사용할 경우 0:1은 0행과 1행을 의미함
df.iloc[0:2, 0:2]	– 인덱스 번호로 선택. 행과 열 범위는 시작 인덱스부터 끝 인덱스−1 – 행과 열에 지정한 0:2는 0~1행, 0~1열을 의미함

```
# df에서 [이름]과 [출생] 열의 0행과 1행을 가져오기
df.loc[0:1, ["이름", "출생"]]     # [0:1] 행 선택, [이름], [출생] 열 선택
```

	이름	출생
0	홍길동	1980
1	이순신	1986

NOTE df.iloc[0:2, 0:2]도 위와 동일한 결과를 가져옵니다. 한번 실행해 보세요!

열 추가 및 삭제하기

이번에는 열을 추가하고 삭제하는 방법을 알아보겠습니다. 열 추가는 열 이름을 지정하고 리스트 형태로 데이터를 직접 입력하거나 다른 열과 연산을 통해 새로운 열을 만들 수 있습니다.

다음은 df의 [점수] 열에 5를 곱한 [보너스] 열과 [지역] 열을 추가하는 예제입니다. 추가가 완료되면 del로 [보너스] 열을 삭제해 봅시다.

```
df     # df 출력
```

	이름	출생	점수
0	홍길동	1980	1.5
1	이순신	1986	1.7
2	강감찬	1990	3.6
3	임꺽정	1985	2.4
4	이성계	1988	2.9

```
df["보너스"] = df["점수"] * 5    # [보너스] 열 추가
df
```

	이름	출생	점수	보너스
0	홍길동	1980	1.5	7.5
1	이순신	1986	1.7	8.5
2	강감찬	1990	3.6	18.0
3	임꺽정	1985	2.4	12.0
4	이성계	1988	2.9	14.5

```
df["지역"] = ["서울", "서울", "부산", "대구", "인천"]    # [지역] 열 데이터 추가
df
```

	이름	출생	점수	보너스	지역
0	홍길동	1980	1.5	7.5	서울
1	이순신	1986	1.7	8.5	서울
2	강감찬	1990	3.6	18.0	부산
3	임꺽정	1985	2.4	12.0	대구
4	이성계	1988	2.9	14.5	인천

```
del df["보너스"]    # [보너스] 열 삭제
df
```

	이름	출생	점수	지역
0	홍길동	1980	1.5	서울
1	이순신	1986	1.7	서울
2	강감찬	1990	3.6	부산
3	임꺽정	1985	2.4	대구
4	이성계	1988	2.9	인천

행을 추가할 때에도 loc[ ] 함수를 사용합니다. 현재 행 번호가 0부터 4까지 있기 때문에 5번 행에 데이터를 추가하려면 다음과 같이 입력합니다.

```
df.loc[5] = ["김순신", 1980, 3.3, "광주"]    # 인덱스가 5인 행을 추가
df
```

	이름	출생	점수	지역
0	홍길동	1980	1.5	서울
1	이순신	1986	1.7	서울
2	강감찬	1990	3.6	부산
3	임꺽정	1985	2.4	대구
4	이성계	1988	2.9	인천
5	김순신	1980	3.3	광주

또한, 특정 행과 열에 있는 데이터 값만 변경할 수도 있습니다. 다음은 4행 1열의 '1988'을 '1999'로 바꾸고, 새로 추가한 5행을 삭제하는 예제입니다. 행을 삭제할 때는 drop( ) 함수를 사용합니다.

```
df.iloc[4, 1] = 1999        # 4행 1열의 데이터를 1999로 변경
df.drop(5, inplace=True)    # 5행을 삭제
df
```

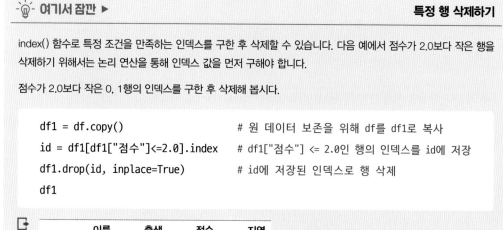

	이름	출생	점수	지역
0	홍길동	1980	1.5	서울
1	이순신	1986	1.7	서울
2	강감찬	1990	3.6	부산
3	임꺽정	1985	2.4	대구
4	이성계	1999	2.9	인천

NOTE drop() 함수에 inplace=True를 입력하면 해당 데이터 프레임에서 행을 바로 삭제합니다.

여기서 잠깐 ▶ 특정 행 삭제하기

index() 함수로 특정 조건을 만족하는 인덱스를 구한 후 삭제할 수 있습니다. 다음 예에서 점수가 2.0보다 작은 행을 삭제하기 위해서는 논리 연산을 통해 인덱스 값을 먼저 구해야 합니다.

점수가 2.0보다 작은 0, 1행의 인덱스를 구한 후 삭제해 봅시다.

```
df1 = df.copy()                   # 원 데이터 보존을 위해 df를 df1로 복사
id = df1[df1["점수"]<=2.0].index   # df1["점수"] <= 2.0인 행의 인덱스를 id에 저장
df1.drop(id, inplace=True)        # id에 저장된 인덱스로 행 삭제
df1
```

	이름	출생	점수	지역
2	강감찬	1990	3.6	부산
3	임꺽정	1985	2.4	대구
4	이성계	1999	2.9	인천

엑셀 파일 읽고 쓰기

pandas는 다양한 형태의 파일을 행과 열로 구성된 테이블 형태의 데이터 프레임으로 불러오는 함수를 제공합니다. 자주 사용하는 함수는 다음 표와 같습니다.

데이터 프레임 함수 종류

함수	내용
to_csv	데이터 프레임을 쉼표(,)로 구분된 CSV 파일로 저장
to_excel	데이터 프레임을 엑셀로 저장
read_csv	쉼표(,)로 구분된 데이터를 읽어옴
read_excel	엑셀(xls, xlsx)에서 표 형식의 데이터를 읽어옴
read_clipboard	클립보드에 있는 데이터를 읽어옴(웹 페이지에서 표를 읽어올 때 유용)

데이터 프레임 변수를 엑셀이나 CSV 파일로 저장하는 명령어는 **to_excel("파일명")**, **to_csv("파일명")**입니다. 앞서 다룬 df에 있는 내용을 현재 디렉터리에 '명단.xlsx'라는 이름으로 저장하려면 다음과 같이 작성합니다. 실행 후 파일 탐색기를 열어 현재 디렉터리에 저장된 '명단.xlsx' 파일을 확인해보세요.

```
# 데이터 프레임 변수인 df를 현재 디렉터리에 "명단.xlsx"로 저장하기
df.to_excel("명단.xlsx")
```

특정 디렉터리에 파일을 저장하려면 경로명을 포함하여 파일명을 작성하면 됩니다. 예를 들어, '명단.xlsx' 파일을 'd:\작업방' 디렉터리에 저장하려면 **df.to_excel("d:\작업방\명단.xlsx")**라고 입력합니다.

NOTE 경로명에 있는 백슬래시(\)를 이스케이프 코드로 인식해 경로명을 제대로 인식하지 못하는 경우가 있는데, 이러한 경우에는 **df.to_excel(r"d:\작업방\명단.xlsx")**처럼 경로 문자열 앞에 **r**을 붙이면 해결할 수 있습니다.

디렉터리에 있는 '명단.xlsx' 파일을 불러와 df12라는 새로운 데이터 프레임 변수에 저장하기 위해서는 pandas에서 제공하는 read_excel( ) 함수를 사용합니다. 속성에 **index_col=0**이라고 입력하면 파일을 불러올 때 인덱스 열을 지정할 수도 있습니다.

```
# 현재 디렉터리의 "명단.xlsx" 파일을 불러와 df12에 저장하기
df12 = pd.read_excel("명단.xlsx")
# 첫 번째 열을 인덱스로 지정하는 코드; df12 = pd.read_excel("명단.xlsx", index_col=0)
```

NOTE 현재 디렉터리에 불러올 파일이 없다면 에러가 발생합니다. 주피터 노트북 셀에서 **!dir** 명령어로 현재 디렉터리에 파일이 있는지 확인할 수 있습니다.

▶▶ 주민등록번호나 주소, 사원번호 등의 데이터는 대부분 문자열로 구성되어 있습니다. 데이터 분석을 할 때에는 특정 위치나 범위에 있는 문자열을 추출하거나 결합하는 일이 많습니다. 엑셀에서 제공하는 다양한 텍스트 함수를 파이썬 pandas 패키지에서도 구현할 수 있습니다.

실습 데이터 불러오기

예제 파일 | chapter04\직원 정보.xlsx

텍스트 함수를 실습하기 위해 pandas 패키지를 불러오고, 직원 정보 엑셀 파일을 데이터 프레임 info로 불러오겠습니다. 파이썬의 데이터 프레임이 엑셀의 워크시트라고 생각하면 됩니다. 윈도우의 파일 탐색기에서 디렉터리를 하나 생성하고 예제 파일을 복사한 후 진행하기 바랍니다.

여기서는 c: 드라이브에 works 디렉터리를 생성한 후 진행하겠습니다. 경로명을 문자열로 설정 시 이스케이프 코드로 인한 오류를 피하기 위해 경로명 문자열 앞에 **r**을 붙여 사용합니다.

NOTE pandas는 엄밀히 따지면 클래스로 구성되어 있지만 여기에서는 편의상 '패키지'라고 부르겠습니다.

```python
# pandas를 pd라는 이름으로 불러오기
import pandas as pd

# 텍스트 함수 실습을 위한 직원 정보 엑셀을 불러와 데이터 프레임 info에 저장하기
info = pd.read_excel(r"c:\works\chapter04\직원 정보.xlsx", sheet_name = "Sheet1")
info
```

	순번	성	이름	영문명	사원번호	주소	전화번호
0	1	김	철수	kim cheolsu	2005-1478345	강서구 공항로 20455	010-1000-8735
1	2	박	종수	park jongsu	2010-1345972	강서구 대저중앙로 3009	010-1000-8736
2	3	김	하나	kim hana	2012-1487234	강서구 하덕로 1002	010-1000-8737
3	4	이	백만	lee baekman	2001-3747234	기장군 기장읍 연화100길	010-1000-8738
4	5	백	오십	baek osip	2002-4972944	기장군 기장읍 차성로	010-1000-8739
5	6	영웅	재준	youngwoong jaejun	2011-2382747	기장군 기장읍 기장해안로	010-1000-8740
6	7	현	빈	hyun bin	2000-2395634	남구 지게골로 10-2	010-1000-8741
7	8	장	하나	jang hana	2015-1626816	동래구 온천장로107-100	010-1000-8742
8	9	유	두율	yoo dooul	2016-4323930	동래구 동래로116	010-1000-8743
9	10	채	일	chae il	2012-3967845	북구 효열로 2502	010-1000-8744

NOTE 함수 실행 결과를 쉽게 이해하도록 실습 데이터는 매번 불러오겠습니다.

좀 더 알아보기 **특정 디렉터리에서 주피터 노트북 실행하기**

앞서 주피터 노트북을 명령 프롬프트에서 실행했는데, 이 경우 홈 디렉터리를 변경할 수 없다는 단점이 있습니다. 원하는 디렉터리에서 자유롭게 주피터 노트북을 실행할 수 있도록 주피터 노트북 파일과 데이터가 있는 폴더에서 주피터 노트북을 실행해 보겠습니다. 여기서는 'c:\works' 디렉터리에서 주피터 노트북을 실행하겠습니다.

01 파일 탐색기에서 주피터 노트북을 실행할 폴더로 이동합니다.

02 현재 디렉터리 주소창에 'jupyter notebook'이라고 입력하고, Enter 키를 누르면 현재 디렉터리에서 주피터 노트북이 실행됩니다.

여러 셀의 문자 합치기

성과 이름이 분리되었거나 주소가 여러 셀로 구분된 경우 하나의 셀로 결합해야 할 때가 있습니다. 엑셀에서는 concatenate( ) 함수를, 파이썬에서는 더하기(+) 연산자 또는 sum( ) 함수를 사용합니다.

엑셀

엑셀에서 분리된 셀을 결합하여 새로운 셀에 저장하기 위해서는 concatenate( ) 함수를 사용합니다. [H2] 셀에 **=CONCATENATE(B2, C2)**를 입력하면 성과 이름을 결합하여 반환하고, [H2] 셀의 값을 복사해 [H3:H11]에 붙여 넣으면 H열은 성과 이름이 결합된 내용으로 채워집니다. 엑셀에서 하나의 셀에 수식을 입력하고 다른 셀에 복사하여 사용하는 것은 아주 기본적인 활동이기 때문에 다음 함수부터는 설명을 생략하겠습니다.

H2			fx	=CONCATENATE(B2, C2)				
	A	B	C	D	E	F	G	H
1	순번	성	이름	영문명	사원번호	주소	전화번호	성명
2	1	김	철수	kim cheolsu	2005-1478345	강서구 공항로 204	=CONCATENATE(B2, C2)	김철수
3	2	박	종수	park jongsu	2010-1345972	강서구 대저중앙로 5009	010-1000-8736	박종수
4	3	김	하나	kim hana	2012-1487234	강서구 하덕로 1002	010-1000-8737	김하나
5	4	이	백만	lee baekman	2001-3747234	기장군 기장읍 연화100길	010-1000-8738	이백만
6	5	백	오십	baek osip	2002-4972944	기장군 기장읍 차성로	010-1000-8739	백오십
7	6	영웅	재준	youngwoong jaejun	2011-2382747	기장군 기장읍 기장해안로	010-1000-8740	영웅재준
8	7	현	빈	hyun bin	2000-2395634	남구 지계골로 10-2	010-1000-8741	현빈
9	8	장	하나	jang hana	2015-1626816	동래구 온천장로107-100	010-1000-8742	장하나
10	9	유	두올	yoo dooul	2016-4323930	동래구 동래로116	010-1000-8743	유두올
11	10	채	일	chae il	2012-3967845	북구 효열로 2502	010-1000-8744	채일
12								
13								

파이썬

파이썬에서 여러 셀의 문자열을 합치는 방법은 다음과 같이 두 가지가 있습니다. 첫 번째는 더하기(+) 연산자를 사용하는 것이고, 두 번째는 sum( ) 함수를 이용하는 것입니다. sum( ) 함수 속성인 axis로 연산 방향을 설정할 수 있는데 **axis = 0**이면 행 방향으로 각 열의 합을, **axis = 1**이면 열 방향으로 각 행의 합을 계산합니다.

```
pd["열3"] = pd["열1"] + pd["열2"]
pd["열3"] = pd[["열1", "열2"]].sum(axis = 0 or 1)
```

앞서 불러온 데이터 프레임 info에는 [성] 열과 [이름] 열이 있습니다. 첫 번째 방법으로 [성] 열의 문자열과 [이름] 열의 문자열을 더하기(+) 연산자로 결합하여 데이터 프레임 info에 [성명] 열을 추가합니다. 두 번째 방법은 [성]과 [이름] 열을 sum( ) 함수로 결합하는 것으로, axis가 1이므로 열 방향으로 각 행을 결합해 [성명1] 열을 추가합니다. 서로 다른 유형인 문자열과 숫자를 더하면 에러가 발생하므로 유의해야 합니다.

```
info = pd.read_excel(r"c:\works\chapter04\직원 정보.xlsx", sheet_name = "Sheet1")
info["성명"] = info["성"] + info["이름"]          # 데이터 프레임 열 연산
info["성명1"] = info[["성","이름"]].sum(1)        # 열 방향으로 각 행의 문자를 결합
info                                              # 데이터 프레임 info 출력
```

	순번	성	이름	영문명	사원번호	주소	전화번호	성명	성명1
0	1	김	철수	kim cheolsu	2005-1478345	강서구 공항로 20455	010-1000-8735	김철수	김철수
1	2	박	종수	park jongsu	2010-1345972	강서구 대저중앙로 3009	010-1000-8736	박종수	박종수
2	3	김	하나	kim hana	2012-1487234	강서구 하덕로 1002	010-1000-8737	김하나	김하나
3	4	이	백만	lee baekman	2001-3747234	기장군 기장읍 연화 100길	010-1000-8738	이백만	이백만
4	5	백	오십	baek osip	2002-4972944	기장군 기장읍 차성로	010-1000-8739	백오십	백오십
5	6	영웅	재준	youngwoong jaejun	2011-2382747	기장군 기장읍 기장해안로	010-1000-8740	영웅재준	영웅재준
6	7	현	빈	hyun bin	2000-2395634	남구 지게골로 10-2	010-1000-8741	현빈	현빈
7	8	장	하나	jang hana	2015-1626816	동래구 온천장로 107-100	010-1000-8742	장하나	장하나
8	9	유	두울	yoo dooul	2016-4323930	동래구 동래로 116	010-1000-8743	유두울	유두울
9	10	채	일	chae il	2012-3967845	북구 효열로 2502	010-1000-8744	채일	채일

엑셀에서는 concatenate( ) 함수로 문자열을 결합한 후 해당 함수를 모든 열에 복사해야 하는 번거로움이 있었는데, 파이썬에서는 명령어 한 줄만으로 빠르게 작업을 수행할 수 있습니다.

몇 개의 문자만 추출하기

핵심 함수 | str[ ]

데이터 분석 시 특정 위치나 범위에 있는 문자열을 추출하여 활용하는 경우가 많습니다. 예를 들어 주민등록번호나 전화번호, 주소 등에서 일부분을 추출하는 경우 엑셀에서는 left( ), right( ) 함수를, 파이썬에서는 str[ ] 함수를 사용합니다.

엑셀

다음과 같이 left( ), right( ) 함수로 사원번호 앞에서 4자리, 전화번호 뒤에서 4자리를 추출하여 새로운 셀에 저장할 수 있습니다. **=LEFT(E2, 4)**는 [E2] 셀의 왼쪽부터 지정한 개수 4만큼, **=RIGHT(G6, 4)**는 [G6] 셀의 오른쪽부터 지정한 개수 4만큼 추출하여 반환합니다.

순번	성	이름	영문명	사원번호	주소	전화번호	사원번호 앞 4자리	전화번호 뒤 4자리
1	김	철수	kim cheolsu	2005-1478345	강서구 공항로 20455	=LEFT(E2, 4)	2005	8735
2	박	종수	park jongsu	2010-1345972	강서구 대저중앙로 3009		2010	8736
3	김	하나	kim hana	2012-1487234	강서구 허덕로 1002	010-1000-8737	2012	8737
4	이	백만	lee baekman	2001-3747234	기장군 기장읍 연화100길	010-1000-8738	2001	8738
5	백	오십	baek osip	2002-4972944	기장군 기장읍 차성로	010-1000-8739	2002	8739
6	영웅	재준	youngwoong jaejun	2011-2382747	기장군 기장읍 기장해안로	010-1000-8740	2011	=RIGHT(G6, 4)
7	현	빈	hyun bin	2000-2395634	남구 지게골로 10-2	010-1000-8741	2000	
8	장	하나	jang hana	2015-1626816	동래구 온천장로107-100	010-1000-8742	2015	8742
9	유	두울	yoo dooul	2016-4323930	동래구 동래로116	010-1000-8743	2016	8743
10	채	일	chae il	2012-3967845	북구 효열로 2502	010-1000-8744	2012	8744

파이썬

str[ ]을 사용하여 특정 문자열을 추출해 보겠습니다. 추출할 특정 문자열의 위치나 범위를 [ ] 안에 지정하면 됩니다. 위치는 0부터 시작하며, 범위를 지정할 경우 시작 위치와 끝나는 위치-1을 지정합니다. 즉, **pd.str[0:6]**의 의미는 0부터 5번째까지의 문자열을 추출하는 것입니다. 이것으로 엑셀의 left( ), right( ) 함수를 모두 대체할 수 있습니다.

```
pd["열"].str[위치]
pd["열"].str[시작_위치:끝_위치]
```

데이터 프레임 info의 '사원번호' 문자열의 왼쪽, 오른쪽 문자를 추출하는 코드를 살펴보겠습니다. 먼저 [사원번호] 열의 앞에서부터 4번째 자리까지 추출하여 info에 [사원번호 앞 4자리] 열을 추가합니다. 그런 다음 [전화번호] 열의 뒤에서부터 4번째 자리까지 추출하여 [전화번호 뒤 4자리] 열을 추가합니다. 끝자리 범위는 항상 인덱스-1 자리 위치까지 추출한다는 것을 기억합시다.

info 데이터 프레임에 [사원번호 앞 4자리], [전화번호 뒤 4자리] 열이 추가된 것을 볼 수 있습니다.

```
info = pd.read_excel(r"c:\works\chapter04\직원 정보.xlsx", sheet_name = "Sheet1")
info["사원번호 앞 4자리"] = info["사원번호"].str[0:4]    # 사원번호 앞에서 4자리 추출
info["전화번호 뒤 4자리"] = info["전화번호"].str[9:13]   # 전화번호 뒤에서 4자리 추출
info
```

	순번	성	이름	영문명	사원번호	주소	전화번호	사원번호 앞 4자리	전화번호 뒤 4자리
0	1	김	철수	kim cheolsu	2005-1478345	강서구 공항로 20455	010-1000-8735	2005	8735
1	2	박	종수	park jongsu	2010-1345972	강서구 대저중앙로 3009	010-1000-8736	2010	8736
2	3	김	하나	kim hana	2012-1487234	강서구 하덕로 1002	010-1000-8737	2012	8737
3	4	이	백만	lee baekman	2001-3747234	기장군 기장읍 연화 100길	010-1000-8738	2001	8738
4	5	백	오십	baek osip	2002-4972944	기장군 기장읍 차성로	010-1000-8739	2002	8739
5	6	영웅	재준	youngwoong jaejun	2011-2382747	기장군 기장읍 기장해안로	010-1000-8740	2011	8740
6	7	현	빈	hyun bin	2000-2395634	남구 지게골로 10-2	010-1000-8741	2000	8741
7	8	장	하나	jang hana	2015-1626816	동래구 온천장로 107-100	010-1000-8742	2015	8742
8	9	유	두울	yoo dooul	2016-4323930	동래구 동래로 116	010-1000-8743	2016	8743
9	10	채	일	chae il	2012-3967845	북구 효열로 2502	010-1000-8744	2012	8744

여기서 잠깐 ▶   주소에서 원하는 문자열만 추출하기

'직원 정보.xlsx' 파일에서 구/군, 로, 번지 등 주소는 공백으로 구분됩니다. split() 함수를 사용하면 이 주소에서 원하는 문자열만 추출할 수 있습니다. 다음은 [주소] 열을 split(" ")을 통해 공백으로 분리하고, str[1]로 첫 번째 문자열을 [구] 열로 생성하는 예제입니다.

```
info["구"] = info["주소"].str.split(" ").str[1]
info[["성", "이름", "전화번호", "구"]]
```

	성	이름	전화번호	구
0	김	철수	010-1000-8735	강서구
1	박	종수	010-1000-8736	강서구
2	김	하나	010-1000-8737	강서구
3	이	백만	010-1000-8738	기장군
4	백	오십	010-1000-8739	기장군
5	영웅	재준	010-1000-8740	기장군
6	현	빈	010-1000-8741	남구
7	장	하나	010-1000-8742	동래구
8	유	두울	010-1000-8743	동래구
9	채	일	010-1000-8744	북구

영문 대소문자 바꾸기

핵심 함수 | upper(), lower(), capitalize()

영문자가 입력된 셀 전체를 대소문자로 변환하거나 문자열의 첫 글자만 대문자로 변환하는 경우가 있습니다. 엑셀에서는 upper( ), lower( ), proper( ) 함수를, 파이썬에서는 upper( ), lower( ), capitalize( ) 함수를 사용합니다.

엑셀

엑셀에서는 upper( ) 함수로 소문자를 대문자로 변환하고, lower( ) 함수로 대문자를 소문자로 변환할 수 있습니다. 또, 첫 글자만 대문자로 변환하기 위해서는 proper( ) 함수를 사용합니다. **=UPPER(D2)**는 [D2] 셀의 영문명을 모두 대문자로, **=PROPER(D3)**는 [D3] 셀의 문자열 중 공백을 기준으로 첫 글자를 모두 대문자로 변환합니다.

H2				fx	=UPPER(D2)			
A	B	C	D	E	F	G	H	I
1 순번	성	이름	영문명	사원번호	주소	전화번호	대문자	첫 글자
2 1	김	철수	kim cheolsu	2005-1478345	강서구 공항로 20455	=UPPER(D2)	KIM CHEOLSU	Kim Cheolsu
3 2	박	종수	park jongsu	2010-1345972	강서구 대저중앙로 3009		PARK JONGSU	Park Jongsu
4 3	김	하나	kim hana	2012-1487234	강서구 하덕로 1002	010-1000-8737	KIM HANA	=PROPER(D3)
5 4	이	백만	lee baekman	2001-3747234	기장군 기장읍 연화100길	010-1000-8738	LEE BAEKMAN	
6 5	백	오십	baek osip	2002-4972944	기장군 기장읍 차성로	010-1000-8739	BAEK OSIP	Baek Osip
7 6	영웅	재준	youngwoong jaejun	2011-2382747	기장군 기장읍 기장해안로	010-1000-8740	YOUNGWOONG JAEJUN	Youngwoong Jaejun
8 7	현	빈	hyun bin	2000-2395634	남구 지게골로 10-2	010-1000-8741	HYUN BIN	Hyun Bin
9 8	장	하나	jang hana	2015-1626816	동래구 온천장로107-100	010-1000-8742	JANG HANA	Jang Hana
10 9	유	두울	yoo dooul	2016-4323930	동래구 동래로116	010-1000-8743	YOO DOOUL	Yoo Dooul
11 10	채	일	chae il	2012-3967845	북구 효열로 2502	010-1000-8744	CHAE IL	Chae Il
12								
13								

영문 소문자를 대문자로 변환하는 함수는 str.upper( ), 대문자를 소문자로 변환하는 함수는 str.
lower( )입니다. 영문의 첫 글자만 대문자로 변환하는 함수는 str.capitalize( )입니다.

```
pd["열"].str.upper()
pd["열"].str.lower()
pd["열"].str.capitalize()
```

데이터 프레임 info의 [영문명] 열은 소문자로 된 문자열입니다. 다음 예제에서는 upper( ) 함
수로 [영문명] 열을 모두 대문자로 변환한 후 데이터 프레임에 [대문자] 열을 추가합니다. 또,
capitalize( ) 함수로 [영문명] 열의 첫 글자만 대문자로 변환하여 [첫 글자] 열에 저장합니다.

위 작업을 마친 후 데이터 프레임 info에서 [사원번호] 열과 [주소] 열을 제외하고 출력해 보겠습
니다.

```
info = pd.read_excel(r"c:\works\chapter04\직원 정보.xlsx", sheet_name = "Sheet1")
info["대문자"] = info["영문명"].str.upper()      # [영문명] 열을 대문자로 변환
info["첫 글자"] = info["영문명"].str.capitalize()
                                          # [영문명] 열의 첫 글자만 대문자로 변환
info[["순번", "성", "이름", "영문명", "전화번호", "대문자", "첫 글자"]]
```

	순번	성	이름	영문명	전화번호	대문자	첫 글자
0	1	김	철수	kim cheolsu	010-1000-8735	KIM CHEOLSU	Kim cheolsu
1	2	박	종수	park jongsu	010-1000-8736	PARK JONGSU	Park jongsu
2	3	김	하나	kim hana	010-1000-8737	KIM HANA	Kim hana
3	4	이	백만	lee baekman	010-1000-8738	LEE BAEKMAN	Lee baekman
4	5	백	오십	baek osip	010-1000-8739	BAEK OSIP	Baek osip
5	6	영웅	재준	youngwoong jaejun	010-1000-8740	YOUNGWOONG JAEJUN	Youngwoong jaejun
6	7	현	빈	hyun bin	010-1000-8741	HYUN BIN	Hyun bin
7	8	장	하나	jang hana	010-1000-8742	JANG HANA	Jang hana
8	9	유	두울	yoo dooul	010-1000-8743	YOO DOOUL	Yoo dooul
9	10	채	일	chae il	010-1000-8744	CHAE IL	Chae il

> **여기서 잠깐 ▶**　　　　　　　　　　　　　　**대문자와 소문자를 서로 바꾸기**
>
> swapcase( ) 함수를 활용하면 대문자를 소문자로, 소문자를 대문자로 변환합니다. 데이터 프레임에 적용하려면 **pd["열이름"].str.swapcase()**로 작성하면 됩니다.
>
> ```
> str.swapcase("ABcde")
> ```
>
> ⏏ 'abCDE'

특정 문자 바꾸기

핵심 함수 | replace( )

문자열 데이터는 데이터 구분을 위해 하이픈(−)이나 공백(" ")을 주로 사용하는데, 이를 다른 문자로 변경해야 하는 경우가 종종 발생합니다. 엑셀에서는 replace( ), substitute( ) 함수를, 파이썬에서는 replace( ) 함수를 사용하여 특정 문자를 다른 문자로 바꿀 수 있습니다.

엑셀

엑셀에서는 replace( )와 substitute( ) 함수로 문자열을 바꿀 수 있습니다. 두 함수의 기능은 유사하나 replace( )는 텍스트 문자열의 일부분을 시작 지점과 문자 수로 지정하여 새로운 텍스트로 변환하는 반면, substitute( )는 특정 문자를 찾아 모든 특정 문자를 새로운 문자열로 변경합니다.

다음 엑셀 화면에서 **=REPLACE(G2, 4, 1, " ")**는 [G2] 셀에 있는 문자열의 4번째부터 1개 문자(−)를 ""로 대체하여 제거하고, **=SUBSTITUTE(G3, "−", " ")**는 [G3] 셀에 있는 하이픈(−)을 모두 공백(" ")으로 대체합니다.

H2	▼	× ✓ *fx*	=REPLACE(G2, 4, 1, "")					
	A	B	C	D	E	F	G	H	I
1	순번	성	이름	영문명	사원번호	주소	전화번호	phone	phone1
2	1	김	철수	kim cheolsu	2005-1478345	강서구 공항로 20 =REPLACE(G2, 4, 1, "")		0101000-8735	010 1000 8735
3	2	박	종수	park jongsu	2010-1345972	강서구 대저중앙		0101000-8736	010 1000 8736
4	3	김	하나	kim hana	2012-1487234	강서구 허덕로 1002 010-		=SUBSTITUTE(G3, "-", " ")	00 8737
5	4	이	백만	lee baekman	2001-3747234	기장군 기장읍 연화100길 010-			00 8738
6	5	백	오십	baek osip	2002-4972944	기장군 기장읍 차성로	010-1000-8739	0101000-8739	010 1000 8739
7	6	영웅	재준	youngwoong jaejun	2011-2382747	기장군 기장읍 기장해안로	010-1000-8740	0101000-8740	010 1000 8740
8	7	현	빈	hyun bin	2000-2395634	남구 지게골로 10-2	010-1000-8741	0101000-8741	010 1000 8741
9	8	장	하나	jang hana	2015-1626816	동래구 온천장로107-100	010-1000-8742	0101000-8742	010 1000 8742
10	9	유	두울	yoo dooul	2016-4323930	동래구 동래로116	010-1000-8743	0101000-8743	010 1000 8743
11	10	채	일	chae il	2012-3967845	북구 효열로 2502	010-1000-8744	0101000-8744	010 1000 8744
12									
13									

str.replace( ) 함수는 찾은 문자를 새로운 문자로 대체하며, 값이 중복일 경우 몇 번째까지 바꿀 것인지를 변경 횟수로 지정할 수 있습니다. 변경 횟수를 생략하면 찾은 문자 모두를 대체합니다.

```
pd["열"].str.replace(찾을_문자, 변경할_문자, 변경_횟수)
```

이제 데이터 프레임 info의 [전화번호] 열에서 하이픈을 공백으로 대체 또는 제거해 보겠습니다. 첫 번째는 변경 횟수를 1로 지정해서 제일 앞에 있는 하이픈만 제거하고, 두 번째는 변경 횟수를 생략하여 [전화번호] 열에 있는 모든 하이픈을 공백으로 대체하는 방법입니다.

이번에는 [순번], [성], [이름], [전화번호], [phone], [phone1] 열만 출력해 보겠습니다.

```
info = pd.read_excel(r"c:\works\chapter04\직원 정보.xlsx", sheet_name = "Sheet1")
info["phone"] = info["전화번호"].str.replace("-", "", 1)  # 첫 번째 하이픈(-) 제거
info["phone1"] = info["전화번호"].str.replace("-", " ")
                                        # 모든 하이픈(-)을 공백으로 대체
info[["순번", "성", "이름", "전화번호", "phone", "phone1"]]
```

	순번	성	이름	전화번호	phone	phone1
0	1	김	철수	010-1000-8735	0101000-8735	010 1000 8735
1	2	박	종수	010-1000-8736	0101000-8736	010 1000 8736
2	3	김	하나	010-1000-8737	0101000-8737	010 1000 8737
3	4	이	백만	010-1000-8738	0101000-8738	010 1000 8738
4	5	백	오십	010-1000-8739	0101000-8739	010 1000 8739
5	6	영웅	재준	010-1000-8740	0101000-8740	010 1000 8740
6	7	현	빈	010-1000-8741	0101000-8741	010 1000 8741
7	8	장	하나	010-1000-8742	0101000-8742	010 1000 8742
8	9	유	두울	010-1000-8743	0101000-8743	010 1000 8743
9	10	채	일	010-1000-8744	0101000-8744	010 1000 8744

문자열 길이 구하기

핵심 함수 | len()

데이터 분석 시 문자열 길이에 따라 서로 다른 작업을 수행할 때가 있습니다. 가령 문자열 길이가 0이라면 공란으로 간주하여 작업을 건너뛰고, 0이 아니라면 데이터가 있는 것으로 판단하여 원하는 작업을 처리하는 경우입니다. 엑셀이나 파이썬 모두 len( ) 함수를 이용해 문자열의 길이를 구할 수 있습니다.

엑셀

len( ) 함수는 문자열의 길이, 즉 선택된 셀 또는 텍스트의 문자 수를 반환합니다. 간단한 함수지만 다양하게 응용할 수 있습니다. 다음은 주소 셀의 문자 길이를 구하는 예제입니다. 주소 셀의 제일 앞은 공백으로 되어 있는데 len( ) 함수는 문자열에 포함된 공백(" "), 도트(.)도 모두 포함하여 길이를 구합니다.

다음과 같이 **=LEN(F2)**는 [F2] 셀에 있는 문자열(공백, 도트 포함)의 길이를 계산합니다.

H2			× ✓	f_x	=LEN(F2)		
	A	B	C	D	E	F	G	H
1	순번	성	이름	영문명	사원번호	주소	전화번호	주소 길이
2	1	김	철수	kim cheolsu	2005-1478345	강서구 공항로 20455	010-1000-8735	14
3	2	박	종수	park jongsu	2010-1345972	강서구 대저중앙로 3009	010-1000 =LEN(F2)	15
4	3	김	하나	kim hana	2012-1487234	강서구 하덕로 1002	010-1000	13
5	4	이	백만	lee baekman	2001-3747234	기장군 기장읍 연화100길	010-1000-8738	15
6	5	백	오십	baek osip	2002-4972944	기장군 기장읍 차성로	010-1000-8739	12
7	6	영웅	재준	youngwoong jaejun	2011-2382747	기장군 기장읍 기장해안로	010-1000-8740	14
8	7	현	빈	hyun bin	2000-2395634	남구 지게골로 10-2	010-1000-8741	13
9	8	장	하나	jang hana	2015-1626816	동래구 온천장로107-100	010-1000-8742	16
10	9	유	두울	yoo dooul	2016-4323930	동래구 동래로116	010-1000-8743	11
11	10	채	일	chae il	2012-3967845	북구 효열로 2502	010-1000-8744	12
12								
13								

파이썬

str.len( ) 함수는 문자열의 길이를 반환합니다.

```
pd["열"].str.len()
```

다음은 데이터 프레임 info에서 [주소] 열의 문자열 길이를 반환하여 [주소 길이] 열을 생성하는 예제입니다. 문자열에 포함된 공백도 문자열 길이에 포함됩니다.

이번에는 info 변수에 head( ) 함수를 붙여서 상위 5행만 출력해 보겠습니다.

```
info = pd.read_excel(r"c:\works\chapter04\직원 정보.xlsx", sheet_name = "Sheet1")
info["주소 길이"] = info["주소"].str.len()      # [주소] 열의 문자열 길이 반환
info[["순번", "성", "이름", "주소", "주소 길이"]].head()
```

	순번	성	이름	주소	주소 길이
0	1	김	철수	강서구 공항로 20455	14
1	2	박	종수	강서구 대저중앙로 3009	15
2	3	김	하나	강서구 하덕로 1002	13
3	4	이	백만	기장군 기장읍 연화100길	15
4	5	백	오십	기장군 기장읍 차성로	12

NOTE 데이터 프레임 변수에 **head(행 숫자)**, **tail(행 숫자)**을 붙이면 원하는 행만큼 결과를 출력할 수 있습니다. 행 숫자를 생략하면 **head()**는 앞에서 5행을, **tail()**은 뒤에서 5행을 출력합니다.

문자열 공백 삭제하기

핵심 함수 | strip(), lstrip(), rstrip()

문자열 앞뒤에는 보이지 않는 공백이 존재할 수 있습니다. 따라서 이 공백을 제거해야 문자열의 정확한 길이를 구할 수 있습니다. 엑셀에서는 trim() 함수를, 파이썬에서는 strip(), lstrip(), rstrip() 함수를 활용해 문자열 앞뒤 공백을 제거합니다.

엑셀

바로 앞의 예제에서 len() 함수를 이용해 공백이 포함된 주소 셀의 문자열 길이를 구했습니다. 공백을 제외한 문자열 길이를 구하고 싶다면 trim() 함수를 이용하여 문자열 앞뒤 공백을 제거할 수 있습니다.

다음 그림처럼 [H2] 셀에 **=LEN(F2)**를 입력하면 공백이 포함된 주소 길이를 구할 수 있고, [I2] 셀에 **=TRIM(F2)**를 입력하면 공백이 제거된 주소 문자열을 추출할 수 있습니다. [J2] 셀에 **=LEN(I2)**를 입력하면 공백이 제거된 문자열의 길이를 구할 수 있습니다. H열과 J열의 데이터를 비교해 보면 공백 제거 전, 후의 문자열 길이가 다른 것을 확인할 수 있습니다.

파이썬

strip( ) 함수로 문자열의 양 끝(왼쪽, 오른쪽) 공백을 제거할 수 있습니다. lstrip( )은 문자열의 왼쪽 공백을, rstrip( )은 문자열의 오른쪽 공백을 제거합니다.

```
pd["열"].str.strip()      # 문자열의 양 끝(왼쪽, 오른쪽) 공백 제거
pd["열"].str.lstrip()     # 문자열의 왼쪽 공백 제거
pd["열"].str.rstrip()     # 문자열의 오른쪽 공백 제거
```

데이터 프레임 info에서 [주소] 열의 문자열 공백 제거 전 길이와 공백 제거 후 길이를 비교해 봅시다. strip( ) 함수로 [주소] 열의 문자열 앞뒤 공백을 제거한 후 길이를 구하면 공백 제거 전 길이와 1만큼 차이가 나는 것을 볼 수 있습니다.

이번에는 tail( ) 함수로 뒤에서 6행만 출력해 보겠습니다.

```
info = pd.read_excel(r"c:\works\chapter04\직원 정보.xlsx", sheet_name = "Sheet1")
info["주소 길이"] = info["주소"].str.len()      # [주소] 열의 길이 구하기
info["공백 제거"] = info["주소"].str.strip()    # [주소] 열의 문자열 앞뒤 공백 제거
info["공백 제거 후 길이"] = info["공백 제거"].str.len()
                                        # 공백 제거 문자열의 길이 구하기
info[["순번", "주소", "주소 길이", "공백 제거", "공백 제거 후 길이"]].tail(6)
```

	순번	주소	주소 길이	공백 제거	공백 제거 후 길이
4	5	기장군 기장읍 차성로	12	기장군 기장읍 차성로	11
5	6	기장군 기장읍 기장해안로	14	기장군 기장읍 기장해안로	13
6	7	남구 지게골로 10-2	13	남구 지게골로 10-2	12
7	8	동래구 온천장로107-100	16	동래구 온천장로107-100	15
8	9	동래구 동래로116	11	동래구 동래로116	10
9	10	북구 효열로 2502	12	북구 효열로 2502	11

SECTION 4.3 수학 및 통계 함수

▶▶ 엑셀은 매우 편리하게 활용할 수 있는 수학 및 통계 함수를 제공합니다. 데이터가 적을 때는 엑셀 함수를 활용하는 것이 편리하지만, 수천~수만 개 행을 처리할 때는 파이썬을 활용하는 것이 수행 속도나 자동화 구현 측면에서 훨씬 유리합니다. 엑셀의 수학 및 통계 함수를 파이썬으로 구현하는 방법에 대해 알아보겠습니다.

실습 데이터 불러오기

예제 파일 | chapter04\성적 처리.xlsx

수학 및 통계 함수를 실습하기 위해 read_excel( ) 함수로 '성적 처리.xlsx' 파일을 불러온 후 데이터 프레임 score에 저장하겠습니다.

```
# pandas를 pd라는 이름으로 불러오기
import pandas as pd
# 수학 및 통계 함수를 실습하기 위해 "성적 처리.xlsx" 파일을 불러와 score에 저장하기
score = pd.read_excel(r"c:\works\chapter04\성적 처리.xlsx", sheet_name = "Sheet1")
score    # 'c:\works\chapter04' 디렉터리에 파일을 복사한 후 진행
```

	반	성명	국어	영어	수학	사회	과학
0	1반	홍길동	93	80	94	73	64
1	2반	백일홍	93	63	76	84	92
2	3반	이삼상	94	74	86	90	70
3	1반	정말로	83	55	64	90	65
4	2반	한번도	87	95	66	75	60
5	3반	이철수	53	81	59	88	69
6	1반	김영자	71	71	51	84	57
7	2반	다니엘	87	54	95	71	97
8	3반	이미로	59	54	75	90	82
9	1반	신성삼	64	66	59	91	86
10	2반	케로로	56	76	52	64	65
11	3반	장발장	85	51	64	80	68

데이터 합계 구하기

엑셀을 처음 배울 때 가장 처음 접하는 함수가 sum( )입니다. 사칙연산 중 더하기가 가장 기본이고 실무에서도 가장 많이 쓰기 때문입니다. 엑셀과 파이썬 모두 sum( ) 함수 또는 더하기(+) 연산자를 활용해 합계를 구할 수 있습니다.

엑셀

sum( ) 함수를 이용하면 가로 또는 세로 방향으로 셀 범위를 지정해 합계를 구할 수 있습니다. 다음 그림과 같이 [H2] 셀에 **=SUM(C2:G2)**라고 입력하면 C2+D2+E2+F2+G2를 실행한 결과가 저장됩니다.

	A	B	C	D	E	F	G	H
1	반	성명	국어	영어	수학	사회	과학	합계
2	1반	홍길동	93	80	94	=SUM(C2:G2)		404
3	2반	백일홍	93	63	76	84	92	408
4	3반	이삼상	94	74	86	90	70	414
5	1반	정말로	83	55	64	90	65	357
6	2반	한번도	87	95	66	75	60	383
7	3반	이철수	53	81	59	88	69	350
8	1반	김영자	71	71	51	84	57	334
9	2반	다니엘	87	54	95	71	97	404
10	3반	이미로	59	54	75	90	82	360
11	1반	신성삼	64	66	59	91	86	366
12	2반	케로로	56	76	52	64	65	313
13	3반	장발장	85	51	64	80	68	348
14								

파이썬

파이썬에서도 sum( ) 함수로 데이터 프레임의 열, 행 방향의 합계를 구할 수 있습니다. **axis = 0**으로 지정하면 행 방향으로 각 열을 더해 범주형과 수치형 데이터의 모든 합계를 산출하며, **axis = 1**로 지정하면 열 방향으로 각 행의 합계를 산출합니다. **pd["열"] + pd["열"] +** …과 같이 더하기(+) 연산자를 이용하여 직접 행의 합계를 구할 수도 있습니다.

```
pd["열"].sum(axis = 0 or 1)        # 행 방향 열(0) 또는 열 방향 행(1) 합계 구하기
pd["열"] + pd["열"] + … + pd["열"]   # + 연산자로 직접 계산
```

NOTE 범주형 데이터는 성별, 이름, 혈액형, 주소 등과 같이 몇 개의 범주로 나누어진 데이터를, 수치형 데이터는 숫자로 구성되어 있어 사칙연산이 가능한 데이터를 말합니다.

다음은 sum( ) 함수로 [국어] 열에 있는 데이터를 모두 합하여 total_korean 변수에 저장하는 예제입니다. 행 방향 열의 합계를 구하는 연산이기 때문에 **axis = 0**으로 지정합니다. axis의 default 값은 0이므로 열의 합계를 구할 때는 생략해도 됩니다.

```
score = pd.read_excel(r"c:\works\chapter04\성적 처리.xlsx", sheet_name = "Sheet1")
total_korean = score["국어"].sum(0)    # 행 방향 [국어] 열의 데이터 합계 구하기
print(total_korean)
```

➡ 925

다음은 열 방향으로 행의 합계를 구하는 예제입니다. 첫 번째는 sum( ) 함수를 이용하여, 두 번째는 더하기(+) 연산자를 활용하여 열 방향 합계를 구했습니다.

score.iloc[:, 2:7].sum(1)은 score 데이터 프레임 변수의 모든 행과 2~6열을 선택한 후, 열 방향으로 각 행의 데이터 합계를 구하는 것입니다. 여기에서는 데이터 프레임 score의 상위 5행만 출력하겠습니다.

```
score["sum"] = score.iloc[:, 2:7].sum(1)    # 2~6열 각 행의 데이터 합계 구하기
score["sum1"] = score["국어"] + score["영어"] + score["수학"] + score["사회"] +
score["과학"]
score.head()
```

➡

	반	성명	국어	영어	수학	사회	과학	sum	sum1
0	1반	홍길동	93	80	94	73	64	404	404
1	2반	백일홍	93	63	76	84	92	408	408
2	3반	이삼상	94	74	86	90	70	414	414
3	1반	정말로	83	55	64	90	65	357	357
4	2반	한번도	87	95	66	75	60	383	383

NOTE 코드를 각각 출력해 보면 sum() 함수를 이용한 코드와 연산자를 이용한 코드가 동일한 결과를 출력하는 것을 확인할 수 있습니다.

데이터 평균 구하기

데이터 평균은 통계 분석 시 가장 많이 구하는 값입니다. 엑셀에서는 average( ) 함수를, 파이썬에서는 mean( ) 함수를 이용해 평균을 구할 수 있습니다.

엑셀

엑셀의 average( ) 함수는 열 방향 또는 행 방향으로 지정한 범위 안에 있는 숫자의 평균을 계산합니다. 다음 그림과 같이 [H2] 셀에 **=AVERAGE(C2:G2)**를 입력하면 홍길동의 국어, 영어, 수학, 사회, 과학 점수 평균을 구할 수 있습니다.

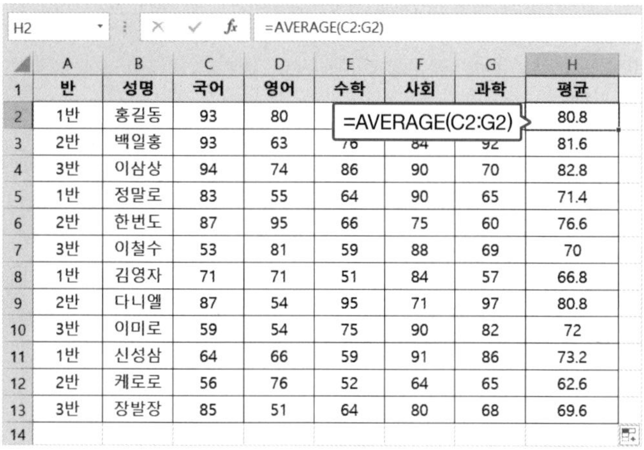 H2		×	✓	fx	=AVERAGE(C2:G2)		
	A	B	C	D	E	F	G	H
1	반	성명	국어	영어	수학	사회	과학	평균
2	1반	홍길동	93	80	=AVERAGE(C2:G2)			80.8
3	2반	백일홍	93	63	76	84	92	81.6
4	3반	이삼상	94	74	86	90	70	82.8
5	1반	정말로	83	55	64	90	65	71.4
6	2반	한번도	87	95	66	75	60	76.6
7	3반	이철수	53	81	59	88	69	70
8	1반	김영자	71	71	51	84	57	66.8
9	2반	다니엘	87	54	95	71	97	80.8
10	3반	이미로	59	54	75	90	82	72
11	1반	신성삼	64	66	59	91	86	73.2
12	2반	케로로	56	76	52	64	65	62.6
13	3반	장발장	85	51	64	80	68	69.6
14								

파이썬

평균을 구하는 방법은 합계를 구하는 방법과 유사합니다. 데이터 프레임의 행과 열 방향 평균은 mean( ) 함수를 이용해 구할 수 있습니다. **axis = 0**으로 설정 시 행 방향으로 각 열의 수치형 데이터 평균을 산출하고, **axis = 1**로 설정 시 열 방향으로 각 행의 수치형 데이터 평균을 산출합니다. 더하기(+)와 나누기(/) 연산자를 이용해 평균을 직접 계산할 수도 있습니다.

```
pd["열"].mean(axis = 0 or 1)                # 행(0) 또는 열(1) 방향 평균 구하기
(pd["열"] + pd["열"] + … + pd["열"]) / 열 개수  # +, / 연산자로 직접 계산
```

다음은 mean( ) 함수와 [국어] 열에 있는 데이터 평균을 구하여 korean_avg 변수에 저장하는 예제입니다. 행 방향으로 열의 평균을 구하는 연산이기 때문에 **axis = 0**으로 지정합니다. 이번에는 axis를 생략하겠습니다.

```
score = pd.read_excel(r"c:\works\chapter04\성적 처리.xlsx", sheet_name = "Sheet1")
korean_avg = score["국어"].mean()     # [국어] 열의 행 방향 평균 구하기
print(korean_avg)
```

➡ 77.08333333333333

열 방향 평균도 합계를 구할 때와 비슷합니다. mean( ) 함수를 이용하여 열 방향에 있는 각 행의 평균을 계산한 후 [평균] 열을 생성하고, 더하기(+) 연산자와 나누기(/) 연산자를 활용하여 각 행의 평균을 구한 후 [평균1] 열을 생성합니다. **score.iloc[:, 2:7].mean(1)**은 score 데이터 프레임 변수의 모든 행과 2~6열을 선택한 후, 열 방향으로 각 행의 평균을 구하는 것입니다.

```
score["평균"] = score.iloc[:, 2:7].mean(1)     # 2~6열의 열 방향 각 행의 평균 구하기
score["평균1"] = (score["국어"] + score["영어"] + score["수학"] + score["사회"] +
score["과학"])/5
score
```

➡

	반	성명	국어	영어	수학	사회	과학	평균	평균1
0	1반	홍길동	93	80	94	73	64	80.8	80.8
1	2반	백일홍	93	63	76	84	92	81.6	81.6
2	3반	이삼상	94	74	86	90	70	82.8	82.8
3	1반	정말로	83	55	64	90	65	71.4	71.4
4	2반	한번도	87	95	66	75	60	76.6	76.6
5	3반	이철수	53	81	59	88	69	70.0	70.0
6	1반	김영자	71	71	51	84	57	66.8	66.8
7	2반	다니엘	87	54	95	71	97	80.8	80.8
8	3반	이미로	59	54	75	90	82	72.0	72.0
9	1반	신성삼	64	66	59	91	86	73.2	73.2
10	2반	케로로	56	76	52	64	65	62.6	62.6
11	3반	장발장	85	51	64	80	68	69.6	69.6

조건에 따른 합계, 평균 구하기

핵심 함수 | groupby( )

데이터를 요약하여 보고할 때 조건에 따라 항목별 합계를 구하거나 평균을 계산하는 경우가 있습니다. 엑셀에서는 sumif( ), averageif( ) 함수를, 파이썬에서는 groupby( ) 함수와 sum( ), mean( ) 함수를 결합하여 조건에 따른 합계와 평균을 구합니다.

엑셀

조건에 따른 합계와 평균을 구하기 위해서는 sumif( ), averageif( ) 함수를 사용합니다. sumif( ) 함수에 조건을 탐색할 범위, 조건, 합계를 구할 범위를 지정하면 해당 조건에 부합하는 합계를 구할 수 있습니다.

다음은 반별 국어, 영어, 수학, 사회, 과학 점수 합계를 구하는 예제입니다. [I1:N4] 영역에 [반], [국어], [영어], [수학], [사회], [과학] 열과 [1반], [2반], [3반] 행으로 구성된 표를 별도로 만들었습니다. [J2] 셀에 **=SUMIF($A$2:$A$13, $I2, C$2:C$13)**을 입력하면 1반의 국어 점수 합계를 구할 수 있습니다. **$A$2:$A$13**은 조건을 탐색할 범위, **$I2**는 조건, **C$2:C$13**은 합계를 구할 범위를 의미합니다.

J2			fx	=SUMIF($A$2:$A$13,$I2,C$2:C$13)				=SUMIF($A$2:$A$13, $I2, C$2:C$13)				
	A	B	C	D	E	F	G	H	I	J	K	L	M	N
1	반	성명	국어	영어	수학	사회	과학		반	국어	영어	수학	사회	과학
2	1반	홍길동	93	80	94	73	64		1반	311	272	268	338	272
3	2반	백일홍	93	63	76	84	92		2반	323	288	289	294	314
4	3반	이상상	94	74	86	90	70		3반	291	260	284	348	289
5	1반	정말로	83	55	64	90	65							
6	2반	한번도	87	95	66	75	60							
7	3반	이철수	53	81	59	88	69							
8	1반	김영자	71	71	51	84	57							
9	2반	다니엘	87	54	95	71	97							
10	3반	이미로	59	54	75	90	82							
11	1반	신성삼	64	66	59	91	86							
12	2반	케로로	56	76	52	64	65							
13	3반	장발장	85	51	64	80	68							
14														

다음은 averageif( ) 함수를 이용해 반별, 과목별 평균 점수를 구하는 예제입니다. sumif( ) 함수와 동일한 방법으로 조건을 지정합니다.

J2			fx	=AVERAGEIF($A$2:$A$13,$I2,C$2:C$13)				=AVERAGEIF($A$2:$A$13, $I2, C$2:C$13)				
	A	B	C	D	E	F	G	H	I	J	K	L	M	N
1	반	성명	국어	영어	수학	사회	과학		반	국어	영어	수학	사회	과학
2	1반	홍길동	93	80	94	73	64		1반	77.75	68	67	84.5	68
3	2반	백일홍	93	63	76	84	92		2반	80.75	72	72.25	73.5	78.5
4	3반	이상상	94	74	86	90	70		3반	72.75	65	71	87	72.25
5	1반	정말로	83	55	64	90	65							
6	2반	한번도	87	95	66	75	60							
7	3반	이철수	53	81	59	88	69							
8	1반	김영자	71	71	51	84	57							
9	2반	다니엘	87	54	95	71	97							
10	3반	이미로	59	54	75	90	82							
11	1반	신성삼	64	66	59	91	86							
12	2반	케로로	56	76	52	64	65							
13	3반	장발장	85	51	64	80	68							
14														

파이썬에서는 groupby( ) 함수로 조건에 따른 합계 및 평균을 구할 수 있습니다. [조건] 열은 그룹화할 기준열을 의미하며, 계산 결과는 데이터 프레임으로 출력됩니다.

```
pd.groupby(["조건 열"]).sum()     # 조건 열을 기준으로 그룹화 후 합계 계산
pd.groupby(["조건 열"]).mean()    # 조건 열을 기준으로 그룹화 후 평균 계산
```

groupby( ) 함수를 이용해 반별 합계와 평균을 구해 보겠습니다. 먼저 [반] 열을 sum( ) 함수의 조건 열로 지정하여 모든 행을 1반, 2반, 3반으로 그룹화한 후 합계를 계산하고 결과를 score1에 데이터 프레임으로 저장합니다. 그리고 mean( ) 함수로 동일한 방법을 사용하여 평균을 계산합니다.

```
score = pd.read_excel(r"c:\works\chapter04\성적 처리.xlsx", sheet_name = "Sheet1")
# 반, 다섯 과목의 점수 데이터에 대하여 [반] 열을 기준으로 그룹화한 후 합계 계산

score1 = score[["반","국어","영어","수학","사회","과학"]].groupby(["반"]).sum()
score1                                    # score1 출력
```

반	국어	영어	수학	사회	과학
1반	311	272	268	338	272
2반	323	288	289	294	314
3반	291	260	284	348	289

```
# 반, 다섯 과목의 점수 데이터에 대하여 [반] 열을 기준으로 그룹화한 후 평균 계산

score2 = score[["반","국어","영어","수학","사회","과학"]].groupby(["반"]).mean()
score2                                    # score2 출력
```

반	국어	영어	수학	사회	과학
1반	77.75	68.0	67.00	84.5	68.00
2반	80.75	72.0	72.25	73.5	78.50
3반	72.75	65.0	71.00	87.0	72.25

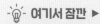

결괏값의 소수점 자릿수 조정하기

groupby.mean() 함수의 결과는 소수점 둘째 자리까지 계산되는데, round() 함수를 같이 사용하면 소수점 자릿수를 조정할 수 있습니다. 다음 코드는 그룹별 평균 결과를 소수점 첫째 자리까지 계산하여 반환합니다.

```
score2 = round(score.groupby(["반"]).mean(),1)
```

└─ 소수점 자릿수 지정

순위 구하기

핵심 함수 | rank()

수치 데이터일 경우 평균이나 총계를 구한 다음 내림차순 또는 오름차순으로 순위를 구하는 경우가 많습니다. 엑셀, 파이썬 모두 rank() 함수를 활용하여 순위를 계산할 수 있습니다.

엑셀

엑셀에서 순위를 계산할 때는 rank() 함수를 사용합니다. 순위를 계산할 값(셀)과 순위 계산 시 참조할 범위를 설정하고, 정렬 방향은 내림차순(가장 큰 값이 1위)일 경우 0으로, 오름차순일 경우 1로 지정하면 됩니다. 정렬 방향을 생략하면 내림차순으로 정렬합니다.

다음은 성적의 평균값을 기준으로 내림차순, 오름차순 순위를 계산한 예제입니다. [H2] 셀에 **=AVERAGE(C2:G2)**를 입력하여 개인별 평균을 계산한 후, [I2] 셀에 **=RANK(H2, $H$2:$H$13, 0)**을 입력하여 [H2] 셀에 있는 평균값이 [$H$2:$H$13] 범위에 있는 평균값 중에 내림차순 기준으로 몇 번째 순위에 있는지 계산합니다. [J2] 셀에는 **=RANK(H2, $H$2:$H$13, 1)**을 입력하여 오름차순 순위를 계산합니다.

I2	▼ : × ✓ fx	=RANK(H2,$H$2:$H$13,0)							
◢	A	B	C	D	E	F	G	H	I	J
1	반	성명	국어	영어	수학	사회	과학	평균	순위(내림차순)	순위(오름차순)
2	1반	홍길동	93	80	94	73	64	80.8	3	9
3	2반	백일홍	93	63	76	84			2	
4	3반	이삼상	94	74	86	90			1	
5	1반	정말로	83	55	64	90	65	71.4	8	5
6	2반	한번도	87	95	66	75	60	76.6	5	8
7	3반	이철수	53	81	59	88	69	70	9	4
8	1반	김영자	71	71	51	84	57	66.8	11	2
9	2반	다니엘	87	54	95	71	97	80.8	3	9
10	3반	이미로	59	54	75	90	82	72	7	6
11	1반	신성삼	64	66	59	91	86	73.2	6	7
12	2반	케로로	56	76	52	64	65	62.6	12	1
13	3반	장발장	85	51	64	80	68	69.6	10	3
14										

(위 표 내 주석) =AVERAGE(C2:G2) / =RANK(H2, $H$2:$H$13, 0) / =RANK(H2, $H$2:$H$13, 1)

파이썬에서는 rank( ) 함수로 순위를 구할 수 있으며, 표현식은 다음과 같습니다.

```
pd["열"].rank(method = "방법", ascending = True/False, pct = True/False)
```

rank( ) 함수의 속성에서 method는 변수의 점수가 동일할 때 순위를 어떻게 부여할지 결정하는데, 다음 표와 같이 5가지로 값을 지정할 수 있습니다. default 값은 average인데, 예를 들어 순위 계산 시 동일한 3위가 2개라면 3.5위로 순위를 부여하고 다음 순위는 5위부터 시작합니다.

rank 함수의 method 속성

method	내용
average	동점 관측치 간 그룹 내 평균 순위 부여(default) ex) 3위가 2개일 때 3.5위로 순위 부여, 다음 순위는 5위부터 시작
min	동점 관측치 그룹 내 최소 순위 부여 ex) 3위가 2개일 때 3위로 순위 부여, 다음 순위는 5위부터 시작
max	동점 관측치 그룹 내 최대 순위 부여 ex) 3위가 2개일 때 4위로 순위 부여, 다음 순위는 5위부터 시작
first	동점 관측치 중 데이터상에서 먼저 나타나는 관측치부터 순위 부여 ex) 3위가 2개일 때 처음 관측치는 3위, 다음 관측치는 4위
dense	최솟값(min)과 같은 방법으로 순위를 부여하나 그룹 간 순위가 1씩 증가 ex) 3위가 2개일 때 3위로 순위 부여, 다음 순위는 4위

ascending은 True이면 오름차순, False이면 내림차순으로 정렬됩니다. ascending을 생략하면 오름차순으로 정렬됩니다. pct는 True이면 순위를 백분율로 출력하며, False이면 순위로 출력합니다. pct의 default 값은 False입니다.

다음은 rank( ) 함수를 이용해 다양한 방법으로 순위를 구한 예제입니다. 먼저 개인별 평균을 구한 다음 평균값을 오름차순과 내림차순으로 계산합니다. 동점일 경우에는 평균 순위를 부여합니다. 예를 들어 1반 홍길동과 2반 다니엘은 평균값이 80.8점으로 동일하므로 평균 순위 9.5위를 부여합니다.

일반적으로는 데이터를 내림차순으로 정렬하고 동점이 있을 경우 최소 순위를 부여하는 방법을 많이 사용합니다. 결과를 보면 '순위_내림_min'과 같이 가장 큰 평균값인 82.8점이 1위로 시작해서 내림차순으로 정렬된 것을 알 수 있습니다.

```
score = pd.read_excel(r"c:\works\chapter04\성적 처리.xlsx", sheet_name = "Sheet1")
score["평균"] = score.iloc[:, 2:7].mean(1)   # 2~6열의 열 방향 각 행의 평균 구하기
score["순위_오름"] = score["평균"].rank(ascending = True)
                                               # 동점 시 평균 순위 부여, 오름차순
score["순위_내림"] = score["평균"].rank(ascending = False)
                                               # 동점 시 평균 순위 부여, 내림차순
score["순위_내림_min"] = score["평균"].rank(method = "min", ascending = False)
                                               # 동점 시 최소 순위
score
```

	반	성명	국어	영어	수학	사회	과학	평균	순위_오름	순위_내림	순위_내림_min
0	1반	홍길동	93	80	94	73	64	80.8	9.5	3.5	3.0
1	2반	백일홍	93	63	76	84	92	81.6	11.0	2.0	2.0
2	3반	이삼상	94	74	86	90	70	82.8	12.0	1.0	1.0
3	1반	정말로	83	55	64	90	65	71.4	5.0	8.0	8.0
4	2반	한번도	87	95	66	75	60	76.6	8.0	5.0	5.0
5	3반	이철수	53	81	59	88	69	70.0	4.0	9.0	9.0
6	1반	김영자	71	71	51	84	57	66.8	2.0	11.0	11.0
7	2반	다니엘	87	54	95	71	97	80.8	9.5	3.5	3.0
8	3반	이미로	59	54	75	90	82	72.0	6.0	7.0	7.0
9	1반	신성삼	64	66	59	91	86	73.2	7.0	6.0	6.0
10	2반	케로로	56	76	52	64	65	62.6	1.0	12.0	12.0
11	3반	장발장	85	51	64	80	68	69.6	3.0	10.0	10.0

여기서 잠깐 ▸ 데이터를 특정 열을 기준으로 정렬하기

sort_values() 함수를 이용하면 데이터를 특정 열을 기준으로 열 방향 또는 행 방향으로 정렬할 수 있습니다. by 속성으로 정렬할 열 이름을 지정하고 ascending 속성을 True로 설정하면 오름차순, False로 설정하면 내림차순으로 정렬합니다.

다음은 앞서 작성한 score 데이터 프레임을 [평균] 열을 기준으로 내림차순으로 정렬한 예제입니다.

```
score.sort_values(by = "평균", ascending = False)
```

최댓값/최솟값 구하기

수치형 데이터 처리 시 최댓값/최솟값을 기준으로 특정 조건에 따른 작업을 수행할 수 있습니다. 예를 들어 기존 데이터의 최솟값보다 작은 값이나 최댓값보다 큰 값이 입력되면 에러로 처리하는 등의 조건문을 만들 수 있습니다. 엑셀과 파이썬 모두 max( ), min( ) 함수를 활용하여 최댓값/최솟값을 계산합니다.

엑셀

성적표나 매출액 데이터를 다루다 보면 열 방향 또는 행 방향으로 최댓값/최솟값을 구해야 하는 경우가 종종 있습니다. 엑셀에서는 max( ), min( ) 함수로 최댓값이나 최솟값을 쉽게 구할 수 있습니다.

다음은 국어, 영어, 수학, 사회, 과학의 행 방향 최댓값과 최솟값을 구하는 예제입니다. [H2] 셀에 **=MAX(C2:G2)**를 입력하면 홍길동의 과목별 최댓값을, [I2] 셀에 **=MIN(C2:G2)**를 입력하면 과목별 최솟값을 구할 수 있습니다.

H2	▼ :	× ✓	fx	=MAX(C2,G2)					
▲	A	B	C	D	E	F	G	H	I	J
1	반	성명	국어	영어	수학	사회	과학	최대값	최소값	
2	1반	홍길동	93	80	94	=MAX(C2:G2)		93	64	
3	2반	백일홍	93	63	76	64	92	=MIN(C2:G2)	92	
4	3반	이삼상	94	74	86	90	70		70	
5	1반	정말로	83	55	64	90	65	83	65	
6	2반	한번도	87	95	66	75	60	87	60	
7	3반	이철수	53	81	59	88	69	69	53	
8	1반	김영자	71	71	51	84	57	71	57	
9	2반	다니엘	87	54	95	71	97	97	87	
10	3반	이미로	59	54	75	90	82	82	59	
11	1반	신성삼	64	66	59	91	86	86	64	
12	2반	케로로	56	76	52	64	65	65	56	
13	3반	장발장	85	51	64	80	68	85	68	
14										

파이썬

파이썬에도 max( ), min( ) 함수가 있으며 데이터 프레임에 붙여서 사용합니다. 최댓값은 max( ), 최솟값은 min( ) 함수로 구할 수 있습니다. **axis = 0**이면 행 방향으로 각 열의 최댓값/최솟값을, **axis = 1**이면 열 방향으로 각 행의 최댓값/최솟값을 구합니다.

```
pd.min(axis = 0 or 1)    # 최솟값
pd.max(axis = 0 or 1)    # 최댓값
```

다음은 개인별 최저 점수와 최고 점수를 계산하는 예제입니다. score의 각 행에는 문자열인 '반', '성명'이 포함되어 있으므로 **score.iloc[:, [2, 3, 4, 5, 6]]** 코드로 국어~과학 점수만 추출해 score_row에 저장합니다.

그다음 min() 함수로 score_row 각 행의 최솟값을, max() 함수로 score_row 각 행의 최댓값을 추출합니다.

```
score = pd.read_excel(r"c:\works\chapter04\성적 처리.xlsx", sheet_name = "Sheet1")
score_row = score.iloc[:, [2, 3, 4, 5, 6]]
                                # score에서 숫자열만 추출하여 score_row에 저장
score["MIN"] = score_row.min(1)    # score_row의 행 방향 최솟값을 score["MIN"]에 저장
score["MAX"] = score_row.max(1)    # score_row의 행 방향 최댓값을 score["MAX"]에 저장
score
```

	반	성명	국어	영어	수학	사회	과학	MIN	MAX
0	1반	홍길동	93	80	94	73	64	64	94
1	2반	백일홍	93	63	76	84	92	63	93
2	3반	이삼상	94	74	86	90	70	70	94
3	1반	정말로	83	55	64	90	65	55	90
4	2반	한번도	87	95	66	75	60	60	95
5	4반	이철수	53	81	59	88	69	53	88
6	3반	김영자	71	71	51	84	57	51	84
7	5반	다니엘	87	54	95	71	97	54	97
8	2반	이미로	59	54	75	90	82	54	90
9	1반	신성남	64	66	59	91	86	59	91
10	2반	케로로	56	76	52	64	65	52	76
11	3반	장발장	85	51	64	80	68	51	85

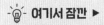**여기서 잠깐 ▶**   **데이터 프레임의 기초 통계량 확인하기**

describe() 함수를 이용하면 데이터 프레임의 기초 통계량을 확인할 수 있습니다. 각 열별 데이터 개수 및 평균, 표준편차, 최댓값/최솟값, 4분위수가 데이터 프레임 형태로 출력됩니다.

```
score.describe()    # score 데이터 프레임의 기초 통계량 확인
```

	국어	영어	수학	사회	과학
count	12.000000	12.000000	12.000000	12.000000	12.000000
mean	77.083333	68.333333	70.083333	81.666667	72.916667
std	15.512214	13.580289	15.174490	9.018500	13.041600
min	53.000000	51.000000	51.000000	64.000000	57.000000
25%	62.750000	54.750000	59.000000	74.500000	64.750000
50%	84.000000	68.500000	65.000000	84.000000	68.500000
75%	88.500000	77.000000	78.500000	90.000000	83.000000
max	94.000000	95.000000	95.000000	91.000000	97.000000

마무리

- 파이썬의 기능을 확장하려면 관련 패키지를 설치하고, 모듈을 로드해야 합니다.

- 엑셀 기능 수행을 위한 패키지에는 pandas, openpyxl, xlwings 등이 있습니다.

- pandas에서 제공하는 데이터 프레임은 행과 열로 구성된 자료형입니다.

- 파이썬의 텍스트 함수에는 sum( ), upper( ), lower( ), capitalize( ), replace( ), str[ ], len( ), strip( ) 등이 있습니다.

- 파이썬의 수학 및 통계 함수에는 sum( ), mean( ), groupby( ), rank( ), max( ), min( ) 등이 있습니다.

- sum( ) 함수는 문자열일 경우 문자를 합치고, 숫자일 경우 더하기 연산을 수행합니다.

## CHAPTER 05

업무에 자주 쓰는
실무 함수 구현하기

▶▶▶

엑셀에는 연산 기능뿐만 아니라 수집한 데이터에서 조건에 맞는 부분만 추출하거나 핵심 정보만 요약하는 함수가 있습니다. Chapter 05에서는 파이썬을 활용하여 데이터 추출, 요약 등 실무에서 자주 사용하는 데이터 처리 방법에 대해 알아보겠습니다.

SECTION 5.1 동적 배열 함수

▶▶ 엑셀에서 동적 배열 함수는 지정한 범위 내에 있는 데이터 중 원하는 행만 필터링하거나 기준 열에 맞춰 오름차순 또는 내림차순으로 정렬하는 기능을 제공합니다. 파이썬에서는 내장 함수 및 pandas 함수를 활용하여 유사한 기능을 더 빠르게 구현할 수 있습니다.

실습 데이터 불러오기

예제 파일 | chapter05\근무 유형.xlsx

동적 배열 함수를 실습하기 위해 pandas 패키지를 불러온 후 '근무 유형.xlsx' 파일을 데이터 프레임으로 불러오겠습니다. 파일 내용은 사원번호, 성명, 부서, 근무형태로 구성되어 있습니다.

```python
import pandas as pd      # pandas를 pd라는 이름으로 불러오기

# 동적 배열 함수 실습을 위해 엑셀 파일을 불러와 work에 저장하기
work = pd.read_excel(r"c:\works\chapter05\근무 유형.xlsx", sheet_name = "Sheet1")
work
```

	사원번호	성명	부서	근무형태
0	54602	홍길동	제조팀	교대
1	39382	이영희	총무팀	상근
2	56925	김승우	품질관리팀	교대
3	51153	이승훈	회계팀	상근
4	66892	신성우	연구소	상근
5	73849	이철수	영업팀	상근
6	66301	김건호	제조팀	교대
7	90140	이구라	제조팀	교대
8	39814	박애라	총무팀	상근
9	60944	강인표	연구소	상근

10	90000	김경호	제조팀	교대
11	16736	한라산	영업팀	상근
12	88818	백운산	영업팀	상근
13	80185	이상민	품질관리팀	교대
14	39382	이영희	총무팀	상근
15	66301	김건호	제조팀	교대

원하는 데이터 필터링하기

핵심 함수 | loc.isin()

데이터 활용 시 데이터 프레임에서 조건에 맞는 행만 추출하여 사용하는 경우가 많습니다. 엑셀에서는 [필터] 메뉴를 실행하여 필터링할 수 있으며, 파이썬에서는 loc[ ] 또는 loc.isin( ) 함수를 이용하여 원하는 데이터 행을 추출할 수 있습니다.

엑셀

다음은 '근무 유형.xlsx' 파일에서 부서명이 '제조팀'인 행을 추출하는 과정입니다. [A1] 셀을 선택한 다음 [데이터] – [정렬 및 필터]에서 필터(🔽)를 클릭합니다. 열 제목에 필터가 적용되어 드롭다운 버튼이 생성됩니다. 이를 클릭해서 '제조팀'만 선택한 후 [확인] 버튼을 클릭하여 필터링합니다.

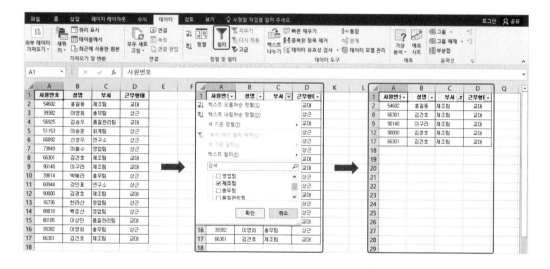

파이썬에서는 loc[ ] 또는 loc.isin( ) 함수를 이용하여 원하는 데이터 행을 필터링할 수 있습니다. loc[ ]로는 열 이름과 필터값을 조건식으로 비교하여 원하는 행을 추출하고, loc.isin( ) 함수에서는 loc[ ]에 열 이름을 지정하고 isin( ) 함수에 필터값을 지정하여 원하는 행을 추출합니다.

```
pd.loc[pd["열"] == 필터값]            # 열 이름과 필터값을 비교하여 행 추출
pd.loc[pd["열"].isin(["필터값"])]     # 열 이름과 isin() 함수의 필터값을 비교하여 행 추출
```

다음은 loc[ ] 함수를 이용해 부서명이 '제조팀'인 행을 추출하여 w1에 저장하고, loc.isin( ) 함수를 이용해 근무형태가 '상근'인 행을 w2에 저장하는 예제입니다. display( ) 함수를 이용하면 여러 데이터 프레임을 한 번에 출력할 수 있습니다.

```
work = pd.read_excel(r"c:\works\chapter05\근무 유형.xlsx", sheet_name = "Sheet1")
w1 = work.loc[work["부서"] == "제조팀"]           # 부서명이 "제조팀"인 행 추출
w2 = work.loc[work["근무형태"].isin(["상근"])]     # 근무형태가 "상근"인 행 추출
display(w1, w2)                                    # w1, w2 출력
```

	사원번호	성명	부서	근무형태
0	54602	홍길동	제조팀	교대
6	66301	김건호	제조팀	교대
7	90140	이구라	제조팀	교대
10	90000	김경호	제조팀	교대
15	66301	김건호	제조팀	교대

	사원번호	성명	부서	근무형태
1	39382	이영희	총무팀	상근
3	51153	이승훈	회계팀	상근
4	66892	신성우	연구소	상근
5	73849	이철수	영업팀	상근
8	39814	박애라	총무팀	상근
9	60944	강인표	연구소	상근
11	16736	한라산	영업팀	상근
12	88818	백운산	영업팀	상근
14	39382	이영희	총무팀	상근

앞서 조건 하나로 필터링하는 방법을 배웠다면, 이번에는 and(&) 연산자, or(|) 연산자, not(~) 연산자와 같은 논리 연산자를 사용하여 여러 조건 열을 지정해 필터링하는 방법을 알아보겠습니다.

or(|) 연산자를 사용하여 부서 이름이 '제조팀'이거나 근무형태가 '교대'인 행을 필터링합니다.

```
work.loc[(work["부서"] == "제조팀") | (work["근무형태"] == "교대")]
```

	사원번호	성명	부서	근무형태
0	54602	홍길동	제조팀	교대
2	56925	김승우	품질관리팀	교대
6	66301	김건호	제조팀	교대
7	90140	이구라	제조팀	교대
10	90000	김경호	제조팀	교대
13	80185	이상민	품질관리팀	교대
15	66301	김건호	제조팀	교대

not(~) 연산자를 사용하여 근무형태가 '상근'이 아닌 행을 필터링합니다.

```
work.loc[~work["근무형태"].isin(["상근"])]
```

	사원번호	성명	부서	근무형태
0	54602	홍길동	제조팀	교대
2	56925	김승우	품질관리팀	교대
6	66301	김건호	제조팀	교대
7	90140	이구라	제조팀	교대
10	90000	김경호	제조팀	교대
13	80185	이상민	품질관리팀	교대
15	66301	김건호	제조팀	교대

기준 열로 정렬하기

데이터 프레임에서 특정 열 값을 기준으로 행 전체를 오름차순 또는 내림차순으로 정렬할 수 있습니다. 엑셀에서는 [정렬] 메뉴를, 파이썬에서는 sort_values( ), sort_index( ) 함수를 이용하여 정렬합니다.

엑셀

다음은 '근무 유형.xlsx' 파일의 데이터를 '사원번호' 기준으로 오름차순 정렬하는 과정입니다. 필터링과 마찬가지로 먼저 [A1] 셀을 선택한 후, [데이터] - [정렬 및 필터]에서 정렬(圖)을 클릭합니다. [정렬] 대화상자가 나타나면 [열], [정렬 기준], [정렬]에 기준 값을 지정한 후 [확인] 버튼을 클릭합니다.

파이썬

파이썬에서는 sort_values( ) 함수를 이용하면 데이터를 특정 열 기준으로 정렬할 수 있습니다. by 속성으로 정렬할 열 이름을 지정하고 ascending 속성을 True로 설정하면 오름차순, False로 설정하면 내림차순으로 정렬합니다. sort_index( ) 함수를 이용하면 데이터 프레임의 인덱스를 기준으로 정렬할 수 있습니다.

```
pd.sort_values(by = "열", ascending = True/False)  # ascending 생략 시 오름차순 정렬
pd.sort_index(ascending = True/False)
```

다음은 '사원번호'를 기준으로 오름차순 정렬하고, 다시 인덱스를 기준으로 정렬하는 예제입니다. 처음 5행만 보기 위해 head( ) 함수를 추가했습니다.

```
work = pd.read_excel(r"c:\works\chapter05\근무 유형.xlsx", sheet_name = "Sheet1")
work.sort_values(by = "사원번호").head()      # 사원번호를 기준으로 오름차순 정렬
```

	사원번호	성명	부서	근무형태
11	16736	한라산	영업팀	상근
1	39382	이영희	총무팀	상근
14	39382	이영희	총무팀	상근
8	39814	박애라	총무팀	상근
3	51153	이승훈	회계팀	상근

```
work.sort_index().head()                        # 인덱스를 기준으로 오름차순 정렬
```

	사원번호	성명	부서	근무형태
0	54602	홍길동	제조팀	교대
1	39382	이영희	총무팀	상근
2	56925	김승우	품질관리팀	교대
3	51153	이승훈	회계팀	상근
4	66892	신성우	연구소	상근

중복 행 제거하기

핵심 함수 | duplicated(), drop_duplicated()

데이터 프레임을 다루다 보면 행 전체가 중복되거나 일부 값이 중복되는 경우가 있습니다. 중복된 내용이 불필요하다면 제거해야 합니다. 엑셀에서는 [중복된 항목 제거] 메뉴를, 파이썬에서는 duplicated(), drop_duplicated() 함수를 이용하여 중복 행을 제거합니다.

엑셀

다음은 '근무 유형.xlsx' 파일에서 중복된 행을 제거하고 유일한 행만 추출하는 과정입니다. [A1] 셀을 선택한 다음 [데이터] – [데이터 도구]에서 중복된 항목 제거(🔳)를 클릭합니다. [중복된 항목 제거] 대화상자가 나타나면 중복 제거가 필요한 열을 체크하고 [확인] 버튼을 클릭합니다. 중복 제거를 통해 마지막 두 행이 제거된 것을 확인할 수 있습니다.

duplicated( ) 함수를 사용해 중복된 행을 True 또는 False로 출력하거나, drop_duplicates( ) 함수를 이용해 중복된 행을 제거할 수 있습니다.

```
pd.duplicated()          # 중복된 행이 있을 경우 True 출력
pd.drop_duplicates()     # 중복된 행을 제거
```

다음은 데이터 프레임에서 중복된 행을 제거하는 예제입니다. **work.duplicated( )**는 중복된 행을 True로 출력하고, **work.drop_duplicates( )**는 중복된 행을 찾아 제거합니다. 따라서 마지막 2행이 중복으로 제거되고 총 14행이 출력됩니다.

```
work = pd.read_excel(r"c:\works\chapter05\근무 유형.xlsx", sheet_name = "Sheet1")
work.duplicated()    # 중복된 행을 True로 출력
```

```
0      False
1      False
2      False
3      False
4      False
5      False
6      False
7      False
8      False
```

```
9      False
10     False
11     False
12     False
13     False
14      True
15      True
dtype: bool
```

```
work.drop_duplicates()    # 중복된 행 제거
```

	사원번호	성명	부서	근무형태
0	54602	홍길동	제조팀	교대
1	39382	이영희	총무팀	상근
2	56925	김승우	품질관리팀	교대
3	51153	이승훈	회계팀	상근
4	66892	신성우	연구소	상근
5	73849	이철수	영업팀	상근
6	66301	김건호	제조팀	교대
7	90140	이구라	제조팀	교대
8	39814	박애라	총무팀	상근
9	60944	강인표	연구소	상근
10	90000	김경호	제조팀	교대
11	16736	한라산	영업팀	상근
12	88818	백운산	영업팀	상근
13	80185	이상민	품질관리팀	교대

찾기 및 참조 함수

▶▶ 엑셀에서 찾기 및 참조 함수는 특정 범위 내에 정의된 값을 참조하여 사용하는 것입니다. 대표적으로 choose(), vlookup() 함수가 있는데, 실무에서 자주 쓰는 유용한 함수지만 이해하기 어렵고 데이터가 많아지면 속도가 느려지는 단점이 있습니다. 파이썬을 이용하면 같은 기능을 더 간단하게 구현하고 더 빠르게 실행할 수 있습니다.

실습 데이터 불러오기

예제 파일 | chapter05\식자재 주문.xlsx

찾기 및 참조 함수를 실습하기 위해 pandas 패키지를 불러온 후 '식자재 주문.xlsx' 파일의 product, order 워크시트를 데이터 프레임으로 불러오겠습니다. product는 식자재 제품 정보, order는 대리점의 제품 주문 정보로 구성되어 있습니다.

```
# pandas를 pd라는 이름으로 불러오기
import pandas as pd
# 찾기 및 참조 함수 실습을 위해 "식자재 주문.xlsx"을 불러와 product, order에 저장하기
product = pd.read_excel(r"c:\works\chapter05\식자재 주문.xlsx", sheet_name
= "product")
order = pd.read_excel(r"c:\works\chapter05\식자재 주문.xlsx", sheet_name = "order")
product
```

	제품코드	제품명	단위	단가
0	100-1	참치	캔	2000
1	200-2	생수	개	1000
2	300-3	컵라면	개	800
3	400-3	컵밥	개	2500
4	500-1	마요네즈	그램	3000
5	600-1	케찹	그램	2500
6	700-1	식용유	리터	4000
7	800-2	음료수	병	1500
8	900-1	과자1	봉지	1500
9	950-1	과자2	봉지	2000

order

	대리점명	제품코드	주문수량
0	소망	200-2	200
1	소망	900-1	350
2	소망	400-3	200
3	희망	600-1	500
4	희망	800-2	150
5	자유	950-1	200
6	자유	100-1	100
7	자유	400-3	50
8	희망	200-2	80
9	희망	500-1	320

인덱스로 값 확인하기

핵심 함수 I map()

제품코드는 특정 위치의 문자나 숫자를 인덱스로 지정하여 제조일자, 지역, 상품군 등을 나타내기도 합니다. 이 인덱스를 원래의 값으로 변환하려면 엑셀에서는 choose( ) 함수를, 파이썬에서는 map( ) 함수를 이용합니다.

다음과 같이 제품코드의 마지막 자리 숫자가 제조공장의 지역을 나타내는 값일 때, right( ) 함수로 제품코드 중 일부를 추출한 후 choose( ) 함수로 인덱스에 대응하는 값을 지정합니다.

'product' 시트의 [E2] 셀에 **=CHOOSE(RIGHT(A2, 1), "청주", "대구", "광주")**를 입력하면 [A2] 셀에서 우측 숫자 1자리를 추출하여 그 값이 1일 경우 청주, 2일 경우 대구, 3일 경우 광주를 반환합니다.

	A	B	C	D	E	F	G	H
					fx	=CHOOSE(RIGHT(A2, 1), "청주", "대구", "광주")		
1	제품코드	제품명	단위	단가	공장			
2	100-1	참치	캔	2000	청주	=CHOOSE(RIGHT(A2, 1), "청주", "대구", "광주")		
3	200-2	생수	개	1000	대구			
4	300-3	컵라면	개	800	광주			
5	400-3	컵밥	개	2500	광주			
6	500-1	마요네즈	그램	3000	청주			
7	600-1	케찹	그램	2500	청주			
8	700-1	식용유	리터	4000	청주			
9	800-2	음료수	병	1500	대구			
10	900-1	과자1	봉지	1500	청주			
11	950-1	과자2	봉지	2000	청주			
12								

파이썬에서는 딕셔너리 자료형에 해당되는 Key와 Value를 미리 정의하고 map( ) 함수로 참조하면 엑셀의 choose( ) 함수와 동일한 기능을 구현할 수 있습니다. map( ) 함수는 두 번째 인자를 첫 번째 인자인 함수에 전달하여 그 결과를 반환하는데, 딕셔너리 자료형을 인자로 사용하는 경우 해당 Key에 연결된 Value를 반환합니다.

```
pd.map(function, iterable)      # 반복 가능한 자료형을 함수로 전달, 결과 반환
```

다음 예제에서는 Key와 Value로 구성된 딕셔너리 변수 mapping을 생성해 공장의 지역을 미리 지정했습니다. 그런 다음 제품코드의 오른쪽 끝자리를 추출해 map( ) 함수에 Key로 입력하면 mapping 변수에서 해당 Key에 연결된 Value를 반환하여 [공장] 열에 추가합니다.

```
product = pd.read_excel(r"c:\works\chapter05\식자재 주문.xlsx", sheet_name =
"product")
mapping = {"1":"청주", "2":"대구", "3":"광주"} # 딕셔너리 자료형으로 Key : Value 정의
product["공장"] = product["제품코드"].str[4].map(mapping)
                                      # 제품코드 마지막 값을 Key로 사용

product.head()
```

	제품코드	제품명	단위	단가	공장
0	100-1	참치	캔	2000	청주
1	200-2	생수	개	1000	대구
2	300-3	컵라면	개	800	광주
3	400-3	컵밥	개	2500	광주
4	500-1	마요네즈	그램	3000	청주

원하는 값 찾기

핵심 함수 | set_index()

다양한 데이터 속성을 저장하고 있는 데이터 프레임에서는 특정 위치에 해당하는 값을 참조하는 경우가 많이 있는데, 이때 대표적으로 엑셀의 vlookup( ) 함수를 많이 사용합니다. 파이썬에서는 set_index( ) 함수로 인덱스 열을 지정한 후 동일한 인덱스를 갖는 열의 값을 참조할 수 있습니다.

엑셀

vlookup( ) 함수는 실무에서 가장 많이 사용하는 필수 함수로, 반드시 숙지해야 합니다. 이 함수는 데이터 프레임의 제일 왼쪽에서 찾으려는 값을 검색한 뒤 동일한 행에 위치한 다른 값을 출력하는 기능을 합니다.

'order' 시트의 [D1:F1]에 **제품명**, **단가**, **주문금액**을 입력한 후 [D2] 셀에 **=VLOOKUP(B2, product!$A$2:$D$11, 2, 0)**를 입력하면 'order' 시트의 [B2] 셀에 있는 제품코드를 'product' 시트의 [A2:D11] 범위에서 찾아 해당 행의 두 번째 값인 제품명을 가져오라는 의미입니다. [E5] 셀의 **=VLOOKUP(B5, product!$A$2:$D$11, 4, 0)**도 마찬가지로 'order' 시트의 제품코드를 'product' 시트에서 찾아 해당 행의 네 번째 값인 단가를 가져오라는 뜻입니다. 마지막으로 주문금액을 계산하기 위해 [F2] 셀에 **=C2*E2**를 입력합니다.

'product' 시트   'order' 시트

데이터 프레임의 인덱스를 활용하면 다른 데이터 프레임에서 원하는 값을 찾을 수 있습니다. set_index( ) 함수로 데이터 프레임의 특정 열을 인덱스로 설정합니다. 두 개의 데이터 프레임 변수가 있을 때 같은 열을 인덱스로 설정하면 인덱스가 동일한 행을 참조하여 필요한 데이터를 가져올 수 있습니다.

```
pd.set_index("열 이름", inplace = True)  # 인덱스를 열로 설정하고 데이터 프레임에 반영
```

product에는 [제품코드], [제품명], [단위], [단가], [공장] 열이 있고 order에는 [대리점명], [제품코드], [주문수량] 열이 있을 때, 제품코드를 인덱스로 설정하면 제품코드가 동일한 행의 데이터를 서로 참조할 수 있습니다. 예를 들어 order에 제품명이 없어도 동일한 제품코드를 가진 product의 제품명을 추출해 올 수 있습니다.

다음은 product에서 [제품명], [단가] 열을 가져와 order에 추가하고 주문금액을 계산하는 예제입니다. 우선 set_index( ) 함수로 데이터 프레임인 product와 order의 인덱스를 제품코드로 동일하게 설정합니다. **order["제품명"] = product["제품명"]**은 동일한 인덱스를 갖고 있는 product의 제품명을 가져와 order에 추가하라는 의미입니다. 코드 실행 전후 order 데이터 프레임을 비교하면 인덱스가 0~9에서 제품코드로 변경된 것을 알 수 있습니다.

```
product = pd.read_excel(r"c:\works\chapter05\식자재 주문.xlsx", sheet_name =
"product")
order = pd.read_excel(r"c:\works\chapter05\식자재 주문.xlsx", sheet_name = "order")
product.set_index("제품코드", inplace=True)       # product["제품코드"]를 인덱스로 설정
order.set_index("제품코드", inplace=True)          # order["제품코드"]를 인덱스로 설정
order["제품명"] = product["제품명"]   # 동일 인덱스의 product["제품명"]을 order에 추가
order["단가"] = product["단가"]       # 동일 인덱스의 product["단가"]를 order에 추가
order["주문금액"] = order["주문수량"] * order["단가"]
                            # 주문금액을 계산하여 order에 추가

order
```

제품코드	대리점명	주문수량	제품명	단가	주문금액
200-2	소망	200	생수	1000	200000
900-1	소망	350	과자1	1500	525000
400-3	소망	200	컵밥	2500	500000
600-1	희망	500	케찹	2500	1250000
800-2	희망	150	음료수	1500	225000
950-1	자유	200	과자2	2000	400000
100-1	자유	100	참치	2000	200000
400-3	자유	50	컵밥	2500	125000
200-2	희망	80	생수	1000	80000
500-1	희망	320	마요네즈	3000	960000

NOTE 데이터 프레임 함수에서 inplace=True 속성을 자주 볼 수 있는데, 이것은 변경된 값을 해당 데이터 프레임에 저장하라는 의미입니다.

🔅 여기서 잠깐 ▶   인덱스 처음으로 리셋하기

인덱스를 제품코드가 아닌 기존으로 되돌리고자 할 때는 reset_index() 함수를 사용하면 됩니다. 앞서 변경한 order 데이터 프레임의 인덱스를 리셋하는 코드는 다음과 같습니다. 인덱스로 사용한 제품코드는 order의 첫 번째 열로 변경됩니다.

```
order.reset_index(inplace = True)    # order 데이터 프레임 인덱스 리셋
```

SECTION 5.3 논리 및 정보 함수

▶▶ 논리 함수는 조건에 따라 서로 다른 일을 수행하며, 정보 함수는 날짜나 시간을 표현하고 이것을 연산해서 기간을 구할 수 있는 기능을 제공합니다. 대표적인 논리 함수로는 조건문이 있으며, 엑셀과 파이썬 모두 사용 방법은 비슷합니다.

실습 데이터 불러오기

예제 파일 | chapter05\과일 주문.xlsx

논리 함수를 실습하기 위해 pandas 패키지를 불러오고, '과일 주문.xlsx' 파일을 데이터 프레임으로 불러오겠습니다. fruit 데이터 프레임은 [품목], [수량], [단가], [금액], [판매일자], [유통기한] 열과 10개의 행으로 구성되어 있습니다.

```
import pandas as pd      # pandas를 pd라는 이름으로 불러오기
# 논리 함수 실습을 위해 "과일 주문.xlsx" 파일을 불러와 fruit에 저장
fruit = pd.read_excel(r"c:\works\chapter05\과일 주문.xlsx", sheet_name = "Sheet1")
fruit
```

	품목	수량	단가	금액	판매일자	유통기한
0	사과	100	1500	150000	2023-09-05	2023-10-31
1	귤	500	500	250000	2023-09-12	2023-10-31
2	배	150	2000	300000	2023-10-09	2023-11-10
3	참외	250	1200	300000	2023-10-12	2023-11-10
4	한라봉	100	2500	250000	2023-11-10	2023-12-10
5	토마토	800	2000	1600000	2023-11-23	2023-12-10
6	포도	200	3500	700000	2023-12-17	2023-12-20
7	딸기	100	1200	120000	2023-12-18	2023-12-20
8	망고	200	3000	600000	2023-12-20	2023-12-31
9	수박	300	6000	1800000	2023-12-20	2023-12-31

조건 함수 사용하기

핵심 함수 | enumerate()

조건 함수는 주어진 조건식의 결과에 따라 별도의 작업을 수행하는 기능을 합니다. 엑셀에서는 if( ) 함수, 파이썬에서는 if 문과 for 문을 사용하며, 조건이 다양할 경우 if( ) 함수를 중첩해서 사용하거나 elif, else 문을 추가하여 사용하기도 합니다.

엑셀

다음은 금액에 따라 각각 지정한 금액을 입력하는 예제입니다. 실습 파일의 [G2] 셀에 **=IF(D2>= 200000, IF(D2>=500000, "50만 원 이상", "20만 원 이상"), "20만 원 미만")**을 입력하면 [D2] 셀의 값이 500000원 이상일 때 '50만 원 이상', 200000 이상일 때 '20만 원 이상', 그 외는 '20만 원 미만'인 결괏값을 구할 수 있습니다. 세 가지 조건에 따른 처리를 위해 if( ) 함수를 중첩해서 사용했습니다.

	A	B	C	D	E	F	G
1	품목	수량	단가	금액	판매일자	유통기한	비고
2	사과	100	1500	150000	2023-09-05	2023-10-31	20만 원 미만
3	귤	500	500	250000	2023-09-12	2023-10-31	20만 원 이상
4	배	150	2000	300000	2023-10-09	2023-11-10	20만 원 이상
5	참외	250	1200	300000	2023-10-12	2023-11-10	20만 원 이상
6	한라봉	100	2500	250000	2023-11-10	2023-12-10	20만 원 이상
7	토마토	800	2000	1600000	2023-11-23	2023-12-10	50만 원 이상
8	포도	200	3500	700000	2023-12-17	2023-12-20	50만 원 이상
9	딸기	100	1200	120000	2023-12-18	2023-12-20	20만 원 미만
10	망고	200	3000	600000	2023-12-20	2023-12-31	50만 원 이상
11	수박	300	6000	1800000	2023-12-20	2023-12-31	50만 원 이상

G2 셀 수식: `=IF(D2>=200000, IF(D2>500000, "50만 원 이상", "20만 원 이상"), "20만 원 미만")`

=IF(D2)=200000, IF(D2)=500000, "50만 원 이상", "20만 원 이상"), "20만 원 미만")

파이썬

파이썬에서 데이터 프레임 내 값을 불러와서 조건을 판단한 후 특정 위치의 값을 변경하려면 for 문과 if 문을 사용할 수 있습니다.

for 문에 enumerate( ) 함수를 같이 사용하면 데이터 프레임에 있는 자료를 인덱스와 함께 하나씩 불러올 수 있으며, if 문으로 조건을 판단한 후 loc[ ] 함수를 이용해 특정 위치의 값을 변경할 수 있습니다. loc[ ] 함수를 이용하면 변수명 또는 인덱스로 행과 열을 선택하거나 범위를 지정할 수 있으며 해당 위치의 값도 변경할 수 있습니다.

```
if ~ elif ~ else      # 조건에 따라 코드 실행
enumerate(변수)       # 변수 내 값과 인덱스를 반환
```

다음은 파이썬 조건 함수를 사용한 예제입니다. 우선 [비고] 열을 생성하고 for 문과 enumerate( ) 함수를 이용해 [금액] 열의 값을 인덱스와 함께 하나씩 불러와 인덱스는 idx에, 금액은 x에 저장합니다. if ~ elif ~ else 문을 이용해 x값이 50만 원 이상, 20만 원 이상, 20만 원 미만인지 판단한 후 idx 행 위치에 각각 '50만 원 이상', '20만 원 이상', '20만 원 미만'을 저장합니다.

```
fruit = pd.read_excel(r"c:\works\chapter05\과일 주문.xlsx", sheet_name = "Sheet1")
fruit["비고"] = ""        # [비고] 열 생성
for idx, x in enumerate(fruit["금액"]): # [금액] 열 값과 인덱스를 하나씩 반환
    if x >= 500000:    # x값(금액)이 500000 이상이면, [비고] 열에 "50만 원 이상" 저장
        fruit["비고"].loc[idx] = "50만 원 이상"
    elif x >= 200000:  # x값(금액)이 200000 이상이면, [비고] 열에 "20만 원 이상" 저장
        fruit["비고"].loc[idx] = "20만 원 이상"
    else:              # x값(금액)이 200000 미만이면, [비고] 열에 "20만 원 미만" 저장
        fruit["비고"].loc[idx] = "20만 원 미만"
fruit.head(6)          # fruit 출력
```

	품목	수량	단가	금액	판매일자	유통기한	비고
0	사과	100	1500	150000	2023-09-05	2023-10-31	20만 원 미만
1	귤	500	500	250000	2023-09-12	2023-10-31	20만 원 이상
2	배	150	2000	300000	2023-10-09	2023-11-10	20만 원 이상
3	참외	250	1200	300000	2023-10-12	2023-11-10	20만 원 이상
4	한라봉	100	2500	250000	2023-11-10	2023-12-10	20만 원 이상
5	토마토	800	2000	1600000	2023-11-23	2023-12-10	50만 원 이상

NOTE 코드 실행 결과가 정상적으로 나오지만 간혹 warning 메시지가 먼저 출력될 때가 있습니다. 이 경우 오류는 아니지만 비정상적인 코드 사용이나 사용하는 패키지의 버전 문제일 수 있습니다.

날짜 및 시간 함수   핵심 함수 | datetime(), datetime.now()

날짜 및 시간을 연산하거나 표기 방법을 바꾸기 위해 엑셀에서는 today( ), year( ), month( ), day( ) 함수를, 파이썬에서는 datetime.now( ) 함수를 사용할 수 있습니다.

날짜 데이터에서 연, 월, 일만 추출하려면 year( ), month( ), day( ) 함수를 이용하며 오늘 날짜를 구하려면 today( ) 함수를 사용합니다. 두 날짜 간의 차는 **=DATEDIF(셀, 셀, "인자")** 형식을 사용하며, 인자는 연 단위를 **Y**, 월 단위를 **M**, 일 단위를 **D**로 지정합니다.

다음 그림과 같이 [G2] 셀에 **=DAY(E2)**를 입력하면 판매일을 추출할 수 있으며, [H2] 셀에 **=TODAY( )**를 입력하면 오늘 날짜를 구할 수 있습니다. [I2] 셀에 **=DATEDIF(F2, H2, "D")**를 입력하면 유통기한과 오늘 날짜의 차이를 이용해 유통기한 경과일수를 계산할 수 있습니다.

	A	B	C	D	E	F	G	H	I	J
1	품목	수량	단가	금액	판매일자	유통기한	판매일	오늘날짜	유통기한 경과일수	
2	사과	100	1500	150000	2023-09-05	2023-10-31	5	2024-07-08	251	
3	귤	500	500	250000	2023-09-12		12			
4	배	150	2000	300000	2023-10-09	=DAY(E2)	=TODAY()	=DATEDIF(F2, H2, "D")		
5	참외	250	1200	300000	2023-10-12	2023-11-10	12	2024-07-08	241	
6	한라봉	100	2500	250000	2023-11-10	2023-12-10	10	2024-07-08	211	
7	토마토	800	2000	1600000	2023-11-23	2023-12-10	23	2024-07-08	211	
8	포도	200	3500	700000	2023-12-17	2023-12-20	17	2024-07-08	201	
9	딸기	100	1200	120000	2023-12-18	2023-12-20	18	2024-07-08	201	
10	망고	200	3000	600000	2023-12-20	2023-12-31	20	2024-07-08	190	
11	수박	300	6000	1800000	2023-12-20	2023-12-31	20	2024-07-08	190	
12										

pandas 패키지는 날짜 연산에 필요한 함수를 제공하는데, 날짜를 출력하거나 계산하려면 먼저 자료형을 날짜형으로 변경해야 합니다. 날짜형 포맷으로는 출력 시 사용하는 datetime 자료형, 날짜 계산 시 사용하는 timedelta 자료형이 있습니다.

```
pd.to_datetime()        # 문자열 데이터를 날짜형 데이터로 변환
pd.dt.day               # datetime 자료형에서 일자만 출력
pd.dt.days              # timedelta 자료형에서 일자만 출력
pd.datetime.now()       # 오늘 날짜 출력
```

다음은 pandas 패키지의 날짜 함수를 이용하는 예제입니다. datetime( ) 함수로 [판매일자] 열의 문자열을 날짜형으로 변환하고, dt.day 멤버변수를 붙여 일자만 추출한 후 [판매일] 열을 생성합니다. datetime.now( ) 함수로 [오늘 날짜] 열을 생성하고, 오늘 날짜와 유통기한의 차이를 구한 후 [유통기한 경과일수] 열을 생성합니다. 날짜 간 차이를 계산할 때 자료형이 datetime에서 timedelta로 변환되므로 timedelta에서 일자만 출력하기 위해 dt.days 멤버변수를 사용합니다.

```
fruit = pd.read_excel(r"c:\works\chapter05\과일 주문.xlsx", sheet_name = "Sheet1")
pd.to_datetime(fruit["판매일자"])                    # 날짜형으로 변환
pd.to_datetime(fruit["유통기한"])
fruit["판매일"] = fruit["판매일자"].dt.day            # datetime 자료형에서 일자만 출력
fruit["오늘 날짜"] = datetime.Timestamp.now()        # [오늘 날짜] 열 생성
fruit["유통기한 경과일수"] = (fruit["오늘 날짜"] - fruit["유통기한"]).dt.days
fruit.head()
```

	품목	수량	단가	금액	판매일자	유통기한	판매일	오늘 날짜	유통기한 경과일수
0	사과	100	1500	150000	2023-09-05	2023-10-31	5	2024-07-08 18:51:02.311742	251
1	귤	500	500	250000	2023-09-12	2023-10-31	12	2024-07-08 18:51:02.311742	251
2	배	150	2000	300000	2023-10-09	2023-11-10	9	2024-07-08 18:51:02.311742	241
3	참외	250	1200	300000	2023-10-12	2023-11-10	12	2024-07-08 18:51:02.311742	241
4	한라봉	100	2500	250000	2023-11-10	2023-12-10	10	2024-07-08 18:51:02.311742	211

좀 더 알아보기 | **날짜 패키지 datetime**

pandas 패키지에서 제공하는 날짜 함수 외에도 datetime 패키지를 활용하면 다양한 날짜 연산을 할 수 있습니다.
다음은 현재 날짜에서 연, 월, 일을 분리하여 출력하는 예제입니다.

```
from datetime import datetime       # datetime 패키지 import
today = datetime.now()              # 현재 날짜 시간을 today 변수에 저장
print(today.year)                   # today 변수에서 연 데이터만 출력
print(today.month)                  # today 변수에서 월 데이터만 출력
print(today.day)                    # today 변수에서 일 데이터만 출력
```

```
2024
5
10
```

다음과 같이 2개의 날짜 데이터에서 일, 초, 시간 차이를 계산할 수도 있습니다. 시간 계산은 초를 구한 후 3,600으로 나누면 됩니다.

```python
time1 = datetime(2024, 2, 1, 15, 30, 1)      # time1에 임의의 날짜 데이터 저장
time2 = datetime.now()                        # time2에 현재 날짜/시간 저장
print((time2 - time1).days, "일")             # 두 변수 간 일 차이 출력
print((time2 - time1).seconds, "초")          # 두 변수 간 초 단위 차이 출력
print((time2 - time1).seconds / 3600, "시간") # 두 변수 간 시간 단위 차이 출력
```

151 일
65526 초
18.201666666666668 시간

마무리

- 엑셀의 필터 기능을 파이썬에서는 loc[ ] 또는 loc.isin( ) 함수를 이용하여 구현합니다.

- sort_values( ) 함수로 데이터 프레임의 데이터를 특정 열 기준으로 정렬할 수 있습니다.

- sort_index( ) 함수로 데이터 프레임의 인덱스를 기준으로 데이터를 정렬할 수 있습니다.

- duplicated( ) 함수로 데이터 프레임에서 중복된 행을 True 또는 False로 출력할 수 있습니다.

- drop_duplicates( ) 함수로 데이터 프레임에서 중복된 행을 제거할 수 있습니다.

- map( ) 함수는 딕셔너리 자료형과 같이 인자를 두 개 이상 받아 해당하는 값을 반환합니다.

- 여러 데이터 프레임의 동일한 열을 인덱스로 설정하면 set_index( ) 함수로 다른 데이터 프레임의 값을 참조하여 필요한 데이터를 가져올 수 있습니다.

- for 문에 enumerate( ) 함수를 같이 사용하면 데이터 프레임에 있는 자료를 인덱스와 함께 하나씩 불러올 수 있습니다.

- datetime.now( ) 함수를 통해 현재 날짜와 시간을 확인할 수 있습니다.

## CHAPTER 06

그래프 함수로
시각화하기

▶▶▶

데이터 분석에서 시각화는 데이터의 전체 분포와 성격을 한눈에 파악할 수 있도록 도와주는 매우 중요한 역할을 합니다. 또한 단순히 데이터 분석 결과 제공에 그치는 것이 아니라 사용자가 다양한 관점에서 인사이트를 얻을 수 있도록 도와줍니다. Chapter 06에서는 파이썬 함수로 기본 그래프를 작성하는 방법에 대해 알아보겠습니다.

SECTION 6.1

matplotlib으로
그래프 그리기

▶▶ 데이터를 분석한 결과를 효율적으로 표현하기 위해서는 데이터 유형 및 사용 목적에 맞는 그래프 선택이 중요합니다. 파이썬은 그래프를 그릴 수 있는 다양한 패키지를 제공하는데, 우선 가장 많이 사용하는 matplotlib 패키지를 활용하여 그래프를 작성해 보겠습니다.

matplotlib 그래프 종류

예제 파일 | chapter06\그래프 실습1.xlsx

matplotlib 그래프의 종류로는 시간의 흐름 및 항목별 빈도를 표현할 수 있는 막대 그래프, 두 데이터의 관계를 표현하는 선 그래프, 데이터의 분포를 시각화할 수 있는 원 그래프, 데이터 구간별 분포를 파악할 수 있는 히스토그램, 항목별 분포를 비교하며 이상치를 파악할 수 있는 상자 수염 그래프 등이 있습니다.

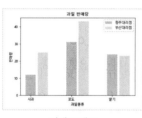
막대 그래프

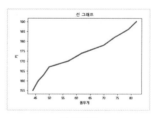
선 그래프

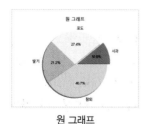
원 그래프

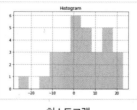
히스토그램

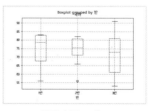
상자 수염 그래프

그래프 종류

NOTE 이상치란 데이터 분포에서 비정상적인 극단값, 즉 다른 데이터보다 아주 크거나 작은 값을 말합니다. 이상치는 데이터 분석에 영향을 미치기 때문에 적절하게 처리해야 합니다.

**여기서 잠깐 ▶**   **파이썬의 그래프 패키지 종류**

파이썬에서는 그래프를 그릴 때 matplotlib 패키지 함수를 가장 많이 사용합니다. 또한, 데이터 프레임 내 데이터를 요약하거나 전처리한 후 그래프를 그리기 위해 pandas에서 제공하는 그래프 함수를 사용하기도 합니다. 다양한 색상 테마와 통계 기능을 추가할 수 있는 seaborn 패키지도 있습니다.

패키지	설명
matplotlib	다양한 형태의 그래프 함수 및 서식 편집 기능 제공
pandas	데이터 프레임 내 데이터를 요약, 전처리 후 그래프를 그릴 수 있는 함수 제공
seaborn	색상 테마와 통계 등을 추가하여 그래프를 그릴 수 있는 기능 제공

그래프를 그리기 위해 먼저 matplotlib 패키지를 설치합니다. 주피터 노트북에 다음과 같이 입력합니다.

```
!pip install matplotlib
```

그래프 함수는 matplotlib의 하위에 있는 pyplot 모듈에 있으며, plt라는 이름으로 불러옵니다. 그래프의 제목이나 범례에 한글을 사용하려면 다음과 같이 폰트를 지정해야 합니다.

```
import matplotlib.pyplot as plt    # matplotlib을 plt라는 이름으로 불러오기
plt.rcParams["font.family"] = "Malgun Gothic"    # 그래프에서 한글 폰트 깨짐 방지
```

NOTE 맥 OS의 경우 **plt.rc("font", family = "AppleGothic")**과 같이 폰트를 지정하면 됩니다.

그래프 함수의 종류는 다음 표에 정리해 두었으며, 자세한 사용법은 실습을 통해 알아보겠습니다.

그래프 함수 종류

그래프 함수	설명
plot	선 그래프
scatter	산점도
bar	수직 막대 그래프
barh	수평 막대 그래프
pie	원 그래프
hist	히스토그램
boxplot	상자 수염 그래프

matplotlib에는 다음과 같이 그래프의 서식을 설정하는 다양한 옵션이 있습니다.

그래프 옵션

옵션	정의	예시
xlim, ylim	x축, y축 범위	plt.xlim(−1, 1) # x축 범위를 −1에서 1까지 지정
grid	격자 눈금	plt.grid(True) # 격자 생성
legend	범례 위치 지정 1: 우측 위, 2: 좌측 위 3: 좌측 아래, 4: 우측 아래 6: 좌측 중앙, 7: 우측 중앙 8: 하측 중앙, 9: 상측 중앙	plt.legend(2) # 좌측 상단에 범례 위치
xlabel, ylabel	x축, y축 타이틀	plt.xlabel("시간") # x축 제목을 "시간"으로 설정
title	그래프 제목	plt.title("월간매출") # 그래프 제목을 "월간매출"로 설정
xticks, yticks	x축, y축 눈금 조정	−

엑셀에서 그래프를 그리기 위해 사용할 예제 파일은 '그래프 실습1.xlsx'입니다. 이 파일 하나로 여러 그래프를 그리는 연습을 하겠습니다. 파이썬에서는 코드로 직접 데이터를 만들어서 사용하겠습니다. 여기서는 기본 차트 위주로 살펴볼 테니 다양한 차트 영역 서식은 별도의 교재를 통해 학습하기 바랍니다.

선 그래프

핵심 함수 | plot()

선 그래프는 x, y축 두 변수의 관계를 선으로 연결하여 표현합니다. 시간에 따른 데이터의 변화 또는 x, y축 데이터의 관계 등을 한눈에 볼 수 있습니다. 엑셀에서는 [분산형(x, y) 또는 거품형 차트 삽입]을, 파이썬에서는 plot( ) 함수를 사용합니다.

엑셀

'그래프 실습1.xlsx' 파일의 '1. 선 그래프' 시트에서 [A3:B12] 범위를 선택한 후 [삽입] − [차트]에서 분산형(x, y) 또는 거품형 차트 삽입(📊)을 클릭합니다. 여러 유형의 분산형 그래프 중 [곡선이 있는 분산형] 그래프를 선택합니다. x, y축 데이터 범위를 조정하려면 그래프 축을 클릭한 후 [축 서식] 패널의 [축 옵션]에서 최솟값, 최댓값을 조정합니다.

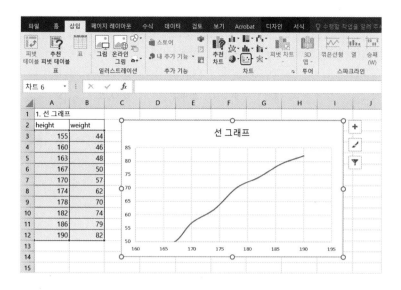

plot( ) 함수로 선 그래프를 그릴 수 있으며 속성으로는 x축 데이터, y축 데이터, 색상, 선 두께를 지정할 수 있습니다.

```
plt(x, y, color, lw)  # x = x축 데이터, y = y축 데이터, color = 색상, lw = 선 두께
```

여기서 잠깐 ▶   **선 종류 지정하기**

plot( ) 함수 속성인 linestyle을 지정하면 선 종류를 변경할 수 있습니다.

```
plt.plot([1,10], [1,1], linestyle = "solid")      # 실선(line)
plt.plot([1,10], [2,2], linestyle = "dashed")     # 파선(dash)
plt.plot([1,10], [3,3], linestyle = "dashdot")    # 쇄선(dashdot)
plt.plot([1,10], [4,4], linestyle = "dotted")     # 점선(dot)
```

다음은 키, 몸무게 데이터를 활용해 선 그래프를 그리는 예제입니다. plot( ) 함수의 속성으로 weight는 x축 데이터를, height는 y축 데이터를 사용했습니다. 또한 color는 빨간색, lw는 3으로 선 색상과 두께를 지정했습니다.

```
# 선 그래프 그리기
height = [155, 160, 163, 167, 170, 174, 178, 182, 186, 190]      # 키 데이터
weight = [44, 46, 48, 50, 57, 62, 70, 74, 79, 82]                # 몸무게 데이터
plt.title("선 그래프")                                            # 제목
plt.xlabel("몸무게")                                              # x축 제목
plt.ylabel("키")                                                 # y축 제목
plt.plot(weight, height, color = "red", lw = 3)      # 그래프 그리기, 빨간색, 선 두께 3
plt.show()                                                        # 그래프 출력
```

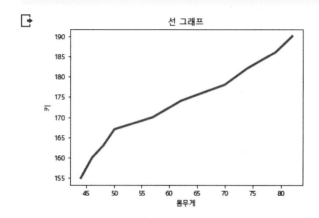

좀 더 알아보기 **산점도 그리기**

산점도는 모든 데이터를 포인트로 표시해 관련성 여부를 시각적으로 판단할 수 있기 때문에 두 변수의 관계를 알아볼 때 유용합니다. 파이썬에서는 scatter() 함수를 사용합니다.

다음은 키와 몸무게 데이터를 활용해 산점도를 그리는 예제입니다. scatter() 함수의 속성으로 x축 데이터는 weight, y축 데이터는 height를 사용했습니다.

```
height = [155, 160, 163, 167, 170, 174, 178, 182, 186, 190]      # 키 데이터
weight = [44, 46, 48, 50, 57, 62, 70, 74, 79, 82]                # 몸무게 데이터
plt.title("스캐터 플랏")                                          # 제목
plt.xlabel("몸무게")                                              # x축 제목
plt.ylabel("키")                                                 # y축 제목
plt.scatter(weight, height)                                       # 스캐터 플랏 그리기
plt.show()                                                        # 그래프 출력
```

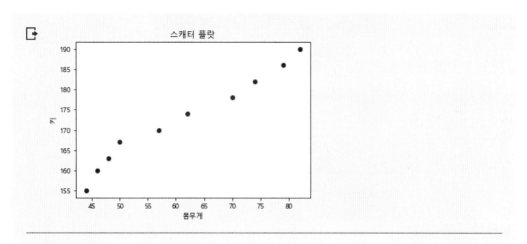

scatter( ) 함수의 marker 속성으로 사각형(s), 삼각형(^), 엑스(x), 원(o), 별표(*) 등을 사용할 수도 있습니다. 예를 들어 plt.scatter( ) 안에 **marker = "^"**를 입력하면 데이터의 분포가 삼각형으로 출력됩니다.

막대 그래프

막대 그래프는 주로 여러 범주의 데이터 빈도를 표현하고 비교하기 위해 사용합니다. 엑셀에서는 [세로 또는 가로 막대형 차트 삽입]을, 파이썬에서는 bar( ) 함수를 사용합니다.

엑셀

'그래프 실습1.xlsx' 파일의 '2. 막대 그래프' 시트에서 [A2:C3] 범위를 선택한 후 [삽입] – [차트]에서 세로 또는 가로 막대형 차트 삽입(📊)을 클릭합니다. 여러 유형의 막대 그래프에서 [2차원 세로 막대형] 중 하나를 선택하면 막대 그래프가 출력됩니다. 차트 제목, 축 서식, 데이터 계열 서식 등을 지정하여 그래프를 꾸밀 수 있습니다.

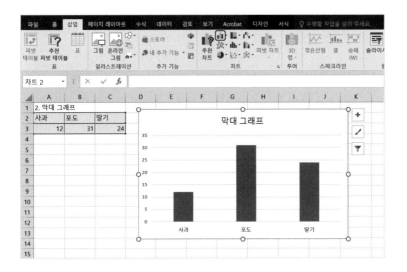

bar( ) 함수로 막대 그래프를 그릴 수 있으며 범주, 그래프 높이, 폭, 색상 등을 옵션으로 지정할 수 있습니다.

```
plt.bar(x, y, width, color)  # x = 범주, y = 그래프 높이, width = 그래프 폭, color = 색상
```

다음은 과일 종류 x와 생산량 y를 막대 그래프로 표현하는 예제입니다. ylim( )을 생략하면 y축 범위는 데이터의 분포를 잘 표현할 수 있는 범위로 자동 설정됩니다. 그래프 설정이 완료되면 show( ) 함수로 그래프를 출력합니다.

```
# 막대 그래프 그리기
x = ["사과", "포도", "딸기"]        # 항목 데이터
y = [12, 31, 24]                 # 빈도(크기) 데이터
plt.title("과일 생산량")          # 그래프 제목
plt.bar(x, y, color = "lightblue", width = 0.5)
                                 # 색상은 밝은 파랑, 그래프 폭은 0.5로 지정
plt.xlabel("과일 종류")           # x축 제목
plt.ylabel("판매량")              # y축 제목
plt.ylim(0, 40)                  # y축 범위 지정
plt.show()                       # 그래프 출력
```

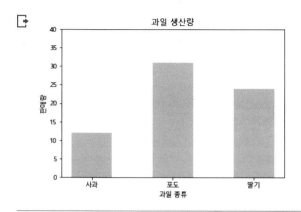

NOTE 색상은 영문으로 표기하거나 RGB 형태의 16진수로 표기합니다. plt.bar( ) 안에 color= "#FF00FF"라고 표기하면 보라색 막대 그래프를 출력합니다.

원 그래프

핵심 함수 | pie( )

원 그래프는 부분과 전체, 부분과 부분 간 비율을 시각화하는 데 적합한 방법입니다. 엑셀에서는 [원형 또는 도넛형 차트 삽입]으로, 파이썬에서는 pie( ) 함수로 원 그래프를 그릴 수 있습니다.

엑셀

'그래프 실습1.xlsx' 파일의 '3. 원 그래프' 시트에서 [A2:D3] 범위를 선택하고 [삽입] - [차트]에서 원형 또는 도넛형 차트 삽입(●)을 클릭해 [2차원 원형] 중 하나를 선택하면 원 그래프가 출력됩니다. [차트 도구] - [디자인] - [차트 스타일]에서 목적에 맞는 디자인을 선택할 수 있습니다.

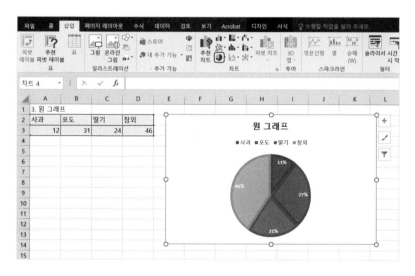

NOTE [차트 도구] 메뉴는 엑셀 2016 버전 이후부터 등장합니다.

pie( ) 함수로 원 그래프를 그릴 수 있으며, 파이 조각에 해당하는 수치 데이터와 항목, 파이 조각의 백분율 표시 여부, 색상 등을 지정할 수 있습니다.

```
plt.pie(y, labels, autopct, colors, shadow)  # y = 데이터, labels = 항목,
         # autopct = 파이 조각 백분율, colors = 파이 조각의 색상, shadow = 그림자 효과
```

다음은 과일 판매량을 원 그래프로 그리는 예제입니다. x는 과일 종류, y는 판매량으로 원 그래프에서는 비율로 변환됩니다. pie( ) 함수에서 비율을 나타내는 autopct 속성을 **"%1.1f%%"**로 설정하면 항목별 비율을 소수점 첫째 자리까지 표시합니다. 출력 포맷에 대한 자세한 내용은 Chapter 02의 38쪽 '문자열 포맷팅'을 참고하기 바랍니다.

```
# 원 그래프 그리기
x = ["사과", "포도", "딸기", "참외"]                    # 항목 데이터
y = [12, 31, 24, 46]                                 # 비율 데이터
colors = ["coral", "cornsilk", "pink", "aqua"]       # 항목별 색상 지정
plt.title("원 그래프")                                 # 파이 차트 제목
plt.pie(y, labels = x, autopct = "%1.1f%%", colors = colors, shadow = True)
                                                     # 그래프 설정

plt.show()                                           # 그래프 출력
```

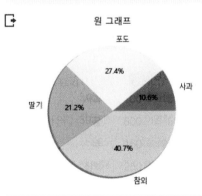

explode 속성으로 원하는 조각만 분리하여 출력하기

원 그래프에서 pie( ) 함수의 explode 속성을 사용하면 강조하려는 pie를 일정 크기만큼 분리하여 표현할 수 있습니다. 예를 들어 explode 속성값을 (0.1, 0, 0, 0)으로 입력하면 첫 번째 값인 사과 조각이 0.1 크기만큼 분리됩니다.

```
x = ["사과", "포도", "딸기", "참외"]                    # 항목 데이터
y = [12, 31, 24, 46]                                  # 비율 데이터
colors = ["coral", "cornsilk", "pink", "aqua"]        # 항목별 색상 지정
plt.title("원 그래프")                                 # 파이 차트 제목
plt.pie(y, labels = x, autopct = "%1.1f%%", colors = colors, explode =
(0.1, 0, 0, 0), shadow = True)                        # 그래프 설정
plt.show()                                            # 그래프 출력
```

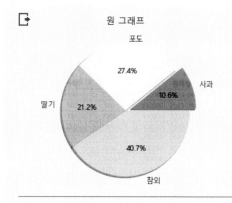

히스토그램

히스토그램은 데이터의 관계를 표현하거나 데이터의 분포를 파악할 때 유용한 그래프입니다. 도수분포표의 각 계급을 가로축에, 각 계급별 빈도수를 세로축에 직사각형으로 표현합니다. 엑셀에서는 [통계 차트 삽입]으로, 파이썬에서는 hist( ) 함수로 히스토그램을 그릴 수 있습니다.

엑셀

'그래프 실습1.xlsx' 파일의 '4. 히스토그램' 시트에서 [A2:AD2] 범위를 드래그하여 30개 데이터를 선택하고 [삽입] – [차트]에서 통계 차트 삽입(📊)을 클릭한 후 원하는 히스토그램을 선택합니다. [차트 도구] – [디자인] – [차트 스타일]에서 목적에 맞는 디자인을 선택할 수 있습니다.

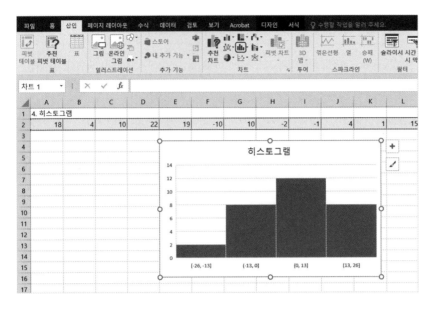

NOTE 히스토그램 차트는 엑셀 2016 버전부터 추가되었습니다.

파이썬

hist( ) 함수로 히스토그램을 그릴 수 있으며, 속성값인 x에 히스토그램을 그릴 데이터를 입력하고 bins에는 계급구간 수를 입력합니다.

```
plt.hist(x, bins, color)    # x = 데이터, bins = 계급구간 수, color = 히스토그램 색상
```

다음 예제에서는 히스토그램을 그릴 데이터를 리스트 변수 x에 저장했습니다. grid( ) 함수는 그래프에 격자를 표시하고, hist( ) 함수의 속성인 bins 값을 10으로 설정하여 히스토그램의 계급 구간폭을 조정했습니다.

```
# 히스토그램 그리기
x = [18, 4, 10, 22, 19, -10, 10, -2, -1, 4, 1, 15, 8, 1, 4, 3, 15, -2, 3, -9, -26,
7, 9, -7, 23, -15, 0, -2, 15, 15]
plt.title("Histogram")      # 그래프 제목 지정
plt.grid(True)              # 격자 출력
plt.hist(x, bins = 10, color = "lightgreen")
                            # 히스토그램 설정, 계급 구간을 10으로 지정
plt.show()                  # 그래프 출력
```

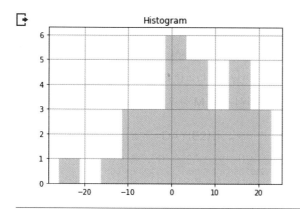

폰트 설정으로 인한 Warning이 발생할 수 있습니다.

상자 수염 그래프

상자 수염 그래프는 연속형 변수에 대해 분포 형태, 퍼짐 정도, 이상치 여부 등을 시각화하고 하나의 그룹 혹은 여러 그룹을 비교하는 데 유용하게 사용합니다.

다음 그림과 같이 상자 수염 그래프는 연속형 변수에 대해 최솟값(min), 제1사분위수(Q1), 중앙값 (Q2, median), 제3사분위수(Q3), 최댓값(max)의 요약 통계량을 활용하여 시각화합니다. 박스 하단은 제1사분위수, 박스 상단은 제3사분위수이며, 박스 중앙선은 중앙값을 나타냅니다. 상, 하단 꼬리를 벗어나는 값은 이상치라고 합니다.

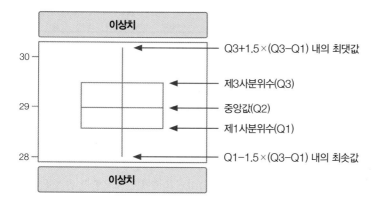

엑셀

'그래프 실습1.xlsx' 파일의 '5. 상자 수염 그래프' 시트에서 [A2:A13] 범위를 선택하고 [삽입] − [차트]에서 통계 차트 삽입(📊)을 클릭한 후 [상자 수염 그림]을 선택합니다.

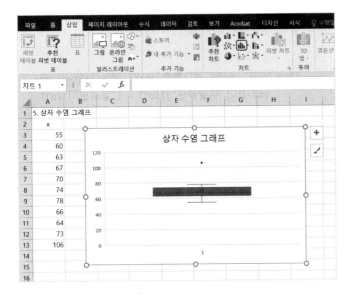

파이썬

boxplot( ) 함수의 속성으로 x는 데이터, sym은 이상치를 표시하는 기호를 입력해 줍니다. sym 속성은 2개 문자로 구성되는데 첫 번째 문자는 색상 약어, 두 번째 문자는 표시할 기호를 의미합니다. 즉 **sym = "rs"**라고 지정하면 빨간색(red), 사각형(square)으로 이상치를 나타낸다는 뜻입니다. vert의 기본값은 1로, **vert = 1**이면 상자 수염 그래프를 수직으로, **vert = 0**이면 수평으로 그려 줍니다.

```
# x = 데이터, sym = 이상치 표시, vert = 수직/수평 박스 플랏
plt.boxplot(x, sym, vert)
```

다음은 x 데이터를 활용하여 상자 수염 그래프를 그린 것으로, **sym = "bo"**를 입력하여 이상치를 파란색 원으로 표시했습니다. 그래프 상단에 이상치인 파란색 원이 나타나는데, 이는 일반적인 값보다 편차가 큰 값으로 데이터를 분석할 때 발생 원인을 확인한 후 제거하거나 그대로 사용할 수 있습니다.

```
# 상자 수염 그래프 그리기
x = [55, 60, 63, 67, 70, 74, 78, 66, 64, 73, 106]
plt.boxplot(x, sym = "bo", vert = 1)
plt.show()     # 그래프 출력
```

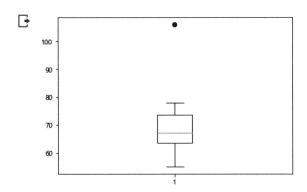

좀 더 알아보기   산점도와 선 그래프 함께 그리기

산점도와 선 그래프를 함께 그리면 두 변수의 관계를 좀 더 시각적으로 표현할 수 있습니다. plot(), scatter() 함수를 동시에 사용하면 앞서 활용한 키와 몸무게 데이터의 그래프를 다음과 같이 그릴 수 있습니다.

```python
# 산점도와 선 그래프 함께 그리기
height = [155, 160, 163, 167, 170, 174, 178, 182, 186, 190]    # 키 데이터
weight = [44, 46, 48, 50, 57, 62, 70, 74, 79, 82]         # 몸무게 데이터
plt.title("선 그래프")                      # 제목
plt.xlabel("몸무게")                       # x축 제목
plt.ylabel("키")                        # y축 제목
plt.plot(weight, height, color = "blue", lw = 1)   # 선 그래프, 파란색, 선 두께 1
plt.scatter(weight, height, color = "red", s = 100)  # 산점도, 빨간색, 크기 100
plt.show()
```

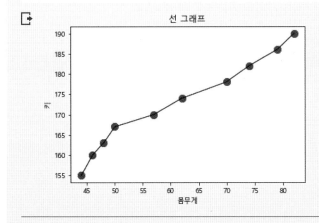

pandas로 그래프 그리기

▶ ▶ 데이터 시각화를 위해 matplotlib 외에 pandas의 그래프 기능을 이용할 수도 있습니다. 이번에는
pandas의 시각화 함수를 이용하여 막대 그래프, 선 그래프, 원 그래프, 히스토그램, 상자 수염 그래프
등을 그려 보겠습니다.

pandas 그래프 종류

pandas 그래프는 matplotlib을 기반으로 개발되었습니다. pandas로 그래프를 그리려면 데이터
프레임 변수명 다음에 plot() 함수와 그래프 종류를 나타내는 함수를 추가하거나, plot() 함수 내
kind 옵션으로 그래프 종류를 지정합니다.

```
pd.plot.그래프_함수(x, y, ...)
pd.plot(x, y, kind = "그래프_종류", ...)
```

pandas로 그릴 수 있는 그래프의 종류는 다음과 같습니다. 함수 내 옵션은 matplotlib과 유사하며,
plot() 함수만 사용하면 기본 선 그래프가 그려집니다.

pandas 그래프 종류

그래프 종류	설명
bar	수직 막대 그래프
barh	수평 막대 그래프
scatter	산점도
pie	원 그래프
hist	히스토그램
boxplot	상자 수염 그래프

실습 데이터 불러오기

예제 파일 | chapter06\그래프 실습2.xlsx

pandas 그래프 실습을 위해 pandas 패키지를 불러오고, '그래프 실습2.xlsx' 파일을 데이터 프레임으로 불러오겠습니다. '그래프 실습2.xlsx' 파일은 반, 성명, 5개 과목 열과 30행 데이터로 구성되어 있습니다.

```python
import pandas as pd                              # pandas 불러오기
import matplotlib.pyplot as plt                  # matplotlib 불러오기

plt.rcParams["font.family"] = "Malgun Gothic"    # 그래프에서 한글 폰트 깨짐 방지
graph = pd.read_excel(r"c:\works\chapter06\그래프 실습2.xlsx", sheet_name = "Sheet1")
graph.head(10)    # 총 30행으로 구성, 상위 10행만 출력
```

	반	성명	국어	영어	수학	사회	과학
0	1반	홍길동	82	80	94	23	64
1	2반	백일홍	76	63	76	84	56
2	3반	이삼상	75	74	86	90	61
3	1반	정말로	83	55	64	90	65
4	2반	한번도	82	95	66	75	60
5	3반	이철수	53	65	59	88	69
6	1반	김영자	66	71	32	84	57
7	2반	다니엘	81	54	95	71	48
8	3반	이미로	59	69	75	90	52
9	1반	신성삼	64	66	59	91	49

선 그래프

핵심 함수 | plot()

plot() 함수로 데이터 프레임에 선 그래프를 그릴 수 있습니다. 함수 내 속성은 matplotlib에서 사용하는 속성과 동일합니다.

```python
# y = y축 데이터, grid = 격자, title = 제목, color = 색상
pd.plot(y, grid, title, color, ....)
```

graph 데이터 프레임에 plot( ) 함수를 추가하면 바로 선 그래프를 그릴 수 있습니다. 선 그래프의 x
축은 데이터 프레임의 인덱스로 자동 지정되며, 속성에 **y = ["국어", "영어"]**를 설정하여 y축 데이터
를 [국어], [영어] 열로 설정했습니다. **color = ["green", "red"]**는 [국어] 열을 초록색으로 [영어] 열
을 빨간색으로 설정한 것입니다.

```
# 국어, 영어 열을 선택하여 선 그래프 그리기
graph.plot(y = ["국어", "영어"], grid = True, title = "선 그래프", color = ["green",
"red"])
plt.show()
```

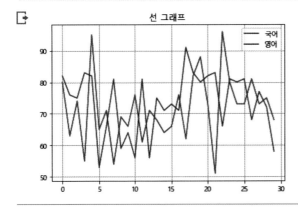

좀 더 알아보기 **산점도 그리기**

pandas로도 산점도를 그릴 수 있습니다. 특히 데이터 프레임을 산점도로 그리면 여러 데이터 열의 분포를 비교할
수 있어 매우 유용합니다. plot.scatter( ) 함수를 사용하며, 속성에는 x축 데이터, y축 데이터, 색상, 차트 제목 등이
있습니다.

다음 예제는 x축에 범주형 데이터인 [반] 열을, y축에는 [영어] 열을 설정한 것입니다. 반별로 영어 점수의 분포를 한
눈에 파악할 수 있으며, 2반의 영어 점수 분포가 3반의 영어 점수 분포보다 큰 것을 볼 수 있습니다.

속성에 **marker="^"**를 입력하면 데이터 분포가 삼각형으로 출력됩니다.

```
# 반별 영어 점수 산점도 그리기
graph.plot.scatter(x = "반", y = "영어", color = "red", title = "영어 점수 산
점도")
plt.show()
```

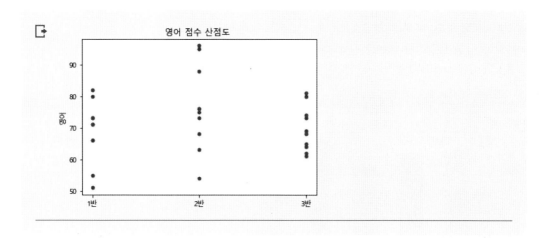

막대 그래프

핵심 함수 | plot.bar( ), plot.barh( )

예제 파일의 과목별 모든 점수를 막대 그래프로 표현하면 5과목에 30명이니 막대 그래프가 총 150개 나타날 것입니다. 이 경우에는 막대 그래프로 전체 데이터를 표현하는 것보다 요약된 정보를 표현하는 것이 더 적합합니다. 즉 과목별 수치형 데이터를 막대 그래프로 표현하는 것이 정보 전달 측면에서 더 효과적입니다.

수직 막대 그래프는 plot.bar( ) 함수를, 수평 막대 그래프는 plot.barh( ) 함수를 이용합니다. 그리드, 차트 제목, 색상, 축 제목 등을 옵션으로 지정할 수 있습니다.

```
pd.plot.bar(grid, title, color, ...)
pd.plot.barh(grid, title, color, ...)
```

다음은 예제 파일의 과목별 점수 데이터를 평균으로 요약하고 막대 그래프로 표현한 것입니다.

graph.iloc[:, 2:7].mean( ).plot.bar( )는 graph 데이터 프레임의 2~6열 평균을 구한 후 막대 그래프를 그려 줍니다. plot.bar( )의 속성으로는 그리드, 차트 제목, 색상, y축 라벨값을 설정했습니다.

```
# 과목별 점수 데이터의 평균값으로 막대 그래프 그리기
graph.iloc[:, 2:7].mean().plot.bar(grid = True, title = "과목별 평균 점수",
color = "orange", ylabel = "평균")
plt.show()
```

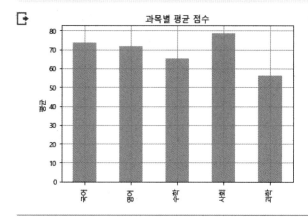

plt.barh( ) 함수로는 수평 막대 그래프를 그릴 수 있습니다. set_xlabel( ), set_title( ) 함수로 축 제목과 차트 제목을 설정했습니다.

```
# 과목별 점수 데이터의 평균값으로 수평 막대 그래프 그리기
a = graph.iloc[:, 2:7].mean().plot.barh(grid = True, color = "blue")
a.set_xlabel("평균")
a.set_title("과목별 평균 점수")
plt.show()
```

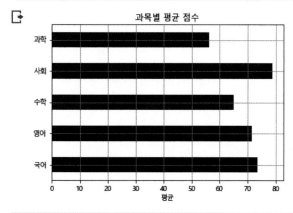

원 그래프

핵심 함수 | plot.pie( )

pandas에는 행과 열로 구성된 2차원 데이터 구조인 DataFrame과 하나의 열로 구성된 1차원 데이터 구조인 Series가 있습니다. 원 그래프는 막대 그래프처럼 요약된 자료가 필요하며, pd.Series 데이터에 원 그래프를 적용할 수 있습니다. 인덱스에 저장된 값을 항목명으로 사용할 수 있으며, 속성은 plt.pie( )와 유사합니다.

```
pd.plot.pie(data, index)   # data = 시리즈 데이터명, index = 항목, ylabels = 항목명,
            # autopct = 파이조각 백분율 표시, explode = 파이조각 위치, shadow = 그림자 여부
```

다음은 반별 인원수 분포를 그래프로 그리는 예제입니다. **class_c = graph.groupby("반").size( )**는 graph의 [반] 열을 그룹화하여 카운트하고 결괏값을 class_c에 저장하라는 의미입니다. class_c에는 1반, 2반, 3반이 인덱스로, 반별 카운트 결괏값이 데이터로 저장됩니다.

class_c.plot.pie( )에 비율을 나타내는 autopct 속성으로 **"%1.1f%%"**를 지정하여 소수점 첫째 자리까지 표현하고, explode 속성으로 **(0.1, 0, 0)**을 입력하여 첫 번째 값인 1반의 조각을 0.1 크기만큼 분리하여 그래프를 그립니다.

```
# 반별 인원수로 원 그래프 그리기
class_c = graph.groupby("반").size()      # 반별 인원수를 카운트해서 class_c에 저장
class_c.plot.pie(title = "반별 인원수 분포", ylabel = "반", autopct = "%1.1f%%",
explode = (0.1, 0, 0), shadow = True)
plt.show()
```

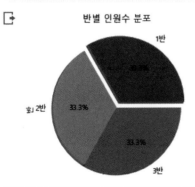

이번에는 자료를 pd.Series 자료형으로 변환한 후 원 그래프를 그려 보겠습니다. 다음 예제는 과일 판매량을 원 그래프로 그리는 것입니다. 우선 과일 종류를 리스트 변수 fruit에 저장하고, 판매량은 리스트 변수 sales에 저장합니다. fruit와 sales를 pd.Series 자료형으로 생성하고, fruit로 인덱스를 설정합니다.

df.plot.pie( )에 비율을 나타내는 autopct 속성으로 **"%1.1f%%"**를 입력하여 소수점 첫째 자리까지 표현하고, explode 속성으로 **(0.1, 0, 0, 0)**을 입력하여 첫 번째 값인 사과의 조각을 0.1 크기만큼 분리하여 그래프를 그립니다.

```
# 과일 판매량으로 원 그래프 그리기
fruit = ["사과", "포도", "딸기", "참외"]      # 과일 종류 데이터
sales = [12, 31, 24, 46]                  # 판매량 데이터
df=pd.Series(sales, index=fruit)          # pd.Series 자료형 생성

df.plot.pie(title="과일 판매량", ylabel="과일", autopct="%1.1f%%",
explode=(0.1 ,0, 0, 0), shadow=True)
plt.show()
```

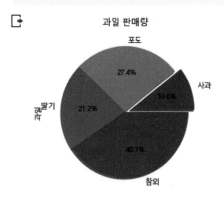

히스토그램

핵심 함수 I plot.hist()

히스토그램은 도수분포표의 각 계급을 가로축에, 각 계급별 빈도수를 세로축에 직사각형으로 표현합니다. **["열 이름"]**으로 데이터를 지정하고, plot.hist( ) 함수로 속성값을 지정합니다.

```
# bins = 구간 수, edgecolor = 그래프 외곽선 색상
pd["열 이름"].plot.hist(bins, color, edgecolor, title, ...)
```

다음 예제는 영어 점수의 분포를 시각화한 것입니다. 히스토그램을 변수 a에 저장하고 a.set_xlabel( ), a.set_ylabel( ) 함수로 축 제목을 설정했습니다. **bins = 20**은 구간 수를 최대 20개까지 나누라는 것이고, **edgecolor = "red"**는 막대 그래프의 외곽선 색상을 빨간색으로 설정하라는 것입니다.

```
# 영어 점수 히스토그램 그리기
a = graph["영어"].plot.hist(bins = 20, color = "lightblue", edgecolor = "red",
grid = True, title = "히스토그램")
a.set_xlabel("영어 점수"), a.set_ylabel("빈도수")
plt.show()
```

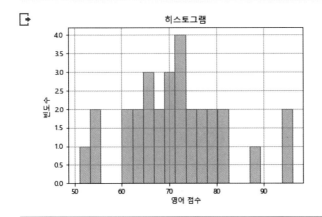

이번에는 히스토그램 두 개를 동시에 그려 봅시다. 분포가 겹치는 부분은 히스토그램 막대가 제대로 보이지 않을 수 있습니다. 이때 alpha 속성으로 각 막대 그래프의 투명도를 조정해 겹치는 부분이 잘 보이도록 표현할 수 있습니다.

```
# 사회, 과학 점수 분포 시각화
graph["사회"].plot.hist(bins = 20, color = "blue", edgecolor = "blue",
alpha = 0.5, title = "히스토그램")
graph["과학"].plot.hist(bins = 20, color = "red", edgecolor = "red",
alpha = 0.5, grid = True)
plt.show()
```

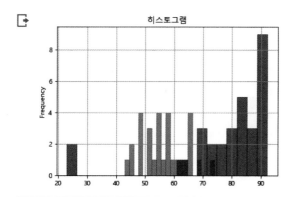

상자 수염 그래프

핵심 함수 | boxplot()

상자 수염 그래프로 데이터 프레임의 수치형 열 값을 범주형 열 값으로 구분하여 그릴 수 있습니다. 즉, 범주형 데이터 분포를 비교하며 이상치를 파악할 수 있는 것입니다. 데이터 프레임에 boxplot() 함수를 붙여 사용하며 상자 수염 그래프를 그릴 수치형 열 데이터를 column 리스트로, 범주형 열 데이터를 by 속성으로 입력합니다.

```
pd.boxplot(column = [], by)    # column = 수치형 열 데이터, by = 범주형 열 데이터
```

다음 예제는 국어 점수를 반별로 나눠 상자 수염 그래프를 그린 것입니다. 반별 국어 점수 데이터 분포를 그래프를 통해 쉽게 비교할 수 있습니다.

```
# 상자 수염 그래프 그리기
graph.boxplot(column = ["국어"], by = "반")
plt.show()
```

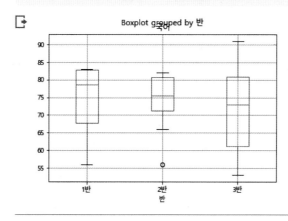

마무리

- 파이썬 matplotlib 패키지를 활용하면 막대 그래프, 선 그래프 등 다양한 그래프를 그릴 수 있습니다.

- pandas 패키지도 데이터 프레임을 시각화하는 다양한 함수를 제공합니다.

- 선 그래프는 두 변수 데이터의 변화 또는 관계를 선으로 연결하여 시각화할 수 있습니다.

- 막대 그래프는 여러 범주의 데이터 빈도를 표현하고 비교하는 데 적합합니다.

- 원 그래프는 부분과 전체, 부분과 부분 간 비율을 시각화하는 데 적합합니다.

- 히스토그램은 데이터의 관계를 표현하거나 데이터의 분포를 파악할 때 유용합니다.

- 상자 수염 그래프는 연속형 변수에 대해 분포 형태, 퍼짐 정도, 이상치 여부 등을 시각화합니다.

- 산점도와 선 그래프를 함께 그리면 두 변수의 관계를 좀 더 시각적으로 표현할 수 있습니다.

PART

03

파이썬으로
업무 자동화하기

파이썬은 다른 프로그래밍 언어에 비해 업무 자동화 패키지가 풍부합니다. 또한 코드 단 몇 줄로 단순 반복 업무나 비효율적 업무를 자동화할 수 있으며, 웹에서 원하는 자료를 자동으로 수집할 수도 있습니다. Part 03에서는 파이썬을 활용한 문서 업무 자동화와 웹 크롤링 방법을 학습하고, 실전 자동화 프로젝트까지 구현해 보겠습니다.

문서 업무 자동화

▶▶▶

엑셀과 파워포인트를 자동화하는 대표적인 파이썬 패키지는 openpyxl과 python-pptx입니다. 엑셀의 워크시트와 셀을 자유자재로 다룰 수 있으며 파워포인트의 도형, 표에 들어 있는 텍스트를 수정할 수도 있습니다. 또한 pyautogui 패키지로 마우스와 키보드를 마치 사람이 다루는 것처럼 자동화할 수 있습니다. Chapter 07에서는 문서 업무 자동화에 사용하는 다양한 패키지와 함수에 대해 알아보겠습니다.

엑셀 업무 자동화

▶▶ 엑셀은 직장에서 가장 많이 사용하는 프로그램입니다. 쉽고 빠르게 연산 작업을 할 수 있고 간단한 데 이터베이스 기능까지 활용할 수 있기 때문입니다. 하지만 엑셀로 하는 일은 지루하고 단순한 반복 업무 가 대부분입니다. 이때 파이썬을 활용하면 좀 더 편하고 스마트하게 작업할 수 있습니다.

openpyxl 개요

엑셀(xlsx), 파워포인트(pptx), 워드(docx) 파일과 같이 오피스 프로그램에서 만들어지는 문서 파 일은 모두 Office Open XML(OOXML) 규약에 맞춰 저장됩니다. OOXML은 ISO 인증받은 공 개된 표준 규약이기 때문에 OOXML로 저장된 문서는 누구나 그 내용을 보고 구조를 파악할 수 있 습니다. 심지어 Microsoft office 프로그램 없이도 문서의 내용을 변경하고 저장할 수 있습니다.

openpyxl은 OOXML의 이러한 점을 활용하여 만들어진 라이브러리입니다. openpyxl 모듈을 이용하면 엑셀 파일의 내용을 쉽게 변경하거나 엑셀에서 일어나는 단순 반복 작업을 빠르게 처리할 수 있습니다. 또한 pandas, numpy 등 파이썬의 데이터 처리 모듈과 연계하여 더 효율적인 작업도 가능합니다. 다음은 엑셀 파일의 XML 구조를 나타낸 것입니다.

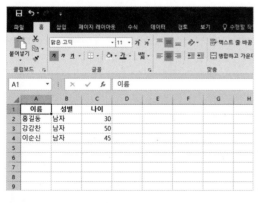

NOTE XML은 eXtensible Markup Language(확장 가능한 마크업 언어)의 약자로, W3C에서 제안한 데이터 표기 방 식입니다. 마크업 언어는 태그(Tag)를 이용하여 데이터의 구조와 속성을 기술합니다. 우리에게 가장 친숙한 HTML이 대 표적인 마크업 언어입니다.

openpyxl의 주요 기능

- 엑셀 파일(워크북) 생성, 수정, 삭제 및 기존 엑셀 파일 불러오기
- 워크시트 생성 및 수정, 행/열(셀) 생성 및 수정
- 셀에 들어 있는 값과 표시 형식 추가, 수정 및 셀 메모 생성
- 텍스트 서식, 셀 테두리/배경, 셀 크기 등 서식 수정
- 그래프(차트), 피벗 테이블 생성 및 수정

openpyxl 설치

패키지 설치는 pip 명령어로 손쉽게 할 수 있습니다. 주피터 노트북에서 openpyxl 패키지를 설치하기 위해 다음과 같이 입력합니다.

```
!pip install openpyxl
```

엑셀 파일과 시트 다루기

먼저 엑셀 파일을 파이썬으로 자동화할 때 가장 많이 사용하는 파일 생성 및 저장, 시트 생성 및 복사 등에 대해 알아보겠습니다.

엑셀 파일 생성 및 저장하기

openpyxl 모듈은 기능별로 세분된 다양한 하위 클래스를 가지고 있습니다. 엑셀 파일의 생성과 저장은 openpyxl에 있는 Workbook 클래스를 통해 이뤄집니다. Workbook 클래스를 import하면 Workbook 클래스에서 제공하는 다양한 함수를 활용해 엑셀 파일을 다룰 수 있습니다.

엑셀 파일을 생성하고 저장하기 위해 모듈(클래스)을 불러온 후 Workbook 클래스를 상속받은 wb 객체, 즉 엑셀 파일을 하나 생성해 보겠습니다. wb가 생성되는 동시에 워크시트 하나가 기본으로 추가되는데, 이 워크시트를 활성화하면서 ws 워크시트 객체를 생성하겠습니다.

```
# 엑셀 파일 생성 및 저장하기
from openpyxl import Workbook          # Workbook 모듈(클래스) 불러오기
wb = Workbook()                        # wb 객체 생성 ──────────────── ❶
ws = wb.active                         # ws 객체 생성 ──────────────── ❷
ws.title = "시트1"                     # ws 시트의 시트명 변경
ws.append(["이름", "나이", "성별"])    # ws 시트의 첫 번째 행부터 차례로 내용 추가 ┐
ws.append(["이순신", "55", "남자"])    # 두 번째 행에 추가 ────────────┘ ❸
wb.save(filename="테스트.xlsx")        # workbook 저장 ──────────────── ❹
```

A1	▾	:	×	✓	fx	이름

▲	A	B	C	D	E	F
1	이름	나이	성별			
2	이순신	55	남자			
3						
4						

❶ Workbook 클래스를 상속받은 wb 객체, 즉 새로운 엑셀 파일을 생성하며, 워크시트 하나가 기본으로 추가됩니다.

❷ 기본으로 추가된 워크시트를 활성화하고 ws 객체, 즉 워크시트를 생성합니다. wb, ws 객체 는 Workbook 클래스로부터 상속받은 다양한 함수(메소드)와 멤버변수(속성)를 사용할 수 있습니다.

❸ ws.append( ) 함수로 ws에 행을 하나 추가하고 리스트형 자료를 입력합니다. 새로 생성된 시트이기 때문에 [A1] 셀부터 내용이 입력되며, 리스트의 각 데이터가 해당 행의 열에 차례로 입력됩니다.

❹ wb와 ws를 주피터 노트북을 실행한 폴더에 '테스트.xlsx'로 저장합니다.

이번에는 PC에 이미 저장되어 있는 엑셀 파일을 불러와 내용을 수정한 후 다시 저장하는 방법에 대 해 알아보겠습니다.

```
# 엑셀 파일을 불러와 내용 수정 후 저장하기
from openpyxl import load_workbook              # Workbook 모듈과 load_workbook 불러오기
wb = load_workbook(filename = "테스트.xlsx")    # "테스트.xlsx" 파일 불러오기 ──── ❶
ws = wb.active                                   # ws 활성화
ws.append(["홍길동", "40", "남자"])             # 행 추가 ─────────────────── ❷
wb.save(filename = "테스트.xlsx")               # wb를 "테스트.xlsx" 파일로 저장 ─ ❸
```

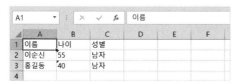

❶ load_workbook( ) 함수는 Workbook 클래스와 PC에 저장된 엑셀 파일을 불러온 후 이를 객체로 저장합니다. 여기서는 '테스트.xlsx'를 불러와 wb에 저장하는데, 이 경우에는 워크시트가 새로 생성되지 않고 기존 워크시트를 사용합니다.

❷ 기존 워크시트에 자료가 입력되어 있는 행 다음에 새로운 행을 추가하고 해당 내용을 입력합니다.

❸ wb가 '테스트.xlsx' 파일로 저장됩니다. '테스트.xlsx' 파일을 열면 기존 행 밑에 추가로 "홍길동", "40", "남자" 데이터가 입력된 것을 볼 수 있습니다.

> **NOTE** 클래스를 복제해서 생성한 것을 객체(인스턴스)라고 하며, 객체에서는 클래스에서 정의한 함수(메소드), 멤버변수(속성) 등을 사용할 수 있습니다.

엑셀 시트 생성 및 복사하기

openpyxl은 시트 생성 및 복사, 이름 변경 및 정보 출력, 시트 순서 변경 및 삭제를 할 수 있는 다양한 함수를 제공합니다. 지금부터 하나하나 살펴보겠습니다.

시트 생성하기

엑셀 파일을 생성 혹은 불러온 다음 해당 파일에 시트를 생성하고자 할 때는 Workbook 클래스의 create_sheet( ) 함수를 이용합니다. 추가할 시트의 이름을 지정하고 싶다면 시트 이름을 create_sheet( ) 함수의 인자값(문자열)으로 넣어 줍니다.

```
from openpyxl import Workbook        # Workbook 모듈(클래스) 불러오기
wb = Workbook()                      # wb 객체 생성, wb에 시트 하나가 기본 추가됨
wb.create_sheet("시트2")             # wb에 "시트2" 시트 추가
wb.create_sheet("시트3")             # wb에 "시트3" 시트 추가
```

시트 정보 출력하기

시트를 여러 개 추가하다 보면 엑셀 파일에 시트가 몇 개 있는지, 시트 이름은 무엇인지 혼란스러울 때가 있습니다. 이때는 sheetnames 멤버변수를 이용하여 엑셀 파일에 저장되어 있는 시트 정보를 리스트로 불러올 수 있습니다.

```
print(wb.sheetnames)      # wb 객체에 있는 시트 정보 출력
```

```
['Sheet', '시트2', '시트3']
```

시트 선택하기

하나의 엑셀 파일에는 여러 시트가 있을 수 있으므로 시트에 내용을 추가하기 위해서는 먼저 작업할
시트를 선택해야 합니다. 시트에 대한 정보는 Workbook 객체(여기서는 wb 변수에 저장된 객체)
에 딕셔너리 형태로 저장되어 있습니다. 따라서 다음과 같이 시트를 선택할 수 있습니다.

```
ws = wb["시트2"]      # wb 객체에 있는 "시트2"를 선택
```

선택한 시트에 내용을 입력하기 위해서는 append( ) 함수를 사용합니다. 셀에 내용을 입력하는 방
법에 대해서는 이후에 더 자세히 다루겠습니다. 특정 시트에 내용을 추가하려면 시트 이름을 먼저 지
정한 후 append( ) 함수로 내용을 추가합니다.

```
ws.append(["첫 번째로 추가된 시트입니다."])          # 선택된 시트에 내용 추가
wb["시트3"].append(["세 번째 시트에 내용을 추가합니다."])
                                                  # 시트를 직접 지정해서 내용 추가
wb.save(filename = "샘플_시트 추가.xlsx")          # 파일 저장
```

시트 복사하기

시트 복사는 엑셀에서 매우 자주 사용하는 기능으로 openpyxl에서도 당연히 지원합니다.
Workbook 클래스의 copy_worksheet( ) 함수를 사용하면 시트를 복사할 수 있습니다.

다음 예제는 앞서 생성한 '테스트.xlsx' 파일을 불러온 다음 시트1을 복사하여 wb에 저장하는 내용
입니다. 이때 복사한 시트는 '시트1 Copy'라는 이름으로 저장됩니다.

```
# 시트 복사하기
from openpyxl import load_workbook      # Workbook 모듈과 load_workbook 불러오기
wb = load_workbook("테스트.xlsx")        # "테스트.xlsx" 파일을 불러와 wb 객체에 저장
wb.copy_worksheet(wb["시트1"])           # "시트1"을 복사하여 wb 객체에 저장
wb.active = wb["시트1 Copy"]             # 파일을 열 때 "시트1 Copy"를 활성화
wb.save(filename = "샘플_시트 복사.xlsx")  # 파일 저장
```

A1	▼	:	×	✓	*fx*	이름		

◢	A	B	C	D	E	F
1	이름	나이	성별			
2	이순신	55	남자			
3	홍길동	40	남자			
4						

시트 이름 바꾸기

copy_worksheet( ) 함수로 시트를 복사하면 복사된 시트 이름에는 기본적으로 'Copy'라는 접미어(Suffix)가 붙게 됩니다. 이때 title 멤버변수를 활용하면 시트 이름을 변경할 수 있습니다.

```
# 시트 이름 바꾸기
from openpyxl import load_workbook        # Workbook 모듈과 load_workbook 불러오기
wb = load_workbook("샘플_시트 복사.xlsx")     # "샘플_시트 복사.xlsx" 파일 불러오기
print(wb.sheetnames)                      # 시트명 출력
```

⬚ ['시트1', '시트1 Copy']

```
wb["시트1 Copy"].title = "시트1 복사"         # "시트1 Copy" 시트명을 "시트1 복사"로 변경
wb.save(filename = "샘플_시트 복사.xlsx")    # 파일 저장
print(wb.sheetnames)                       # 시트명 출력
```

⬚ ['시트1', '시트1 복사']

시트 순서 변경하기

시트 순서 변경은 Workbook 클래스의 move_sheet( ) 함수로 할 수 있습니다. 순서를 변경할 시트를 move_sheet( ) 함수의 첫 번째 인자로, 변경할 방향을 두 번째 인자(offset)로 넣으면 됩니다. 두 번째 인자에 숫자 −1을 넣으면 왼쪽으로 한 칸, 1을 넣으면 오른쪽으로 한 칸 이동합니다.

```
# 시트 순서 변경하기
from openpyxl import load_workbook        # Workbook 모듈과 load_workbook 불러오기
wb = load_workbook("샘플_시트 복사.xlsx")     # "샘플_시트 복사.xlsx" 파일 불러오기
print(wb.sheetnames)                      # 시트명 출력
```

⬚ ['시트1', '시트1 복사']

```
    wb.move_sheet(wb["시트1 복사"], -1)          # "시트1 복사" 시트를 왼쪽으로 이동
    wb.save(filename = "샘플_시트 순서 변경.xlsx")    # 파일 저장
    print(wb.sheetnames)                        # 시트명 출력
```

▶ ['시트1 복사', '시트1']

시트 삭제하기

시트 삭제는 Workbook 클래스의 remove() 함수로 할 수 있습니다. 삭제할 시트 객체를
remove() 함수의 첫 번째 인자로 넣으면 해당 시트는 삭제됩니다.

```
# 시트 삭제하기
from openpyxl import load_workbook            # Workbook 모듈과 load_workbook 불러오기
wb = load_workbook("샘플_시트 순서 변경.xlsx")    # "샘플_시트 순서 변경.xlsx" 파일 불러오기
print(wb.sheetnames)                          # 시트명 출력
```

▶ ['시트1 복사', '시트1']

```
wb.remove(wb["시트1 복사"])                   # "시트1 복사" 시트 삭제하기
wb.save(filename = "샘플_시트 삭제.xlsx")       # 파일 저장
print(wb.sheetnames)                          # 시트명 출력
```

▶ ['시트1']

셀 내용 다루기

openpyxl은 셀의 세부 내용도 직접 다룰 수 있습니다. 이번에는 셀에 직접 접근해서 셀의 내용을
확인 및 수정하거나 병합, 병합 해제하는 방법에 대해 알아보겠습니다.

셀 내용 수정 및 삽입하기

openpyxl에서 불러온 엑셀 파일의 모든 데이터는 Workbook 객체에 딕셔너리나 튜플 형태로 저
장됩니다. 따라서 딕셔너리나 튜플 자료형에 접근하는 것과 동일하게 셀의 값과 서식 등을 확인할 수
있으며, 내용을 추가할 수도 있습니다.

셀 내용 확인하기

다음은 앞서 생성한 엑셀 파일을 불러와 셀의 내용을 확인하는 예제입니다. 셀의 내용은 ws 객체의 value 멤버변수로 확인 가능합니다. print( ) 함수에 셀의 값을 직접 입력하거나 인덱스 번호로 접근할 수도 있습니다. 인덱스 번호는 행은 1부터, 열은 0부터 시작합니다. 즉, **ws["A1"].value**와 **ws[1][0].value**는 동일한 코드입니다.

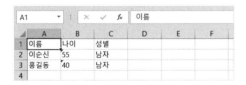

```
# 셀의 내용 확인하기
from openpyxl import load_workbook     # Workbook 모듈과 load_workbook 불러오기
wb = load_workbook("테스트.xlsx")         # "테스트.xlsx" 파일을 불러와 wb 객체에 저장
ws = wb["시트1"]                          # 시트 선택
print(ws["A1"].value)                    # [A1] 셀의 값을 출력
print(ws[1][0].value)                    # 1행 0열의 값 출력
```

⮕　이름
　　이름

반복문을 통해 셀 정보에 접근하기

반복문은 셀에 순차적으로 접근하여 내용을 확인하고 수정할 수 있어 자주 사용하는 기능입니다. openpyxl의 이러한 특징을 잘 활용하면 단순 반복되는 엑셀 업무를 파이썬을 통해 빠르고 쉽게 처리할 수 있습니다.

다음은 반복문을 활용하여 '테스트.xlsx' 파일의 내용을 하나씩 읽어오는 예제입니다. **for row in ws:**는 ws 객체에 데이터가 들어 있는 행을 차례로 읽어와 변수 row에 저장합니다. **print(row)**로 각 행의 속성을 출력해 봅시다.

```
# 반복문을 통해 셀 정보에 접근하기
from openpyxl import load_workbook    # Workbook 모듈과 load_workbook 불러오기
wb = load_workbook("테스트.xlsx")      # "테스트.xlsx" 파일을 불러와 wb 객체에 저장
ws = wb["시트1"]                       # 시트 선택

for row in ws:      # 반복문을 활용하여 ws 객체에 데이터가 있는 행을 차례로 불러옴
    print(row)      # 행의 속성을 출력
```

⮐ (<Cell '시트1'.A1>, <Cell '시트1'.B1>, <Cell '시트1'.C1>)
  (<Cell '시트1'.A2>, <Cell '시트1'.B2>, <Cell '시트1'.C2>)
  (<Cell '시트1'.A3>, <Cell '시트1'.B3>, <Cell '시트1'.C3>)

이번에는 시트의 데이터를 읽어오기 위해 반복문을 중첩하여 사용해 봅시다. 위에서 사용한 반복문은 행을 차례로 읽어오는 역할을, 여기에서의 반복문은 읽어온 행의 셀 내용을 하나하나 읽어와 변수 cell에 저장하는 역할을 합니다. 변수 cell에는 셀의 속성과 값이 들어 있는데 cell에 **.value**를 붙여 사용하면 값을 출력할 수 있습니다.

```
for row in ws:          # 반복문을 활용하여 ws 객체에 데이터가 있는 행을 차례로 읽어옴
    for cell in row:    # 반복문을 활용하여 변수 row에 있는 속성과 값을 읽어 cell에 저장
        print("셀 객체명 : {}, 셀 값 : {}".format(cell, cell.value))
                        # cell의 속성과 값을 출력
```

⮐ 셀 객체명 : <Cell '시트1'.A1>, 셀 값 : 이름
  셀 객체명 : <Cell '시트1'.B1>, 셀 값 : 나이
  셀 객체명 : <Cell '시트1'.C1>, 셀 값 : 성별
  셀 객체명 : <Cell '시트1'.A2>, 셀 값 : 이순신
  셀 객체명 : <Cell '시트1'.B2>, 셀 값 : 55
  셀 객체명 : <Cell '시트1'.C2>, 셀 값 : 남자
  셀 객체명 : <Cell '시트1'.A3>, 셀 값 : 홍길동
  셀 객체명 : <Cell '시트1'.B3>, 셀 값 : 40
  셀 객체명 : <Cell '시트1'.C3>, 셀 값 : 남자

셀 내용 수정하기

셀의 내용을 수정하는 것 또한 셀 내용을 확인하는 것과 유사하게 처리 가능합니다. 다음은 딕셔너리 키로 셀 정보에 직접 접근하여 값을 변경하는 예제입니다. **ws["A1"] = "성명"**으로 ws의 [A1] 셀 값을

'이름'에서 '성명'으로 변경할 수 있습니다.

```python
# 셀 내용 수정하기
from openpyxl import load_workbook      # Workbook 모듈과 load_workbook 불러오기
wb = load_workbook("테스트.xlsx")        # "테스트.xlsx" 파일을 불러와 wb 객체에 저장
ws = wb["시트1"]                         # 시트 선택


ws["A1"] = "성명"                        # [A1] 셀의 내용을 "이름"에서 "성명"으로 변경
wb.save(filename = "테스트_셀 내용 변경.xlsx")    # 파일 저장
```

	A	B	C	D	E	F
1	성명	나이	성별			
2	이순신	55	남자			
3	홍길동	40	남자			
4						

반복문을 통해 셀 정보에 순차적으로 접근, 값 변경하기

다음은 반복문을 활용하여 2행의 셀 값을 변경하는 내용입니다. 예제를 실행하면 2행에 있던 ["이순신", "55", "남자"] 데이터가 ["신사임당", "45", "여자"]로 변경됩니다.

```python
# 반복문을 통해 셀 정보에 순차적으로 접근, 값 변경하기
from openpyxl import load_workbook      # Workbook 모듈과 load_workbook 불러오기
wb = load_workbook("테스트.xlsx")        # "테스트.xlsx" 파일을 불러와 wb 객체에 저장
ws = wb["시트1"]                         # 시트 선택
new_data = ["신사임당", "45", "여자"]     # 변경할 데이터를 리스트로 생성


row_no = 1                              # 행 번호를 저장할 변수 설정
for row in ws:                          # ws의 행을 하나씩 읽어옴
    if row_no == 2:                     # row_no가 2일 때(2행) 아래 코드 실행
        for cell in row:                # 행의 각 셀에 접근
            cell.value = new_data[cell.col_idx-1]    # 셀 값 변경 ──────❶
    row_no += 1                         # row_no 증가 ──────❷
wb.save(filename = "테스트_셀 내용 변경(반복문).xlsx")    # 파일 저장
```

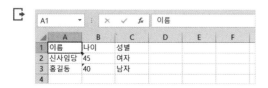

	A	B	C	D	E	F
1	이름	나이	성별			
2	신사임당	45	여자			
3	홍길동	40	남자			
4						

❶ 리스트인 new_data의 값을 하나씩 읽어와 cell.value의 값을 변경합니다. 반복문이 현재 [A2] 셀에 접근하고 있다면 col_idx는 1이기 때문에 −1을 해 주어 리스트의 첫 번째, 즉 인 덱스 0의 데이터를 cell.value에 입력합니다.

❷ row_no에 1을 더하여 행 번호를 증가시켜 줍니다.

셀에 내용 입력하기

새로운 셀에 내용을 입력하는 방법은 세 가지가 있습니다. 셀 주소에 직접 데이터를 입력하는 방법, append( ) 함수를 이용해서 새로운 행에 데이터를 추가하는 방법, 반복문을 활용해서 추가하는 방 법입니다. 입력할 데이터가 많을 때는 반복문을 활용하는 것이 편리합니다.

```python
# 셀에 내용 입력하기
from openpyxl import load_workbook       # Workbook 모듈과 load_workbook 불러오기
wb = load_workbook("테스트.xlsx")         # "테스트.xlsx" 파일을 불러와 wb 객체에 저장
ws = wb["시트1"]                          # 시트 선택


ws["A4"] = "신사임당"                     # 셀에 직접 데이터 입력 ──────────── ❶
ws["B4"] = "45"
ws["C4"] = "여자"


ws.append(["을지문덕", "60", "남자"])      # 다음 행에 데이터 입력 ──────────── ❷


new_data_list = [["유관순", "16", "여자"], ["세종대왕", "60", "남자"]] # 리스트 생성


for new_data in new_data_list:           # 반복문을 활용해 데이터 입력 ──────── ❸
    ws.append(new_data)


wb.save(filename = "테스트_셀 내용 입력.xlsx")      # 파일 저장
```

❶ 셀 주소에 직접 데이터를 입력하는 방법으로, [A4] 셀에 '신사임당'을 입력합니다.

❷ append( ) 함수를 이용해서 데이터가 있는 마지막 행 다음 행에 데이터를 입력합니다.

❸ 반복문을 활용해서 리스트 변수 new_data_list를 하나씩 읽어온 다음 append( ) 함수로 데이터를 추가합니다.

행/열 삭제하기

엑셀로 작업하다 보면 행이나 열 단위로 데이터를 삭제해야 하는 경우가 생깁니다. 이럴 때 사용할 수 있는 함수가 바로 delete_rows( )와 delete_cols( )입니다. 두 함수 모두 idx와 amount를 파라미터로 가지고 있습니다. idx는 삭제할 행 또는 열의 번호를 의미하고, amount는 idx부터 삭제할 행 또는 열의 개수를 의미합니다. delete_rows( )와 delete_cols( ) 함수 모두 인덱스 사용 시 행은 0부터, 열은 1부터 시작합니다.

다음은 '테스트.xlsx' 파일의 3행과 B열, C열을 삭제하는 예제입니다.

```
# 행/열 삭제하기
from openpyxl import load_workbook        # Workbook 모듈과 load_workbook 불러오기
wb = load_workbook("테스트.xlsx")          # "테스트.xlsx" 파일을 불러와 wb 객체에 저장
ws = wb["시트1"]                          # 시트 선택

ws.delete_rows(idx = 2, amount = 1)       # 두 번째 행(2행)부터 1행만 삭제
ws.delete_cols(idx = 2, amount = 2)       # 두 번째 열(B열)부터 2열 삭제

wb.save(filename = "테스트_행과 열 삭제.xlsx")     # 파일 저장
```

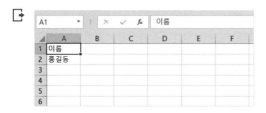

셀 복사 및 이동하기

이번에는 셀 복사 및 이동, 병합 및 병합 해제, 셀에 엑셀 함수를 직접 입력하여 연산하는 방법 등에 대해 알아보겠습니다.

셀 복사하기

셀을 복사하는 가장 간단한 방법은 복사하려는 원본 셀에 접근해 값을 복사한 후, 복사 대상이 되는 셀의 값을 변경하는 것입니다. 복사한 값을 하나의 셀에만 붙여 넣을 수도 있고, 반복문을 활용해 범위 지정 후 다수의 셀에 붙여 넣을 수도 있습니다.

다음은 [A2] 셀의 값을 [A5] 셀과 [A6:C6] 범위에 복사하는 예제입니다.

```
# 셀 복사하기
from openpyxl import load_workbook      # Workbook 모듈과 load_workbook 불러오기
wb = load_workbook("테스트.xlsx")        # "테스트.xlsx" 파일을 불러와 wb 객체에 저장
ws = wb["시트1"]                         # 시트 선택

src = ws["A2"].value                    # [A2] 셀 값을 변수 src에 저장
ws["A5"] = src                          # [A5] 셀에 [A2] 셀 값을 복사

for row in ws["A6:C6"]:                 # [A6:C6] 범위를 선택해 반복문 실행
    for cell in row:                    # 행의 각 셀에 접근
        cell.value = src                # 행의 각 셀을 src 변숫값으로 변경

wb.save(filename = "테스트_셀 복사1.xlsx")   # 파일 저장
```

◢	A	B	C	D	E	F
1	이름	나이	성별			
2	이순신	55	남자			
3	홍길동	40	남자			
4						
5	이순신					
6	이순신	이순신	이순신			
7						
8						

이번에는 여러 셀을 읽어와 지정한 위치에 복사해 보겠습니다. 다음은 '테스트.xlsx' 파일에서 [A2:C2] 범위의 값을 읽어 [A5:C5] 범위에 복사하는 예제입니다.

```
from openpyxl import load_workbook        # Workbook 모듈과 load_workbook 불러오기
wb = load_workbook("테스트.xlsx")            # "테스트.xlsx" 파일을 불러와 wb 객체에 저장
ws = wb["시트1"]                            # 시트 선택

src_data = []                            # 복사할 값을 저장할 변수 선언
for cell in ws[2]:                       # 원본이 될 2행에 접근
    src_data.append(cell.value)          # 2행의 셀 값들을 src_data 변수에 저장

for row in ws["A5:C5"]:                  # [A5:C5] 범위를 선택해 반복문 실행
    for cell in row:                     # 행의 각 셀에 접근
        cell.value = src_data[cell.col_idx-1]    # 셀 값을 src 변숫값으로 변경

wb.save(filename = "테스트_셀 복사2.xlsx")      # 파일 저장
```

	A	B	C	D	E	F
1	이름	나이	성별			
2	이순신	55	남자			
3	홍길동	40	남자			
4						
5	이순신	55	남자			
6						
7						

셀 내용 이동하기

move_range( ) 함수를 사용하면 특정 영역의 셀 내용을 상하좌우 원하는 방향으로 원하는 만큼 이동시킬 수 있습니다. move_range( ) 함수에 셀 범위를 지정하고 rows 파라미터에 행 방향으로 이동할 숫자, cols 파라미터에 열 방향으로 이동할 숫자를 지정하면 됩니다.

다음은 [B1:C3] 범위의 내용을 [D2:E4]로 이동하는 예제입니다. rows는 1로, cols은 2로 지정하여 아래쪽으로 1칸, 오른쪽으로 2칸 이동합니다. 위쪽이나 왼쪽으로 이동하고 싶다면 rows, cols에 음수를 입력하면 됩니다.

```
# 셀 내용 이동하기
from openpyxl import load_workbook          # Workbook 모듈과 load_workbook 불러오기
wb = load_workbook("테스트.xlsx")            # "테스트.xlsx" 파일을 불러와 wb 객체에 저장
ws = wb["시트1"]                            # 시트 선택


# [B1:C3] 영역에 있는 데이터를 아래로 한 칸, 오른쪽으로 2칸 이동
ws.move_range("B1:C3", rows=1, cols=2)  # 음수값을 사용해 위나 왼쪽으로도 이동 가능
wb.save(filename = "테스트_셀 이동.xlsx")      # 파일 저장
```

셀 병합 및 해제하기

셀 병합 및 병합 해제는 엑셀에서 빈번하게 일어나는 작업입니다. merge_cells( )와 unmerge_cells( ) 함수를 사용해서 병합하거나 병합 해제할 수 있습니다.

다음은 [A1:B1], [A2:B2] 범위를 각각 병합한 후 [A2:B2]를 병합 해제하는 예제입니다. 병합이 완료되면 제일 좌측 셀의 데이터만 보이게 됩니다. [A2:B2] 범위도 병합 후 병합을 해제했는데 이때도 맨 좌측의 데이터만 남게 됩니다.

```
# 셀 병합 및 해제하기
from openpyxl import load_workbook          # Workbook 모듈과 load_workbook 불러오기
wb = load_workbook("테스트.xlsx")            # "테스트.xlsx" 파일을 불러와 wb 객체에 저장
ws = wb["시트1"]                            # 시트 선택


ws.merge_cells("A1:B1")                     # [A1], [B1] 셀 병합
ws.merge_cells("A2:B2")                     # [A2], [B2] 셀 병합


ws.unmerge_cells("A2:B2")                   # [A2], [B2] 셀 병합 해제
wb.save(filename = "테스트_셀 병합.xlsx")    # 파일 저장
# [A1:B1] 셀은 병합되어 [A1] 셀 값만 보이게 되고,
# [A2:B2] 셀은 병합 후 다시 병합 해제하여 [A2] 셀 값만 보이게 됩니다.
```

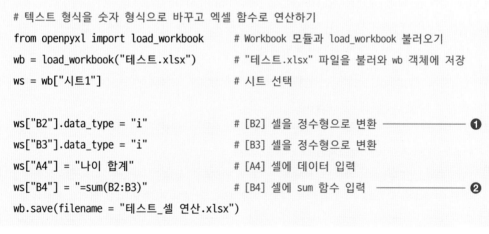

텍스트 형식을 숫자 형식으로 바꾸고 엑셀 함수로 연산하기

엑셀은 셀마다 데이터 형식을 지정할 수 있도록 되어 있습니다. 따라서 셀에 입력된 데이터가 숫자라 할지라도 셀의 표시 형식이 텍스트 형식으로 설정되어 있다면 합계나 평균 등 계산을 할 수 없습니다. 이는 파이썬도 마찬가지입니다. **a = "123"**과 같이 숫자를 문자열 자료형으로 선언해 변수에 저장할 경우 변수 a로는 사칙연산을 수행할 수 없습니다. 이럴 때 필요한 것이 바로 형 변환입니다. openpyxl에서는 data_type 변수로 자료형 변환을 할 수 있습니다.

다음은 '테스트.xlsx'의 [B2:B3] 범위 값을 엑셀 함수를 이용해 더하는 예제입니다. [B2:B3] 범위에 있는 데이터는 숫자로 보이지만 사실 문자열 자료형 데이터입니다. [B2:B3] 범위의 값을 정수형으로 변환하고 엑셀의 sum( ) 함수로 더해 보겠습니다.

```python
# 텍스트 형식을 숫자 형식으로 바꾸고 엑셀 함수로 연산하기
from openpyxl import load_workbook      # Workbook 모듈과 load_workbook 불러오기
wb = load_workbook("테스트.xlsx")       # "테스트.xlsx" 파일을 불러와 wb 객체에 저장
ws = wb["시트1"]                        # 시트 선택


ws["B2"].data_type = "i"              # [B2] 셀을 정수형으로 변환 ─────── ❶
ws["B3"].data_type = "i"              # [B3] 셀을 정수형으로 변환
ws["A4"] = "나이 합계"                  # [A4] 셀에 데이터 입력
ws["B4"] = "=sum(B2:B3)"             # [B4] 셀에 sum 함수 입력 ─────── ❷
wb.save(filename = "테스트_셀 연산.xlsx")
```

❶ [B2] 셀의 데이터를 문자형(character)에서 정수형(integer)으로 변환하라는 의미입니다. 문자열 자료형은 "s", 실수형은 "f"를 사용합니다.

❷ [B4] 셀에 **=sum(B2:B3)**을 입력하라는 의미입니다. 셀에 숫자나 문자와 같은 데이터를 넣기도 하지만 합계, 평균, 빈도 등을 구하는 엑셀 함수를 직접 입력할 수도 있습니다. 특히 openpyxl에서는 셀에 엑셀 함수를 문자열로 적어 넣기만 하면 이를 바로 구현해 줍니다.

셀 서식 다루기

엑셀을 애용하는 이유 중 하나는 다양한 서식을 사용할 수 있기 때문입니다. 폰트 사이즈를 조정하거나 셀의 배경 혹은 테두리를 꾸밀 수도 있습니다. openpyxl에서도 엑셀에서 사용하는 서식을 설정할 수 있습니다.

서식 변경을 위해서는 openpyxl.styles 패키지에 속해 있는 클래스를 불러와 사용합니다. 예를 들어 폰트와 관련한 서식은 Font 클래스를, 색과 관련한 서식은 Color 클래스를 불러와 사용하면 됩니다.

셀 배경과 폰트 서식 변경하기

셀 배경을 변경하려면 openpyxl.styles 패키지의 PatternFill 클래스를, 폰트 서식을 변경하려면 Font 클래스를 불러옵니다. 그 후 서식 설정값을 저장해 객체를 만든 다음 이를 셀의 서식 관련 변수(fill, font, border)의 값으로 설정하면 됩니다.

다음은 '테스트.xlsx' 파일에서 [A1:C1] 범위의 배경 서식을 검은색으로, 글자색을 흰색 볼드체로, 폰트 크기를 12로 설정하는 예제입니다.

```
# 셀 배경과 폰트 서식 변경하기
from openpyxl import load_workbook          # Workbook 모듈과 load_workbook 불러오기
from openpyxl.styles import Font, PatternFill    # 폰트와 배경 설정 클래스 불러오기


wb = load_workbook("테스트.xlsx")            # "테스트.xlsx" 파일을 불러와 wb 객체에 저장
ws = wb["시트1"]                             # 시트 선택


# 항목 부분 [A1:C1]의 배경을 검은색, 글자색을 흰색, 볼드체, 폰트 크기를 12로 변경
# 색 정보는 RGB HEX 코드로 지정하면 됨
fill_style = PatternFill(fill_type="solid", start_color="000000")    # 셀 배경 설정 ─ ❶
font_style = Font(color="FFFFFF", sz=12, bold=True)                  # 폰트 설정 ── ❷
```

```
for row in ws:                              # ws의 행을 하나씩 읽어옴
    for cell in row:                        # 행의 각 셀에 접근
        if cell.row == 1:                   # 셀 행이 1일 때 True가 되어 속성 변경 가능
            cell.fill = fill_style          # 셀의 배경 속성을 fill_style로 설정
            cell.font = font_style          # 셀의 폰트 속성을 font_style로 설정
wb.save(filename = "테스트_배경 서식 변경.xlsx")
```

❶ PatternFill( ) 함수에 배경색을 RGB HEX 코드를 이용해 검은색으로 지정했습니다. RGB HEX 코드는 Red, Green, Blue 색상 조합을 16진수로 표현하는 방식으로 검은색은 '000000', 흰색은 'FFFFFF', 파란색은 '0000FF'입니다.

❷ Font( ) 함수를 이용해 글자 색상을 흰색, 폰트는 크기 12에 볼드체로 설정했습니다.

셀 높이와 너비 조정하기

셀의 높이와 너비 조정은 styles 패키지 로드 없이도 가능합니다. 워크시트 객체에는 시트에 있는 행과 열을 선택할 수 있는 row_dimensions와 column_dimensions라는 멤버변수가 있습니다. row_dimensions의 height 변수에 높이 값을 설정하고 column_dimensions의 width 변수에 너비 값을 설정하면 셀의 높이와 너비를 조정할 수 있습니다.

다음은 '테스트_배경 서식 변경.xlsx' 파일을 불러와 1행부터 5행까지의 높이를 24, A열의 너비를 14로 변경하는 예제입니다.

```python
# 셀 높이와 너비 조정하기
from openpyxl import load_workbook                # 모듈 불러오기
wb = load_workbook("테스트_배경 서식 변경.xlsx")       # 파일 불러와 wb 객체에 저장
ws = wb["시트1"]                                   # 시트 선택

# 1~5행의 높이를 24, A열의 너비를 14로 변경
for i in range(1, 6):
    ws.row_dimensions[i].height = 24           # row_dimensions[i] → i행 전체를 선택
ws.column_dimensions["A"].width = 14           # column_dimensions["A"] → A열 전체를 선택
wb.save(filename = "테스트_너비와 높이 조정.xlsx")
```

텍스트 정렬하기

셀에 있는 텍스트를 가로(왼쪽/중앙/오른쪽), 혹은 세로로 정렬하려면(위쪽/중앙/아래쪽) openpyxl.styles 패키지의 Alignment 클래스를 사용합니다. 정렬 값을 저장하는 객체를 생성한 후, 정렬하려는 셀의 alignment 변숫값에 설정하면 됩니다. 또한 Alignment 클래스를 활용하면 텍스트 정렬뿐만 아니라 텍스트 회전, 들여쓰기, 텍스트를 셀에 맞추기, 텍스트 줄바꿈 등을 설정할 수 있습니다.

다음은 각 셀의 내용을 가로/세로 모두 중앙 정렬하는 예제입니다. 먼저 Alignment( ) 함수를 이용해 수평(horizontal)과 수직(vertical)을 중앙 정렬(center)로 설정한 alignment_style 객체를 생성합니다. 그런 다음 반복문을 활용해 각 행과 열을 불러와 셀의 정렬 속성을 설정합니다.

```
# 텍스트 정렬하기
from openpyxl import load_workbook                       # 모듈 불러오기
from openpyxl.styles import Alignment                    # 텍스트 정렬 모듈 불러오기

wb = load_workbook("테스트_너비와 높이 조정.xlsx")       # 파일 불러와서 wb 객체에 저장
ws = wb["시트1"]                                          # 시트 선택

# 가로와 세로 정렬값을 중앙으로 변경하는 객체 생성
alignment_style = Alignment(horizontal="center", vertical="center")

for row in ws:                                           # ws의 행을 하나씩 읽어옴
    for cell in row:                                     # 행의 각 셀에 접근
        cell.alignment = alignment_style                 # 셀의 정렬 속성을 설정

wb.save(filename = "테스트_텍스트 정렬.xlsx")            # 파일 저장
```

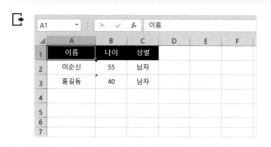

셀 테두리 서식 변경하기

셀 테두리의 서식(굵기, 색상)을 설정하려면 openpyxl.styles 패키지의 Side 클래스를, 셀의 어떤 부분(상하좌우)에 테두리 서식을 적용할 것인지 설정하려면 Border 클래스를 사용합니다.

다음은 데이터가 있는 셀에 검은색과 중간 굵기의 테두리를 설정하는 예제입니다. Side( ) 함수로 테두리 굵기를 중간(medium), 색상은 검은색(000000)으로 설정하는 객체를 생성하고, 이 객체를 Border( ) 함수로 셀의 테두리(상하좌우)에 적용한 후 이 모든 설정을 담은 border_styles 객체를 생성합니다. 반복문을 활용해 각 행과 열을 하나씩 불러와 **cell.border = border_styles**로 열의 테두리 속성을 설정하면 전체 셀에 적용됩니다.

```python
# 셀 테두리 서식 변경하기
from openpyxl import load_workbook                      # 모듈 불러오기
from openpyxl.styles import Side, Border                # 테두리 설정 모듈 불러오기
wb = load_workbook("테스트_텍스트 정렬.xlsx")          # 파일 불러와서 wb 객체에 저장
ws = wb["시트1"]                                        # 시트 선택
side_style = Side(style="medium", color="000000")      # 중간 굵기, 검은색 테두리로 설정

# 위 서식(side_style)을 적용할 테두리 영역을 설정 후 border_styles 객체로 저장
border_styles = Border(
    left = side_style,
    right = side_style,
    top = side_style,
    bottom = side_style
)

for row in ws:                                          # ws의 행을 하나씩 읽어옴
    for cell in row:                                    # 행의 각 셀에 접근
        cell.border = border_styles                     # 셀의 테두리 속성을 설정
wb.save(filename = "테스트_셀 테두리 변경.xlsx")       # 파일 저장
```

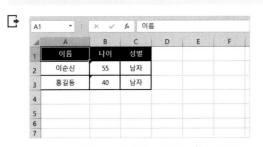

실습 **유통매장의 고객 만족도 분석하기**

예제 파일 | chapter07\고객 만족 데이터.xlsx

유통매장에서 일하는 A사원은 매주 고객들의 제품 구매 만족도와 클레임 횟수를 조사 및 정리하여 상사에게 보고하고 있습니다. 조사하는 데이터의 값과 양만 달라질 뿐, 동일한 양식에 값을 채워 넣고 평균과 합계를 내는 지루한 작업이 매주 반복됩니다. 이 작업을 파이썬으로 자동화하는 방법에 대해 알아보겠습니다.

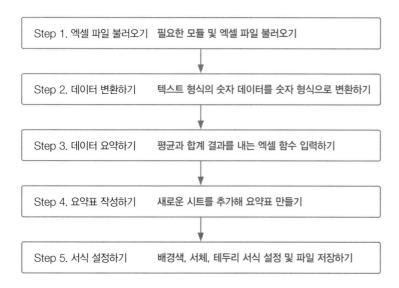

코딩 절차

'고객 만족 데이터.xlsx' 파일을 열어 보면 14행, 8열로 구성된 것을 확인할 수 있습니다. [제품 만족도], [재구매 의사], [추천 의향] 열은 1~5점, [방문 횟수], [클레임 횟수] 열은 최댓값 제한이 없는 숫자로 작성되어 있습니다. [연령대]와 [성별]은 범주형 데이터로 구성되어 있습니다. 점수 데이터로 평균을, 방문 횟수와 클레임 횟수 데이터로 합계를 낸 다음 상사 보고용으로 새로운 표를 만들고 서식을 지정하는 것이 이번 실습의 목표입니다.

Step 1. 엑셀 파일 불러오기   필요한 모듈 및 엑셀 파일 불러오기

↓

Step 2. 데이터 변환하기   텍스트 형식의 숫자 데이터를 숫자 형식으로 변환하기

↓

Step 3. 데이터 요약하기   평균과 합계 결과를 내는 엑셀 함수 입력하기

↓

Step 4. 요약표 작성하기   새로운 시트를 추가해 요약표 만들기

↓

Step 5. 서식 설정하기   배경색, 서체, 테두리 서식 설정 및 파일 저장하기

Step 1 엑셀 파일 불러오기

편리하게 엑셀 파일을 불러오기 위해 파일이 존재하는 C:\works\chapter07 폴더에서 주피터 노트북을 실행합니다. 다음 코드를 실행하여 load_workbook 모듈과 '고객 만족 데이터.xlsx' 파일을 불러옵니다.

```
# 01. 엑셀 파일 불러오기
from openpyxl import load_workbook      # Workbook 모듈과 load_workbook 불러오기
wb = load_workbook("고객 만족 데이터.xlsx")  # 파일을 불러와 wb 객체로 저장
ws = wb["Sheet1"]                       # 시트 선택
```

Step 2 데이터 변환하기

원본 엑셀 데이터를 보면 설문에 대한 고객의 응답 데이터 셀 [B2:F14]가 모두 텍스트 형식임을 알수 있습니다. 우리는 항목별로 평균 혹은 합계를 계산해야 하므로 이것을 모두 숫자 형식으로 변환해야 합니다. [A2:F13] 범위의 데이터를 모두 숫자 형식으로 변환하려면 data_type 변숫값을 "i"로 바꾸면 됩니다.

조건문에서 **cell.col_idx > 0 and cell.col_idx < 7**은 숫자 데이터가 있는 1열부터 6열까지의 조건을 의미하며, **col.row > 1**은 행 번호가 1보다 큰 행을 의미합니다. 다음 예제를 수행한 후 파일을 임시로 저장해서 엑셀로 열어 보면 셀 좌측 상단 모서리의 초록색 삼각형이 제거된 것을 확인할 수 있습니다.

```
# 02. 데이터 변환하기
# 반복문을 활용해 [B2:F14] 범위의 설문 응답 데이터만 숫자 형식으로 변경
for row in ws:                          # ws의 행을 하나씩 읽어옴
    for cell in row:                    # 행의 각 셀에 접근
        if cell.col_idx > 0 and cell.col_idx < 7 and cell.row > 1: # [B2:F14] 선택
            cell.data_type = "i"        # 셀 유형을 정수형으로 변환
```

NOTE 엑셀에서 셀 좌측 상단의 초록색 삼각형은 셀 값이 숫자인데 셀 형식이 텍스트로 되어 있을 때 나타납니다.

Step 3 데이터 요약하기

이제 데이터 준비가 완료되었으니 설문 항목별로 평균 혹은 합계를 계산해야 합니다. B, C, D는 평균을 구해야 하는 열이고, E, F는 합계를 내야 하는 열입니다. 결과를 얻으려면 각 열의 마지막 행에

해당하는 함수를 입력하면 됩니다. 이 코드를 실행하면 [B15], [C15], [D15] 셀에는 평균이, [E15], [F15] 셀에는 합계가 입력됩니다.

```python
# 03. 데이터 요약하기
this_max_row = ws.max_row                              # 마지막 행 번호 구하기 ──────── ❶
ws["A{}".format(this_max_row+1)] = "평균/합계"          # 마지막 다음 행에 값 입력 ── ❷


for col_let in ["B", "C", "D"]:                         # B, C, D열 반복 ───────────── ❸
    average_formula = "=AVERAGE({}2:{}{})".format(col_let, col_let,
        this_max_row)
    ws["{}{}".format(col_let, this_max_row+1)] = average_formula      ❹
    ws["{}{}".format(col_let, this_max_row+1)].number_format = "#.##"


for col_let in ["E", "F"]:                              # E, F열의 합계 구하기 ─────
    sum_formula = "=SUM({}2:{}{})".format(col_let, col_let, this_max_row)      ❺
    ws["{}{}".format(col_let, this_max_row+1)] = sum_formula
```

❶ max_row 멤버변수로 데이터가 입력된 마지막 행을 구해 this_max_row 변수에 입력합니다.

❷ 마지막 행의 다음 행 ([A15] 셀)에 "평균/합계" 텍스트를 입력합니다.

❸ 반복문을 활용해 평균을 구할 B, C, D 열을 col_let 변수에 입력합니다.

❹ [B2:B14], [C2:C14], [D2:D14] 범위의 평균을 구하는 함수를 만들고 이 평균 함수를 [B15], [C15], [D15] 셀에 입력한 후, 결과를 소수점 둘째 자리까지 표현하기 위해 number_format 속성을 "#.##"으로 변경합니다.

❺ 평균을 구하는 것과 마찬가지로 E, F열의 합계를 구해 [E15], [F15] 셀에 합계를 입력합니다.

Step 4 요약표 작성하기

이제 분석 결과를 정리한 요약표를 만들어 보겠습니다. 기존 시트에 작성하면 찾기 어려우므로 새로운 시트를 생성해 요약표를 만듭니다. create_sheet( ) 함수로 시트를 하나 생성한 후 ws 객체를 생성합니다. 그리고 요약표 양식으로 사용할 텍스트를 리스트로 생성하고 반복문으로 결과를 입력합니다.

```python
# 04. 요약표 작성하기
wb.create_sheet("보고서 삽입용 요약표")          # 요약표가 들어갈 시트 생성
ws = wb["보고서 삽입용 요약표"]                  # 시트 선택


# 요약표에 들어갈 내용을 리스트로 미리 지정
summary_table_form = [
    ["성별 분포", "남성", "여성"],
    ["인원", "", ""],
    ["비율", "", ""],
    ["", "", ""],
    ["연령 분포", "20대", "30대", "40대", "50대 이상"],
    ["인원", "", ""],
    ["비율", "", ""],
    ["", "", ""],
    ["조사 결과"],
    ["제품 만족도"],
    ["재구매 의사"],
    ["추천 의향"],
    ["방문 횟수"],
    ["클레임 횟수"]
]
# 리스트 데이터를 하나씩 읽어와 append( ) 함수를 통해 내용 입력
for form_row in summary_table_form:
    ws.append(form_row)
# wb.save("고객 만족 데이터_중간저장.xlsx")
# 위 주석 코드를 실행하면, 중간 결과를 저장하여 보고서 삽입용 요약표 시트를 생성합니다.
```

	A	B	C	D	E	F	G	H	I
1	성별 분포	남성	여성						
2	인원								
3	비율								
4									
5	연령 분포	20대	30대	40대	50대 이상				
6	인원								
7	비율								
8									
9	조사 결과								
10	제품 만족도								
11	재구매 의사								
12	추천 의향								
13	방문 횟수								
14	클레임 횟수								

요약표 양식을 만들었으므로 이제 표 안에 들어갈 값(남녀 비율, 연령 분포 등)을 계산하여 넣어야 합니다. 파이썬 pandas 패키지로도 간단히 수행할 수 있지만 여기서는 엑셀 함수만 사용하는 것으로 진행하겠습니다.

```python
# 남녀 인원수와 비율
for gender in [["B", "남"], ["C", "여"]]:                                      ❶
    ws[gender[0]+"2"] = "=COUNTIF(Sheet1!H2:H{}, \"{}\")".format(ws.max_row,   ❷
        gender[1])
    ws[gender[0]+"3"] = "={}2/SUM(B2:C2)".format(gender[0])                     ❸
    ws[gender[0]+"3"].number_format = "0.00%"                                   ❹


# 연령대별 인원수와 비율
for age in [["B", "20대"], ["C", "30대"], ["D", "40대"], ["E", "50대 이상"]]:  ❺
    ws[age[0]+"6"] = "=COUNTIF(Sheet1!G2:G{}, \"{}\")".format(ws.max_row, age[1])
    ws[age[0]+"7"] = "={}6/SUM(B6:E6)".format(age[0])
    ws[age[0]+"7"].number_format = "0.00%"


# 항목별 평균, 합계 요약
row_no = 10
for alphabet in ["B", "C", "D", "E", "F"]:                                      ❻
    ws["B"+str(row_no)] = "=Sheet1!{}{}".format(alphabet, ws.max_row+1)
    if row_no < 13:
        ws["B"+str(row_no)].number_format = "#.##"
    row_no += 1
# 위 코드를 실행하면 보고서 삽입용 요약표 양식에 요약된 값들이 다음 그림처럼 삽입됩니다.
```

	A	B	C	D	E	F	G	H	I
1	성별 분포	남성	여성						
2	인원	9	4						
3	비율	69.23%	30.77%						
4									
5	연령 분포	20대	30대	40대	50대 이상				
6	인원	5	8	0	0				
7	비율	38.46%	61.54%	0.00%	0.00%				
8									
9	조사 결과								
10	제품 만족	4.92							
11	재구매 의	4.15							
12	추천 의향	4.15							
13	방문 횟수	13							
14	클레임 횟	36							

❶ 첫 번째 반복문은 남녀 인원수와 비율을 구하는 내용입니다. [B2], [C2] 셀에는 남녀 인원수, [B3], [C3] 셀에는 남녀 비율을 계산하여 입력합니다.

❷ 첫 번째 반복 시 코드에 입력되는 값을 살펴보면 gender[0] ="B", gender[1]="남"이 대입됩니다. 따라서 **ws[gender[0]+"2"]**는 ws["B2"]와 같습니다.

COUNTIF(Sheet1!H2:H{}, \"{}\")".format(ws.max_row, gender[1])은 Sheet1의 [H2:H14]에서 gender[1]의 값인 '남'의 개수를 계산합니다.

❸ ws["B3"]에 **=B2/SUM(B2:C2)** 식이 입력되어 남자의 비율을 계산합니다.

❹ ws["B3"]의 포맷을 백분율, 소수점 둘째 자리까지 표현하도록 설정합니다.

❺ 두 번째 반복문은 연령대별 인원수와 비율을 구하는 것인데, ❶ 남녀 인원수와 비율을 구하는 방법과 동일한 절차로 진행됩니다.

❻ 세 번째 반복문은 데이터 요약 시 계산한 Sheet 1의 [B15], [C15], [D15] 셀의 평균값과 [E15], [F15] 셀의 합계를 보고서 삽입용 요약표 시트의 [B10:B14]로 복사하는 내용입니다. row_no는 10행부터 데이터를 입력하기 위한 행 카운터로 사용됩니다. [B12] 셀까지 입력되는 값은 평균이므로 소수점 둘째 자리까지 표현하도록 조건문을 사용해 포맷을 설정했습니다.

Step 5 서식 설정하기

마지막으로 요약표의 서식을 보기 좋게 만들어 봅시다. 먼저, 셀의 너비와 높이를 바꿔 보겠습니다. A열은 너비 15, B~E열은 너비 10으로 설정하고 모든 행의 높이는 25로 맞춥니다. 반복문에 있는 **range(len(summary_table_form)+1)**은 요약표 양식이 있는 행의 길이를 반환해 줍니다.

```
# 05. 서식 설정하기
ws.column_dimensions["A"].width = 15              # A열의 너비는 15로 설정
for alphabet in ["B", "C", "D", "E"]:
    ws.column_dimensions[alphabet].width = 10     # 나머지 열의 너비는 10으로 설정


for i in range(len(summary_table_form)+1):
    ws.row_dimensions[i].height = 25              # 모든 행의 높이를 25로 설정
```

다음은 앞서 배웠던 openpyxl.styles 패키지에서 Alignment, Side, Border, Font, PatternFill 클래스를 불러와 서식을 바꿔 보겠습니다. 텍스트는 중앙 정렬하고 테두리 색상은 'CCCCCC', 굵기는 중간으로 설정한 객체를 만들고 반복문을 활용해 데이터가 있는 범위의 셀에만 정렬과 테두리 서식을 설정합니다.

```
from openpyxl.styles import Alignment, Side, Border, Font, PatternFill, Color


alignment_style = Alignment(horizontal= "center", vertical = "center")
                                                    # 텍스트 정렬 서식 지정
side = Side(color="CCCCCC", border_style="medium")  # 테두리 서식 지정
border_style = Border(                              # border_style 객체 생성
    left = side,
    right = side,
    top = side,
    bottom = side,
)


# 표가 있는 부분에만 폰트와 테두리 서식 적용
style_apply_cells = ["A1:C3", "A5:E7", "A9:B14"]
for cell_area in style_apply_cells:                 # 셀 영역을 차례로 읽어옴
    for row in ws[cell_area]:                       # 셀 영역의 각 행을 차례로 읽어옴
        for cell in row:                            # 행의 각 셀에 접근
            cell.alignment = alignment_style        # 텍스트 서식 설정
            cell.border = border_style              # 테두리 서식 설정
```

서식 작업의 마지막 단계로, 표의 헤더 부분을 볼드체로 처리하고 음영을 넣어 표의 항목을 강조하겠습니다. 음영은 원하는 색으로 지정하면 됩니다. 여기서는 배경색을 'ffd663'으로 설정했습니다.

```
header_font_style = Font(sz=12, bold=True)          # 표의 헤더 부분은 볼드로 처리
header_background_style = PatternFill(fill_type="solid", start_color="ffd663")
                                                    # 음영 처리
style_apply_cells_for_header = ["A1:C1", "A5:E5", "A9:B9"]
                                                    # 서식이 적용될 헤더 부분의 영역 설정


for cell_area in style_apply_cells_for_header:      # 셀 영역을 차례로 읽어옴
    for row in ws[cell_area]:                       # 셀 영역의 각 행을 차례로 읽어옴
        for cell in row:                            # 행의 각 셀에 접근
            cell.font = header_font_style           # 셀 폰트 서식 설정
            cell.fill = header_background_style      # 셀 배경 서식 설정


ws.merge_cells("A9:B9")                             # '조사 결과' 셀 병합
```

이제 모든 작업이 완료되었습니다. 엑셀의 활성화 시트를 요약표 시트로 변경한 다음, wb 객체를 엑셀 파일로 저장합니다. 파일을 열어 보면 다음처럼 고객 만족 데이터 분석 결과를 볼 수 있습니다.

```
wb.active = ws
wb.save("고객 만족 데이터_보고.xlsx")
```

	A	B	C	D	E
1	성별 분포	남성	여성		
2	인원	9	4		
3	비율	69.23%	30.77%		
4					
5	연령 분포	20대	30대	40대	50대 이상
6	인원	5	8	0	0
7	비율	38.46%	61.54%	0.00%	0.00%
8					
9	조사 결과				
10	제품 만족도	4.92			
11	재구매 의사	4.15			
12	추천 의향	4.15			
13	방문 횟수	13			
14	클레임 횟수	36			

Sheet1　보고서 삽입용 요약표

실습 ## 여러 엑셀 파일을 하나로 합치기

예제 파일 | chapter07\시트복사_원본1.xlsx,
chapter07\시트복사_원본2.xlsx

현업에서는 매일매일 같은 포맷의 데이터가 생성되기 때문에 이를 분석하려면 모든 파일을 하나의 파일로 합쳐야 하는 경우가 자주 발생합니다. 이번 실습은 다음 그림에서 보는 것처럼 엑셀 파일 두 개를 하나로 통합하여 '통합.xlsx' 파일을 생성하는 것입니다.

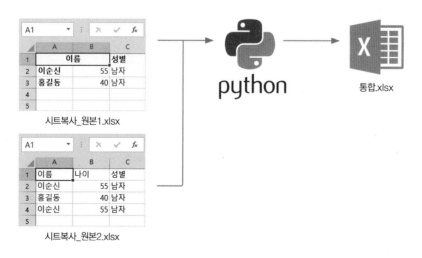

시트복사_원본1.xlsx

시트복사_원본2.xlsx

'시트복사_원본1.xlsx'와 '시트복사_원본2.xlsx' 파일은 각각 시트 하나로 구성되어 있고 이름, 나이, 성별 데이터를 가지고 있습니다. 이번 실습의 목표는 셀의 내용과 서식을 복사하는 사용자 함수를 정의하고 이를 이용해 원본 파일을 새로운 엑셀 파일에 복사하는 것입니다.

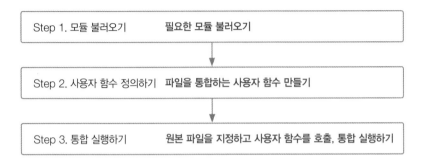

Step 1. 모듈 불러오기	필요한 모듈 불러오기
Step 2. 사용자 함수 정의하기	파일을 통합하는 사용자 함수 만들기
Step 3. 통합 실행하기	원본 파일을 지정하고 사용자 함수를 호출, 통합 실행하기

Step 1 모듈 불러오기

아래 코드를 실행하여 copy, Workbook, load_workbook 모듈을 불러옵니다.

```
# 01. 모듈 불러오기
from copy import copy     # 셀의 값과 서식을 복사하기 위해 copy 모듈 불러오기
from openpyxl import Workbook
from openpyxl import load_workbook
```

Step 2 사용자 함수 정의하기

copy_ws( )는 사용자 정의 함수로, 파일을 통합하기 위해 ws_src(원본 파일 시트)를 복사해서 wb_dst(통합 파일)에 new_sheet_name(시트)으로 저장합니다.

wb_dst에 new_sheet 하나를 추가한 후 ws_src의 행과 항목 셀을 하나씩 읽어와 값과 셀의 속성 변수들을 모두 new_sheet에 복사합니다. 파이썬에서 제공하는 copy( ) 함수로 셀 속성을 복사하고, 마지막에 if 문으로 ws_src에 병합된 셀이 있다면 통합 파일의 new_sheet에도 동일하게 반영합니다.

```
# 02. 사용자 함수 정의하기
def copy_ws(ws_src, wb_dst, new_sheet_name):
    wb_dst.create_sheet(new_sheet_name)        # 통합 엑셀 파일에 워크시트 하나를 추가
    new_sheet = wb_dst[new_sheet_name]         # 통합 엑셀 파일에 추가한 워크시트를 선택
    for row in ws_src:                         # ws의 행을 하나씩 읽어옴
        for cell in row:                       # 행의 각 셀에 접근
            new_cell = new_sheet[cell.coordinate]
                                               # 접근한 셀의 좌표를 new_cell 변수에 저장

            # 현재 접근한 셀의 내용과 서식을 복사하여 통합 파일의 new_sheet 셀에 붙여넣기
            new_cell.value = cell.value                                # 셀 값
            new_cell.font = copy(cell.font)                            # 폰트
            new_cell.border = copy(cell.border)                       # 테두리
            new_cell.fill = copy(cell.fill)                           # 배경
            new_cell.number_format = copy(cell.number_format)         # 셀 값 포맷
            new_cell.protection = copy(cell.protection)               # 보호셀
            new_cell.alignment = copy(cell.alignment)                 # 정렬

    if ws_src.merged_cells:  # 원본 워크시트에 병합된 셀이 있다면 대상 워크시트에도 반영
        new_sheet.merge_cells(str(ws_src.merged_cells))
```

Step 3 통합 실행하기

엑셀 파일을 하나로 합칠 wb_dst(통합 파일) 객체를 생성하고 원본 파일들은 src_file_list에 리스트로 생성합니다. 반복문을 통해 원본 파일의 워크시트에 순차적으로 접근하여 wb_src 객체 생성 및 통합 파일에 저장될 워크시트명을 만든 후 new_sheet_name에 저장합니다.

copy_ws( ) 함수를 실행해 ws_src(원본 파일 시트)를 복사해서 wb_dst(통합 파일)에 new_sheet_name(시트)으로 저장합니다. 마지막으로 wb_dst를 '통합.xlsx' 파일로 저장합니다.

```
# 03. 통합 실행하기
wb_dst = Workbook()    # 엑셀 파일을 통합할 워크북(통합 파일) 생성
src_file_list = ["시트복사_원본1.xlsx", "시트복사_원본2.xlsx"]
                    # 원본 파일들을 리스트로 생성


for src_file in src_file_list:          # 반복문을 통해 원본 파일에 접근
    wb_src = load_workbook(src_file)     # 원본 파일의 워크북을 객체로 로드
    for ws_src in wb_src.worksheets:     # 반복문을 통해 원본 파일의 워크시트에 접근
        new_sheet_name = src_file.split(".xlsx")[0] + "_" + ws_src.title
                            # 통합 파일 시트명 생성

        copy_ws(ws_src, wb_dst, new_sheet_name)     # 통합 파일에 원본시트 복사


wb_dst.remove(wb_dst["Sheet"]) # 통합 워크북 객체 생성 시 자동 생성되는 워크시트는 삭제
wb_dst.save("통합.xlsx")          # 병합이 끝난 대상 워크북 객체를 엑셀 파일로 저장
# '통합.xlsx' 파일을 열어 보면 다음과 같이 두 개의 시트 결과를 확인할 수 있습니다.
```

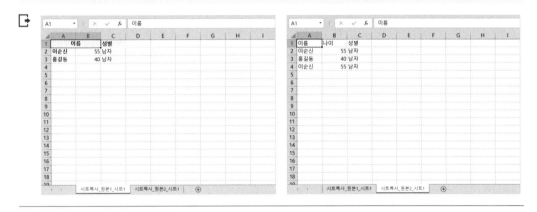

NOTE 엑셀 파일을 통합하는 것을 openpyxl 패키지를 활용하는 방법 외에도 pandas 패키지나 마이크로소프트사에서 제공하는 win32com 패키지로도 쉽게 수행할 수 있습니다.

파워포인트 업무 자동화

▶▶ 파워포인트 역시 엑셀만큼 직장에서 많이 사용하는 업무 도구입니다. 파워포인트 파일을 생성하거나 수정, 파일 통합 등의 작업 역시 파이썬으로 자동화할 수 있습니다. 이번 장에서는 python-pptx 패키지에 대해 알아봅시다.

python-pptx 개요

파워포인트 파일(pptx) 또한 엑셀 파일(xlsx)과 마찬가지로 OOXML 규약에 맞춰 저장됩니다. python-pptx 패키지는 OOXML을 편집, 수정할 수 있는 기능을 포함하고 있어 파이썬 코드만으로도 파워포인트 파일의 내용을 쉽게 변경할 수 있습니다.

python-pptx를 pandas와 같은 데이터 핸들링 패키지와 함께 사용하면 더욱 효과적입니다. 예를 들어 고객들의 설문 응답 데이터를 pandas의 데이터 프레임으로 불러와 통계 수치를 낸 다음, python-pptx를 이용해 즉시 파워포인트 보고서로 만들 수 있습니다.

python-pptx의 주요 기능

• 파워포인트 파일(pptx)의 읽기/쓰기 완벽 지원
• 슬라이드 추가 및 삭제, 글상자, 이미지, 표, 도형 등 개체 추가 및 조정
• ppl 그래프(차트) 추가
• 파워포인트에서 사용하는 기능 대부분 지원

python-pptx 설치

python-pptx 패키지를 설치하기 위해 주피터 노트북에서 다음과 같이 입력합니다.

```
!pip install python-pptx
```

파워포인트 파일 다루기

예제 파일 | chapter07\사내 어린이집 원아모집.pptx

간단한 서식이 있는 '사내 어린이집 원아모집.pptx' 파일을 활용해 파워포인트 파일 생성 및 수정, 저장하는 방법 등을 알아보겠습니다.

파워포인트 파일 생성하고 저장하기

파워포인트 파일을 생성, 저장, 편집하기 위해 pptx 모듈의 하위 클래스 중 하나인 Presentation 클래스를 불러옵니다.

```
# 파워포인트 파일 생성하고 저장하기
from pptx import Presentation      # Presentation 클래스 불러오기
```

모듈을 불러오면 이제 파워포인트 파일을 만들 수 있습니다. Presentation( ) 함수로 prs라는 파워포인트 객체를 생성합니다. prs를 파워포인트 파일이라고 생각하면 쉽게 이해될 것입니다. prs에 여러 함수를 붙여 사용할 수 있는데, 일단 save( ) 함수로 prs를 저장합니다.

```
prs = Presentation()        # 파워포인트 객체 생성
prs.save ("샘플.pptx")        # 파워포인트 파일로 저장
# "샘플.pptx"를 열어 보면 아래 화면처럼 빈 슬라이드가 생성된 것을 확인할 수 있습니다.
```

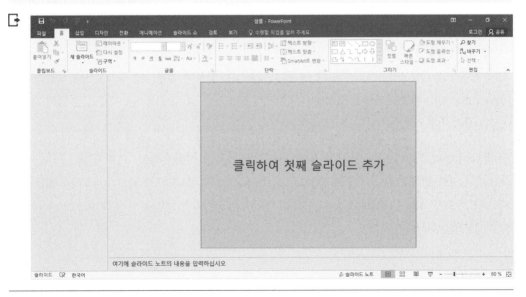

파워포인트 파일 수정하기

파워포인트 파일을 생성하고 기본 슬라이드 마스터로 편집할 수도 있지만, 기존에 만들어 놓은 파워포인트 파일을 불러와 편집하는 것이 더 편리합니다. 파워포인트에서 보고서의 양식과 서식을 미리 만들어 저장한 다음, 그 파일을 python-pptx로 불러와 데이터가 입력될 부분에만 값을 넣고 저장하면 되기 때문입니다. 즉 양식이나 서식, 디자인은 파워포인트 프로그램에서 작업하고 실제 데이터나 값을 입력하는 것은 python-pptx 패키지로 처리하는 것이 효율적입니다.

파워포인트를 수정하려면 python-pptx 클래스 구조를 이해해야 합니다. 기존 파일을 불러와 Presentation 객체를 생성하면 하위에 slides 속성과 shapes 속성을 가지게 됩니다. slides는 모든 슬라이드를 리스트 형태로 저장하고 있으며, 그 하위에 있는 shapes 속성을 통해 특정 개체(글상자, 이미지, 도형 등)에 접근할 수 있습니다. Presentation 클래스의 구조를 도식화하면 다음 그림과 같습니다.

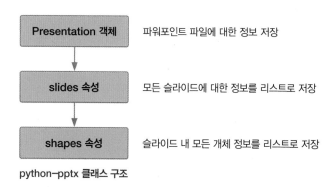

python-pptx 클래스 구조

파워포인트 파일 구조 파악하기

'사내 어린이집 원아모집.pptx' 파일과 python-pptx를 활용해 슬라이드 구조를 살펴보겠습니다. Presentation( ) 함수로 파일을 불러와 prs 객체를 생성하고, slide1에 prs 객체의 첫 번째 슬라이드를 저장합니다.

slide1.shapes 멤버변수는 첫 번째 슬라이드에 있는 모든 개체(글상자, 이미지, 표, 도형 등)의 정보를 가지며 반복문으로 개체 형식(shape_type)을 출력합니다. shape_type에서 AUTO_SHAPE는 도형, PICTURE는 이미지, TEXT_BOX는 글상자, TABLE은 표, GROUP은 그룹화된 개체를 의미합니다.

```
# 파워포인트 파일 구조 파악하기
from pptx import Presentation          # Presentation 클래스 불러오기
prs = Presentation("사내 어린이집 원아모집.pptx")
                                       # 파일을 불러와 파워포인트 객체 생성

slide1 = prs.slides[0]                 # prs 객체의 0번 슬라이드를 slide1에 저장
for shape in slide1.shapes:            # slide1.shapes를 하나씩 불러오기
    print(shape.shape_type)
# 오른쪽 이미지는 "사내 어린이집 원아모집.pptx" 파일의 첫 번째 슬라이드입니다.
```

➥ AUTO_SHAPE (1)
　 PICTURE (13)
　 TEXT_BOX (17)
　 AUTO_SHAPE (1)
　 TABLE (19)
　 AUTO_SHAPE (1)
　 AUTO_SHAPE (1)
　 AUTO_SHAPE (1)
　 AUTO_SHAPE (1)
　 AUTO_SHAPE (1)
　 GROUP (6)
　 GROUP (6)
　 AUTO_SHAPE (1)
　 AUTO_SHAPE (1)
　 AUTO_SHAPE (1)
　 AUTO_SHAPE (1)
　 AUTO_SHAPE (1)

도형과 글상자에 있는 텍스트 출력하기

원본 파일의 슬라이드 내용 중 도형과 글상자에 담긴 텍스트만 확인해 보겠습니다. 도형(AUTO_SHAPE)의 인덱스 번호는 1이고, 글상자(TEXT_BOX)의 인덱스 번호는 17이므로 이 번호를 이용해 필터링하면 됩니다. 필터링된 개체의 텍스트에 접근하기 위해서는 shape.txt 멤버변수를 사용합니다.

```
# 도형과 글상자에 있는 텍스트 출력하기
from pptx import Presentation          # Presentation 클래스 불러오기
prs = Presentation("사내 어린이집 원아모집.pptx")
                                       # 파일을 불러와 파워포인트 객체 생성

slide1 = prs.slides[0]                 # prs 객체의 0번 슬라이드를 slide1에 저장
for shape in slide1.shapes:            # slide1.shapes를 하나씩 불러오기
    if shape.shape_type == 1 or shape.shape_type == 17:
                                       # shape_type이 1 또는 17일 경우
        print(shape.text)              # 텍스트 출력
```

▶ 사내 어린이집 원아모집 (안내)

직장 어린이집 원아모집 관련 내용을 안내드리오니

자녀분의 입소를 희망하시는 직원분께서는 신청해 주시기 바랍니다.

1. 모집 대상 : 만 1세 ~ 만 5세의 영유아가 있는 직원

2. 모집 인원 (변동 가능)

3. 신청방법

바른

어린이집

신청 : 어린이집 홈페이지 신청

서류 제출 : 직접 우편접수 (첨부1 서류목록 및 제출처 주소지 참조)

접수 일정 : ~11.6(수) 18시까지 온라인 접수 *24.11.13(수) 오후 2시 발표 예정

신청 : 어린이집 홈페이지 신청

서류 제출 : 이메일 제출

* 메일 제목 : 신청자 이름/아동 이름(생년월일)/서류제출명

접수 일정 : ~11.6(수) 18시까지 온라인 접수 *24.11.13(수) 오후 2시 발표 예정

신청 : 담당자 이메일 신청

* 자녀 성명/생년/모집구분 기재 必 (가족관계증명서 必)

접수 일정 : ~11.6(수) 18시까지 메일 접수 *24.11.13(수) 오후 2시 발표 예정

※ 첨부 : 어린이집 제출서류 상세 (안내)

【 마침 】

텍스트 수정하기

원본 문서의 최상단 제목인 '사내 어린이집 원아모집 (안내)'를 '어린이집 모집안내'라고 바꾼 후 저장해 보겠습니다. 반복문에서 shape 개체들을 하나씩 읽어온 후, 변경하려는 개체가 들어 있는 글상자인지 확인하기 위해 **if shape.shape_type == 1 and "원아모집 (안내)" in shape.text:** 조건문을 사용했습니다. 필터링된 도형에 있는 텍스트 내용을 바꾸고 싶다면 **shape.text**에 값을 지정하면 됩니다.

```python
# 텍스트 수정하기
from pptx import Presentation            # Presentation 클래스 불러오기
prs = Presentation("사내 어린이집 원아모집.pptx")
                                          # 파일을 불러와 파워포인트 객체 생성


slide1 = prs.slides[0]                    # prs 객체의 0번 슬라이드를 slide1에 저장
for shape in slide1.shapes:               # slide1.shapes를 하나씩 불러오기


    # 제목 도형인지 체크하기 위한 필터링
    if shape.shape_type == 1 and "원아모집 (안내)" in shape.text:
        shape.text = "어린이집 모집안내"     # 해당 도형의 텍스트 값 변경
prs.save("사내 어린이집 원아모집_수정.pptx")  # 다른 파워포인트 파일로 저장
```

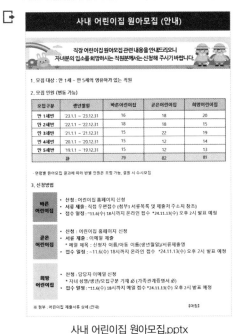

사내 어린이집 원아모집.pptx

사내 어린이집 원아모집_수정.pptx

새로운 파일로 저장된 파워포인트 파일을 열어 보면 문서 제목이 코드에서 작성한 대로 바뀐 것을 확인할 수 있습니다. 그런데 원본의 폰트 크기와 색, 정렬이 모두 초기화되었습니다. 변경된 서식을 원래대로 수정하기 위해서는 서식 관련 작업을 추가로 진행해야 합니다.

텍스트 서식 변경하기

도형이나 글상자의 텍스트 서식을 변경하기 위해서는 shapes 하위에 있는 text_frame 멤버변수에 접근해야 합니다. text_frame의 하위 멤버변수 중에서 auto_size, fit_text, margin_***, word_wrap 속성에 접근하면 파워포인트 텍스트 상자의 [서식] 탭에서 설정하는 옵션을 제어할 수 있습니다. paragraphs 멤버변수는 파워포인트의 [글꼴], [단락] 탭에서 설정하는 옵션을 제어할 수 있으며, 하위에 있는 서식 관련 주요 멤버변수로는 alignment, font, line_spacing 등이 있습니다.

shapes 하위 멤버변수가 이처럼 다단계 구조인 이유는 파워포인트의 구조 자체가 복잡하기 때문입니다. 예를 들어 파워포인트 개체 중 어떤 것은 글상자만 있는 경우도 있지만, 도형 안에 글상자가 삽입되어 있는 것도 있습니다. 또한 글상자와 도형 외에도 표, 이미지, 그룹, 애니메이션 등 다양한 개체와 요소가 있습니다.

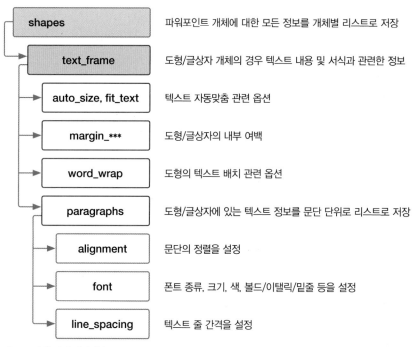

텍스트 서식 설정 멤버변수

다음은 앞에서 텍스트를 수정한 파일에 서식 수정을 추가한 예제입니다. 서식 관련 모듈인 pptx.util, pptx.dml.color, pptx.enum.text를 추가로 불러왔습니다. 앞서 설명한 것처럼 text_frame.paragraphs 멤버변수의 하위 변수를 활용해서 서식을 설정합니다. **paragraphs[0]**처럼 숫자 0이 들어간 것은 해당 글상자의 첫 번째 줄을 의미합니다.

```python
# 텍스트 서식 변경하기
from pptx import Presentation
from pptx.util import Pt                    # 폰트 크기 설정을 위해 로드(Pt는 point를 의미)
from pptx.dml.color import RGBColor         # 색 설정을 위해 로드
from pptx.enum.text import PP_ALIGN         # 텍스트 정렬을 위해 로드


prs = Presentation("사내 어린이집 원아모집.pptx")
                                            # 파일을 불러와 파워포인트 객체 생성
slide1 = prs.slides[0]                      # prs 객체의 0번 슬라이드를 slide1에 저장
for shape in slide1.shapes:                 # slide1.shapes를 하나씩 불러오기


    # 제목 도형인지 체크한 후 텍스트 내용과 서식 수정
    if shape.shape_type == 1 and "원아모집 (안내)" in shape.text:
        shape.text = "어린이집 모집안내"       # 해당 도형의 텍스트 값 변경
        shape.text_frame.paragraphs[0].alignment = PP_ALIGN.CENTER    # 중앙 정렬
        shape.text_frame.paragraphs[0].font.bold = True    # 볼드체로 설정
        shape.text_frame.paragraphs[0].font.name = "맑은 고딕"
                                            # 맑은 고딕 서체로 설정
        shape.text_frame.paragraphs[0].font.size = Pt(20)
                                            # 폰트 크기 20으로 설정
        shape.text_frame.paragraphs[0].font.color.rgb = RGBColor(0xFF, 0xFF, 0xFF)
                                            # 흰색으로 설정
prs.save("사내 어린이집 원아모집_서식수정.pptx")    # 파일 저장
```

사내 어린이집 원아모집.pptx

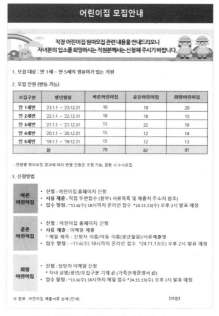

사내 어린이집 원아모집_서식수정.pptx

표 내용 불러오고 수정하기

다음은 '사내 어린이집 원아모집.pptx' 파일을 읽어와 표에 있는 텍스트를 출력하는 내용입니다. 표 개체에 있는 텍스트를 출력하려면 멤버변수 has_table로 선택한 개체가 표인지 아닌지를 먼저 체크해야 합니다. shapes 하위 멤버변수 중 table 변수와 cell( ), iter_cells( ) 함수를 사용해서 표 개체의 텍스트에 접근합니다.

```python
# 표 내용 불러오고 수정하기
from pptx import Presentation
prs = Presentation("사내 어린이집 원아모집.pptx")  # 파일을 불러와 파워포인트 객체 생성
slide1 = prs.slides[0]              # prs 객체의 0번 슬라이드를 slide1에 저장


for shape in slide1.shapes:         # slide1.shapes를 하나씩 불러오기
    if shape.has_table:  # 표만 따로 필터링하기. has_table 멤버변수로 표인지 체크 가능
        print(shape.table.cell(row_idx = 0, col_idx = 0).text) ─────── ❶
                        # 출력값: 모집구분. 0번 행, 0번 열
        print(shape.table.cell(0, 1).text)  # 출력값: 생년월일. 0번 행, 1번 열
        for cell in shape.table.iter_cells(): ─────── ❷
                        # 반복문을 통해 순차적으로 접근(행 → 열 순)
            print(cell.text)
```

생년월일

모집구분

생년월일

바른어린이집

곧은어린이집

희망어린이집

만 1세반

'23.1.1 ~ '23.12.31

- 이하 생략 -

---

❶ cell(row_idx, col_idx) 함수로 특정 셀에 접근합니다. 첫 번째 파라미터는 행의 인덱스, 두 번째 파라미터는 열의 인덱스입니다. 모두 0부터 시작합니다.

❷ iter_cells( ) 함수는 테이블 내 행과 열에 순차적으로 접근하는 함수입니다. 반복문과 함께 사용하면 테이블 내 모든 셀에 접근할 수 있습니다.

다음은 표에 있는 어린이집 이름을 '바른어린이집, 곧은어린이집, 희망어린이집'에서 '좋은어린이집, 멋진어린이집, 밝은어린이집'으로 변경하는 예제입니다.

```python
# 표 내용 불러오고 수정하기
from pptx import Presentation
from pptx.util import Pt                    # 폰트 크기 설정을 위해 로드
from pptx.enum.text import PP_ALIGN   # 텍스트 정렬을 위해 로드
prs = Presentation("사내 어린이집 원아모집.pptx")
                                  # 파일을 불러와 파워포인트 객체 생성


# 바꿀 내용을 리스트로 먼저 저장. 왼쪽은 원본, 오른쪽은 바뀔 내용
replace_text = [
    ["바른어린이집", "좋은어린이집"],
    ["곧은어린이집", "멋진어린이집"],
    ["희망어린이집", "밝은어린이집"] ]

slide1 = prs.slides[0]                 # prs 객체의 0번 슬라이드를 slide1에 저장
for shape in slide1.shapes:            # slide1.shapes를 하나씩 불러오기 ——— ❶
    if shape.has_table:    # 표만 따로 필터링하기. has_table 멤버변수로 표인지 체크
```

```
        for cell in shape.table.iter_cells():  ————————————————————— ❷
            # 반복문을 통해 순차적으로 접근(행 → 열 순)
            for re_text in replace_text:
                if cell.text == re_text[0]:    # 바뀔 내용과 동일한 텍스트일 경우
                    cell.text = re_text[1]     # 내용 변경
                    # 셀 내용을 수정하면 서식이 변경되므로 재조정
                    cell.text_frame.paragraphs[0].alignment = PP_ALIGN.CENTER
                    cell.text_frame.paragraphs[0].font.name = "맑은 고딕"
                    cell.text_frame.paragraphs[0].font.bold = True
                    cell.text_frame.paragraphs[0].font.size = Pt(11)
                    break
prs.save("사내 어린이집 원아모집_표 내용 수정.pptx")     # 다른 파워포인트 파일로 저장
```

모집구분	생년월일	바른어린이집	곧은어린이집	희망어린이집
만 1세반	'23.1.1 ~ '23.12.31	16	18	20
만 2세반	'22.1.1 ~ '22.12.31	18	18	15
만 3세반	'21.1.1 ~ '21.12.31	15	22	19
만 4세반	'20.1.1 ~ '20.12.31	15	12	14
만 5세반	'19.1.1 ~ '19.12.31	15	12	13
計		79	82	81

사내 어린이집 원아모집.pptx의 표

모집구분	생년월일	좋은어린이집	멋진어린이집	밝은어린이집
만 1세반	'23.1.1 ~ '23.12.31	16	18	20
만 2세반	'22.1.1 ~ '22.12.31	18	18	15
만 3세반	'21.1.1 ~ '21.12.31	15	22	19
만 4세반	'20.1.1 ~ '20.12.31	15	12	14
만 5세반	'19.1.1 ~ '19.12.31	15	12	13
計		79	82	81

사내 어린이집 원아모집_표 내용 수정.pptx의 표

❶ 조건문으로 shape를 하나씩 불러와 표를 필터링합니다.

❷ 표일 때 반복문과 iter_cells( ) 함수를 활용해 모든 셀에 순차적으로 접근하고, 기존 어린이집과 동일한 셀을 찾은 후 새로운 텍스트로 대체합니다. 텍스트만 바뀌는 것이기 때문에 기존 서식(정렬, 글꼴, 폰트 크기 등)과 동일하게 설정합니다.

실습 행사 참가자 명찰 제작하기

예제 파일 | chapter07\행사 참석자 명단.xlsx,
chapter07\명찰 양식.pptx

지금까지 학습한 내용을 바탕으로 python-pptx로 파워포인트 파일의 양식에 이름과 소속 데이터를 자동 입력하여 명찰을 대량 제작하는 예제를 실습해 보겠습니다. 파워포인트만 사용해서 명찰 양식을 보기 좋게 만들 수도 있겠지만 참석자의 소속과 이름을 하나하나 수동으로 입력하는 것은 굉장한 단순 반복 작업입니다. 파이썬을 이용하면 대량의 명찰을 단숨에 제작할 수 있습니다.

행사 참석자 명단.xlsx

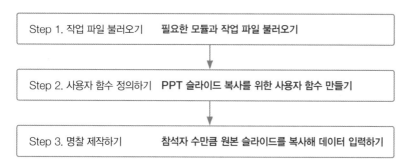

명찰 양식.pptx

🖥 코딩 절차

'행사 참석자 명단.xlsx' 파일에는 32명의 이름과 소속 데이터가, '명찰 양식.pptx'에는 페이지당 4개의 명찰 양식이 작성되어 있습니다. 이번 실습의 목표는 엑셀 파일에서 이름과 소속을 불러와 명찰 양식(PPT)에 대입하여 쉽고 빠르게 다량의 명찰을 제작하는 것입니다.

Step 1. 작업 파일 불러오기	필요한 모듈과 작업 파일 불러오기

↓

Step 2. 사용자 함수 정의하기	PPT 슬라이드 복사를 위한 사용자 함수 만들기

↓

Step 3. 명찰 제작하기	참석자 수만큼 원본 슬라이드를 복사해 데이터 입력하기

Step 1 작업 파일 불러오기

먼저 pandas, Presentation 모듈을 불러오고 read_excel( ) 함수로 행사 참석자 명단을, Presentation( ) 함수로 명찰 양식을 불러옵니다.

명찰 양식은 A4 용지 하나에 명찰 4개가 들어갈 수 있도록 구성했습니다. 명찰이 총 32개이므로 32/4, 즉 8장의 슬라이드가 만들어집니다. 소속과 이름이 입력될 부분은 python-pptx 코드에서 문자열로 체크할 수 있는 형식으로 작성해야 합니다. 여기서는 '소속', '이름'으로 명기했습니다.

```
# 01. 작업 파일 불러오기
import pandas as pd                          # pandas 모듈 불러오기
from pptx import Presentation                # Presentation 모듈 불러오기

df = pd.read_excel("행사 참석자 명단.xlsx")     # 참석자 명단 불러와 df 객체에 저장
prs = Presentation("명찰 양식.pptx")           # 명찰 양식 불러와 prs 객체 생성
```

Step 2 사용자 함수 정의하기

python-pptx는 파워포인트 슬라이드 생성/수정과 관련한 다양한 기능을 제공하지만 슬라이드 복제 기능은 제공하지 않습니다. 여기에서는 명찰 양식 슬라이드를 계속 복사하여 사용할 것이므로 슬라이드 복사 기능을 별도 함수로 만들어야 합니다. 슬라이드 복사는 간단할 것 같지만 파워포인트의 개체 종류가 상당히 많기 때문에 쉬운 작업은 아닙니다.

다음은 python-pptx 패키지를 활용하여 슬라이드를 복사하는 대표적인 사용자 함수입니다. duplicate_slide( )에 Presentation 객체(prs)와 복사할 원본 슬라이드(org_slide)를 파라미터로 넣으면, 원본 슬라이드를 복제한 객체를 리턴해 주는 역할을 합니다.

```
# 02. 사용자 함수 정의하기
import copy      # copy 모듈 불러오기

def duplicate_slide(prs, org_slide):
    # add_slide() 메소드를 이용해 새로운 슬라이드를 생성한 후 개체를 복사해 옴
    copied_slide = prs.slides.add_slide(org_slide.slide_layout)
    for shape in org_slide.shapes:
        org_elment = shape.element
        new_element = copy.deepcopy(org_elment)
        copied_slide.shapes._spTree.insert_element_before(new_element, "p:extLst")

    for value in org_slide.part.rels.values():
        if "notesSlide" not in value.reltype:
            copied_slide.part.rels.get_or_add(
                value.reltype,
                value._target
            )
    return copied_slide
```

Step 3 명찰 제작하기

이제 마지막 단계입니다. 명찰 양식, 즉 첫 번째 슬라이드를 참석자 인원 수만큼 복사한 후 소속과 이름 부분에 내용을 입력합니다.

```python
# 03. 명찰 제작하기
from pptx.util import Pt                    # 폰트 크기 조정을 위해 로드
nametag_count = 0
for person_count in range(len(df)):        # 참석자 수(32명)만큼 반복문 실행 ────── ❶
    # 슬라이드 1장 당 4개의 명찰이 있으므로
    # 현재 반복문이 실행되고 있는 person_count를 4로 나누고
    # 남은 값이 0일 때(=4의 배수일 때) 슬라이드를 복사하고 데이터를 입력함
    if person_count % 4 == 0:              ──────────────────────────── ❷
        new_slide = duplicate_slide(prs, prs.slides[0])
                                    # 첫 번째 슬라이드를 복사하여 추가
        for shape in new_slide.shapes:  # 슬라이드에 있는 개체를 체크하여 데이터 입력
            # 명찰 입력이 완료된 개수(nametag_count)가
            # 명단 데이터 개수(len(df))보다 적을 때만 실행
            if nametag_count < len(df):   ──────────────────────── ❸
                if shape.shape_type == 17 and shape.text == "소속":
                    shape.text_frame.paragraphs[0].text = df.iloc[nametag_count, 1]
                    shape.text_frame.paragraphs[0].font.size = Pt(24)
                    shape.text_frame.paragraphs[0].font.bold = True
                    shape.text_frame.paragraphs[0].font.name = "맑은 고딕"
                elif shape.shape_type == 17 and shape.text == "이름":
                    shape.text_frame.paragraphs[0].text = df.iloc[nametag_count, 0]
                    shape.text_frame.paragraphs[0].font.size = Pt(60)
                    shape.text_frame.paragraphs[0].font.bold = True
                    shape.text_frame.paragraphs[0].font.name = "맑은 고딕"
                    # 이름 입력까지 완료되면 입력 완료된 개수(nametag_count) 업데이트
                    nametag_count += 1
prs.save("명찰 자동제작 결과.pptx")        # 새로운 파일로 저장
```

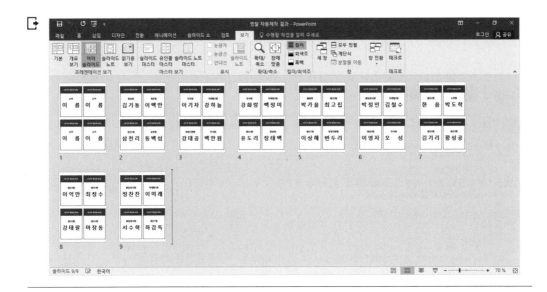

❶ 반복문은 참석자 수만큼 명찰을 만들기 위한 카운터 역할을 합니다.

❷ 명찰 양식 슬라이드에는 명찰 4개가 들어가 있으므로 4명마다 명찰 슬라이드를 하나씩 복사해야 합니다. person_count를 4로 나눠 나머지가 0일 때 사용자 함수인 **duplicate_slide(prs, prs.slides[0])**를 사용하여 명찰 슬라이드를 복사합니다.

❸ 슬라이드가 만들어지면 슬라이드 개체인 shape에서 이름과 소속을 찾고, 그 위치에 df에 있는 소속과 이름을 하나씩 대입하며 서식을 설정합니다. nametag_count는 df에서 데이터를 하나씩 읽어오기 위한 카운터 역할을 합니다.

지금까지 32명 명찰을 한 번에 생성하는 예제를 실습해 보았습니다. 만약 명찰의 사이즈나 디자인을 변경해야 한다면, '명찰 양식.pptx' 파일에서 사이즈와 디자인만 조정하면 한 번에 모든 명찰의 양식을 바꿀 수 있습니다. 이처럼 python-pptx를 활용하면 단순 반복되는 파워포인트 작업을 매우 쉽고 빠르게 처리할 수 있습니다.

일상 업무에서 python-pptx는 다음과 같은 상황에 사용할 수 있습니다.

- 동일한 양식에서 데이터 값만 바뀌는 주간 업무 보고서 자동 생성
- 이름, 소속, 나이 등 응답자의 개별 정보가 각 슬라이드에 들어간 설문 응답지 생성
- 설문조사 응답 후 파워포인트로 된 결과 보고서 즉시 생성 및 다운로드
- 조건문과 정규 표현식을 활용해 특정 문구나 표현을 다양한 상황에 맞게 변경
- 파워포인트 파일에 있는 모든 슬라이드의 서체 한 번에 변경
- 파워포인트 파일에 있는 특정 개체의 서식만 한 번에 변경

▶▶ 컴퓨터를 활용해 업무를 자동화하려면 마우스나 키보드를 컨트롤하거나 마우스의 좌표 인식 등으로 실행 중인 프로그램을 제어할 수 있어야 합니다. 이것이 업무 자동화(RPA, Robotic Process Automation)의 핵심 기술입니다. 파이썬의 pyautogui 패키지를 활용하면 윈도우에서 이루어지는 여러 조작 행위를 편리하게 자동화할 수 있습니다.

pyautogui 개요

pyautogui 패키지는 마우스와 키보드를 제어하여 다른 응용 프로그램과의 상호작용을 자동화할 수 있도록 합니다. 윈도우, 리눅스, 맥 OS에서도 작동 가능하며 사용하는 코드는 매우 간단합니다.

pyautogui의 주요 기능

- 마우스를 이동하고 다른 응용 프로그램의 창을 클릭
- 응용 프로그램에 키보드로 내용 입력
- 스크린 샷을 찍고 이미지가 주어지면 화면에서 탐색(예: 버튼 또는 확인란)
- 응용 프로그램의 창을 찾아 이동, 크기 조정, 최대화, 최소화 또는 닫기
- GUI 자동화 스크립트가 실행되는 동안 사용자 상호작용을 위한 메시지 상자 표시

pyautogui 설치하기

pyautogui 패키지를 사용하기 위해 주피터 노트북에서 다음과 같이 입력합니다.

```
!pip install pyautogui
```

pyautogui 패키지 불러오기

pyautogui에서 제공하는 함수와 멤버변수를 사용하기 위해 다음과 같이 입력하여 패키지를 불러옵니다.

```
import pyautogui
```

마우스 제어하기

pyautogui 패키지를 사용하면 손쉽게 마우스를 제어할 수 있습니다. 즉, 마우스의 위치를 파악하거나 마우스 클릭 및 드래그도 가능합니다. 윈도우에서 마치 사용자가 손으로 마우스를 사용하듯 제어가 가능한 것입니다.

화면과 마우스 위치

화면에서 마우스 위치는 X 및 Y 좌표로 표시할 수 있습니다. X 좌표는 왼쪽의 0에서 시작하여 오른쪽으로 갈수록 증가하고, Y 좌표는 상단의 0에서 시작하여 아래로 갈수록 증가합니다. 다음 그림에서 보듯이 좌측 상단 모서리의 픽셀 좌표는 (0, 0)이고, 화면 해상도가 1920×1080인 경우라면 우측 하단 모서리의 픽셀 좌표는 (1919, 1079)가 됩니다.

size() 함수

모니터 해상도의 크기를 알아볼 수 있습니다. 결괏값은 두 정수의 튜플로 반환됩니다.

```
pyautogui.size()
```

⮕ `Size(width=1920, height=1080)`   ※ 모니터 해상도가 1920 x 1080일 경우

NOTE 이번 절의 모든 예제에서는 import pyautogui를 생략했습니다. 필요한 경우 pyautogui 패키지를 로드하여 사용하기 바랍니다.

position() 함수

마우스 커서의 현재 X 및 Y 좌표를 반환합니다.

```
pyautogui.position()
```

⮕ `Point(x=2270, y=106)`

-💡- **여기서 잠깐 ▶**   **원하는 마우스의 위치 쉽게 얻기**

position() 함수는 마우스 커서가 위치하고 있는 현재의 좌표를 알고자 할 때 사용합니다. 따라서 코드 실행 시 마우스가 에디터의 실행 버튼을 클릭하기 위해 이동해 버리면 사용자가 원하는 위치의 좌표를 얻을 수 없게 됩니다.

이를 보완하기 위해 다음과 같이 time.sleep() 함수를 활용하여 대기 시간을 주면, 코드 실행 후 사용자가 원하는 위치까지 이동하는 동안 대기 시간을 벌기 때문에 원하는 마우스 위치의 좌표를 얻을 수 있습니다.

```
import pyautogui        # pyautogui 패키지 로드
import time             # time 패키지 로드
time.sleep(3)           # 3초 동안 대기(원하는 위치로 마우스를 이동)
pyautogui.position()    # 마우스 위치 반환
```

moveTo() 함수

마우스의 커서가 지정한 X, Y 좌표로 이동합니다.

```
pyautogui.moveTo(100, 200)    # 마우스 커서가 X, Y 좌표(100, 200)로 이동
```

마우스 커서가 실행 즉시 새로운 좌표로 이동하는 것이 기본 설정이며, 시간을 두어 천천히 이동하게 하려면 이동 시간을 지정하면 됩니다.

```
pyautogui.moveTo(100, 400, 3)    # 마우스 커서가 X, Y 좌표(100, 400)로 3초 동안 이동
```

NOTE 이동 시간을 지정하지 않으면 기본값은 0.1입니다.

move() 함수

현재 위치를 기준으로 입력한 좌표만큼 마우스 커서를 이동합니다.

```
pyautogui.move(0, 200)       # 현재 위치에서 아래로(Y 좌표만) 200 이동
pyautogui.move(100, 200)     # 현재 위치에서 우측으로(X 좌표) 100, 아래로(Y 좌표) 200 이동
pyautogui.move(100, 200, 3)  # 현재 위치에서 우측으로 100, 아래로 200, 3초 동안 이동
```

dragTo(), drag() 함수

드래그(마우스 버튼을 누른 상태에서 이동)하는 기능으로, 이동 설정은 moveTo( ), move( ) 함수와 동일합니다. button 속성으로 left, right, middle(좌측, 우측, 휠 버튼)을 지정할 수 있습니다.

```
pyautogui.dragTo(500, 500, button="left")
                            # 현재 위치에서 X, Y(500, 500) 좌표로 드래그
pyautogui.dragTo(300, 300, 2, button="left")
                            # 현재 위치에서 X, Y(300, 300) 좌표로 2초 동안 드래그
pyautogui.drag(100, 0, 2, button="left")
                            # 현재 위치에서 우측으로 100, 2초 동안 드래그
```

NOTE dragTo( ) 함수는 현재 위치에서 특정 위치로 드래그하면서 이동하는 것이고, drag( ) 함수는 현재 위치에서 상대적으로 특정 픽셀만큼 이동하는 것입니다. 두 함수 모두 마우스 버튼 옵션으로 left, right, middle(좌측, 우측, 휠 버튼)을 선택할 수 있습니다.

click() 함수

현재 위치에서 마우스 왼쪽 버튼을 한 번 클릭하는 기능입니다. 이 함수를 실행하기 전에 마우스를 클릭해야 하는 메뉴 또는 버튼 위치로 이동한 후 실행하면 자동으로 클릭되는 것을 확인할 수 있습니다.

```
pyautogui.click()
```

좌표 인수를 지정하면 특정 좌표를 클릭할 수 있습니다.

```
pyautogui.click(x=100, y=200)          # X, Y(100, 200) 좌표를 클릭
```

클릭하는 버튼을 지정할 수도 있습니다(left, right, middle). 다음 코드를 실행하면 마우스 오른쪽
버튼을 클릭할 때 나타나는 메뉴를 확인할 수 있습니다.

```
pyautogui.click(button="right")         # 마우스 오른쪽 버튼 클릭
```

clicks 속성에 클릭 횟수를 지정하면 여러 번 클릭하는 것도 가능합니다. 또한 interval 속성에 클릭
간격을 초 단위로 지정할 수 있습니다.

```
pyautogui.click(clicks=2)               # 2번 클릭하는 것으로 더블 클릭과 동일
pyautogui.click(clicks=2, interval=0.25)
                                        # 더블 클릭을 하되 클릭 사이에 0.25초 간격 지정
pyautogui.click(button="right", clicks=3, interval=0.25)
                                        # 마우스 오른쪽 버튼을 0.25초 간격으로 3번 클릭
```

여러 번 클릭하는 전용 함수를 사용할 수도 있습니다.

```
pyautogui.doubleClick()    # 더블 클릭 전용 함수
pyautogui.tripleClick()    # 트리플 클릭 전용 함수
```


mouseDown(), mouseUp() 함수

마우스를 클릭하는 동작은 보통 버튼을 누른 후 다시 놓는 동작으로 구성되는데, mouseDown(),
mouseUp() 함수를 사용하면 누르거나 놓는 동작만 제어할 수 있습니다.

```
pyautogui.mouseDown()                   # 현재 위치에서 마우스 왼쪽 버튼 누르기
pyautogui.mouseUp()                     # 현재 위치에서 눌러진 마우스 왼쪽 버튼 놓기
pyautogui.mouseDown(button="right")   # 현재 위치에서 마우스 오른쪽 버튼 누르기
pyautogui.mouseUp(button="right", x=200, y=300) # 지정 좌표에서 마우스 오른쪽 버튼 놓기
```

scroll() 함수

마우스의 스크롤을 동작시킵니다.

```
pyautogui.scroll(10)                # 10만큼 위로 스크롤
pyautogui.scroll(-15)               # 15만큼 아래로 스크롤
pyautogui.scroll(10, x=200, y=200)  # X, Y(200, 200) 좌표에서 10만큼 위로 스크롤
```

키보드 제어하기

pyautogui 패키지로 키보드도 손쉽게 제어할 수 있습니다. 이 기능을 이용하면 문자열을 입력하거나 단축키 등을 입력할 수 있어 윈도우에서 마치 사용자가 손으로 키보드를 사용하는 것처럼 제어가 가능합니다.

write() 함수

키보드로 전달되는 문자열을 입력합니다. 각 문자 키를 누르는 시간 사이의 간격을 두려면 interval 옵션을 사용합니다.

```
pyautogui.write("Hello")
pyautogui.write("Good morning", interval=0.25) # 0.25초의 간격을 두고 각 단어를 입력
```

NOTE pyautogui는 한글이 적용되지 않습니다. 한글을 입력하려면 clipboard 모듈을 통해 한글을 복사한 후에 붙여넣어야 합니다.

keyDown(), keyUp() 함수

keyDown() 함수는 키보드의 키를 누르는 함수이고, keyUp() 함수는 누른 키를 떼는 함수입니다. 주로 Shift, Alt, Ctrl 키를 누를 때 많이 사용합니다.

```
pyautogui.keyDown("shift")  # Shift 키를 누름
pyautogui.keyUp("shift")    # 누른 Shift 키를 뗌
```

press( ) 함수

press( ) 함수는 키보드의 키를 눌렀다가 떼는 함수이고, keyDown( )과 keyUp( )을 함께 사용한 것과 동일한 효과입니다.

```
pyautogui.press("shift")          # Shift 키를 누름(눌렀다가 뗌)
```

다음은 Shift 키를 누른 상태에서 ← 키를 세 번 누르는 경우입니다.

```
pyautogui.keyDown("shift")        # Shift 키를 누르고 있음
pyautogui.press("left")           # ← 키를 한 번 눌렀다가 뗌
pyautogui.press("left")           # ← 키를 한 번 눌렀다가 뗌
pyautogui.press("left")           # ← 키를 한 번 눌렀다가 뗌
pyautogui.keyUp("shift")          # 누르고 있던 Shift 키를 뗌
```

동일한 키를 여러 번 반복하여 누르는 것을 한 번에 해결할 수도 있습니다.

```
pyautogui.press(["left", "left", "left"])     # 왼쪽 화살표 키를 세 번 눌렀다가 뗌
```

hotkey( ) 함수

윈도우의 단축키를 사용하는 함수입니다.

```
pyautogui.hotkey("ctrl", "c")     # Ctrl+C 키를 입력
```

Ctrl+C 를 다음과 같이 사용할 수도 있습니다.

```
pyautogui.keyDown("ctrl")         # Ctrl 키를 누르고 있음
pyautogui.press("c")              # C 키를 한 번 눌렀다가 뗌
pyautogui.keyUp("ctrl")           # 누르고 있던 Ctrl 키를 뗌
```

NOTE 키보드 제어 함수에 사용할 수 있는 키는 pyautogui 공식 문서(pyautogui.readthedocs.io/en/latest/keyboard.html)에서도 확인할 수 있습니다.

메시지 박스

pyautogui 패키지는 컴퓨터 화면에서 사용자와 상호작용하는, 즉 메시지를 표시하거나 승인 및 취소, 필요한 데이터를 입력받는 기능 등을 하는 대화상자를 출력할 수 있습니다. 메시지 박스의 종류로는 경고(alert), 확인(confirm), 데이터 입력(prompt), 비밀번호 입력(password) 등이 있습니다.

alert() 함수

[확인] 버튼 하나가 있는 간단한 메시지 박스를 표시하며, 클릭한 버튼에 적용한 텍스트를 반환합니다. 속성에서 text에는 메시지 박스에 표시할 텍스트를, title에는 메시지 박스의 제목을 입력합니다. button에는 메시지 박스에서 [확인] 버튼을 클릭하면 출력할 텍스트를 입력합니다.

```
pyautogui.alert(text="alert 함수입니다.", title="alert 함수", button="OK")
# [확인]을 클릭하면 "OK"가 출력됨
```

confirm() 함수

[확인] 및 [취소] 버튼이 있는 메시지 박스를 표시합니다. 버튼의 수와 텍스트는 사용자가 지정할 수 있으며, 마찬가지로 클릭한 버튼의 텍스트를 반환합니다

```
pyautogui.confirm(text="confirm 함수입니다.", title="confirm 함수", buttons=["OK",
"Cancel"])
# [확인]을 클릭하면 "OK"가, [취소]를 클릭하면 "Cancel"이 출력됨
```

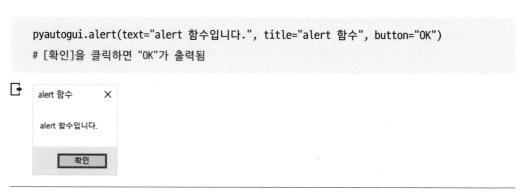

prompt() 함수

텍스트 입력과 [확인] 및 [취소] 버튼이 있는 메시지 박스를 표시합니다. 텍스트를 입력하고 [OK] 버튼을 클릭하면 입력한 텍스트를 반환하고, [취소] 버튼을 클릭하면 None을 반환합니다. default 속성에는 초기에 표시할 텍스트를 입력합니다.

```
pyautogui.prompt(text="prompt 함수입니다.", title="prompt 함수", default="ID")
# 텍스트를 입력하면 입력한 텍스트를 반환함
```

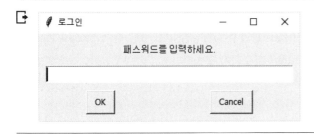

password() 함수

텍스트 입력과 [확인] 및 [취소] 버튼이 있는 메시지 박스를 표시하는데, 입력한 문자가 *로 나타나기 때문에 주로 패스워드 등을 입력할 때 사용합니다. 텍스트를 입력하고 [OK] 버튼을 클릭하면 입력한 텍스트를 반환하고, [취소] 버튼을 클릭하면 None을 반환합니다.

```
pyautogui.password(text="패스워드를 입력하세요.", title="로그인", mask="*")
# 패스워드 입력 후 [OK]를 클릭하면 입력한 텍스트를 반환함
```

스크린 샷

pyautogui 패키지는 컴퓨터 화면을 캡처하거나 코드에서 지정한 이미지를 화면에서 찾을 수 있습니다. 이 기능과 함께 마우스 제어 기능을 사용하면 마치 사용자가 눈으로 보고 필요한 것을 클릭하는 것처럼 자동으로 작업이 가능합니다.

pillow 설치하기

파이썬에서 이미지를 사용하기 위해 이미지 패키지인 pillow를 먼저 설치합니다. 주피터 노트북에서 다음과 같이 입력합니다.

```
!pip install pillow
```

pillow 패키지 불러오기

이번에는 다음과 같이 입력하여 pillow 패키지를 불러옵니다.

```
from PIL import Image
```

screenshot() 함수

screenshot() 함수를 사용하면 화면 전체 또는 일부를 캡처할 수 있습니다. 스크린 샷을 찍어 이미지를 변수나 파일로 저장하고 다음 단계에서 사용도 가능합니다. 예제를 통해 확인해 봅시다.

다음 코드를 실행하면 현재 화면을 캡처하여 image1 변수에 저장합니다. 예를 들어 1920×1080의 화면에서 이 기능을 실행한다면 약 100밀리초밖에 소요되지 않습니다.

```
image1 = pyautogui.screenshot()     # 전체 화면을 캡처하여 image1에 저장
print(image1)                        # 이미지 정보 출력
```

<PIL.Image.Image image mode=RGB size=1920x1080 at 0x1CE18460790>

NOTE 셀에 image1을 입력한 후 실행하면 변수에 저장된 이미지를 바로 출력할 수 있습니다.

캡처한 화면을 파일로 저장할 수도 있습니다. 파일 이름을 문자열로 전달하면 스크린샷을 파일에 저장하고 이미지 개체로 반환합니다. 다음 예제를 실행한 후 주피터 노트북을 실행한 폴더를 열어 보면 'screenshot.png'로 저장된 파일을 확인할 수 있습니다.

```
image2 = pyautogui.screenshot("screenshot.png")
# 전체 화면을 캡처하여 현재 폴더에 "screenshot.png" 파일로 저장
```

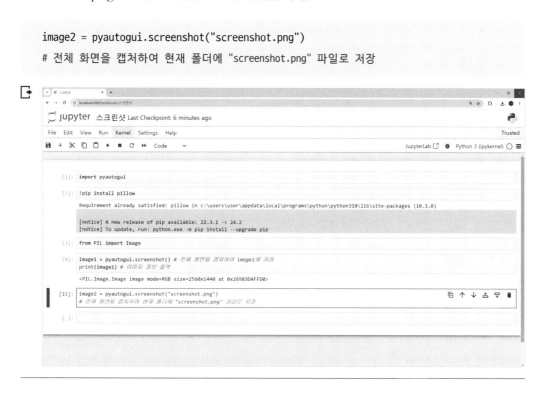

특정 영역의 스크린 샷을 원하는 경우에는 region 옵션을 사용합니다. 영역의 왼쪽, 위쪽, 너비, 높이 순서의 정수 튜플로 전달하면 원하는 영역을 캡처할 수 있습니다

```
image3 = pyautogui.screenshot(region=(0, 0, 300, 400))
                  # region=(x, y, width, height)
print(image3)       # 이미지 정보 출력
```

<PIL.Image.Image image mode=RGB size=300x400 at 0x1CE1D5539A0>

변수에 저장된 이미지는 matplotlib 패키지를 불러와 plt.imshow() 함수로 출력할 수 있습니다. 앞서 저장한 image3을 다음과 같이 출력해 봅시다.

```
import matplotlib.pyplot as plt    # matplotlib 패키지 불러오기
plt.imshow(image3)                 # plt.imshow() 함수로 이미지 출력하기
```

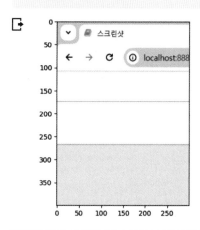

locateOnScreen() 함수

locateOnScreen( ) 함수는 화면의 특정 이미지를 찾아 좌표를 반환하며, 이미지를 찾을 수 없는 경우에는 None을 반환합니다.

예를 들어, 다음 그림처럼 윈도우 계산기가 실행 중일 때 %͏ 버튼을 클릭해야 한다면 해당 버튼만 캡처하여 이미지(cal_key.png)로 저장한 후, 버튼의 좌표를 반환받을 수 있습니다. 확인해 봅시다.

NOTE 화면상 특정 이미지를 찾기 위해서는 해당 프로그램이 화면에 활성화되어 있어야 하며, 지정한 이미지와 화면상의 이미지 크기, 해상도, 색상 등이 동일해야 합니다.

```
cal_key_location = pyautogui.locateOnScreen("cal_key.png")      # 이미지 좌표 출력
cal_key_location
```

⮕ Box(left=226, top=445, width=57, height=39)

```
cal_key_location.left          # 이미지의 좌측 좌표 출력
```

⮕ 226

```
pyautogui.center(cal_key_location)      # 이미지의 센터 좌표 출력
```

⮕ Point(x=254, y=464)

-💡- 여기서 잠깐 ▶   이미지 좌표 빨리 찾기

grayscale 옵션을 사용하면 이미지와 스크린 샷의 채도가 낮아져 이미지의 좌표를 좀 더 빨리 찾을 수 있습니다. 단,
다른 이미지로 잘못 찾을 가능성도 있으니 주의해서 사용합니다.

```
cal_key_location = pyautogui.locateOnScreen("cal_key.png", grayscale=True)
cal_key_location
```

⮕ Box(left=226, top=445, width=57, height=39)

실습 **성적 처리 자동화**   예제 파일 | chapter07\score.xlsx

앞서 pandas나 openpyxl로 엑셀을 다루었다면, 이번에는 pyautogui로 엑셀에서 자주 사용하는
기능을 조작하여 성적 처리를 자동화해 보겠습니다. 이번 실습을 진행하고 나면 윈도우에서 사용하
는 다른 유사한 프로그램을 다루는 데에도 많은 도움이 될 것입니다.

실습 파일에는 10명의 국어, 영어, 수학 성적이 들어 있습니다. 이 파일을 자동으로 열고 총점, 평균 등을 계산해 봅시다. 이번 실습의 목표는 키보드 제어 함수를 활용해 엑셀의 다양한 메뉴 선택, 셀 범위 지정, 수식 입력 등을 자동화하는 것입니다.

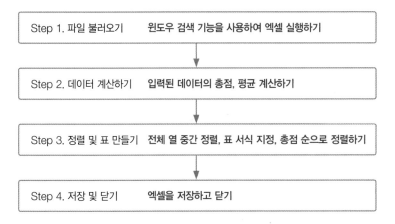

NOTE 전체 실행은 마지막 부분에 있는 종합 코드로 진행하기 바랍니다.

Step 1 파일 불러오기

첫 번째 단계에서는 실습에 필요한 패키지와 예제 파일을 불러옵니다.

01 clipboard 설치하기 pyautogui에서 한글을 지원하지 않기 때문에 clipboard 패키지의 복사 및 붙여넣기 기능을 이용하여 셀에 한글을 입력해야 합니다. 주피터 노트북에서 다음과 같이 입력하여 clipboard를 설치합니다.

```
!pip install clipboard
```

02 패키지 불러오기 다음과 같이 필요한 패키지를 불러옵니다.

```
# 패키지 불러오기
import pyautogui    # pyautogui 패키지 불러오기
import time         # time 패키지 불러오기
import clipboard    # 클립보드 패키지 불러오기
```

03 예제 파일 불러오기 윈도우 실행 기능을 활용하여 성적 데이터가 입력되어 있는 엑셀 파일을 불러옵니다. 이때 파일이 있는 경로까지 같이 지정해야 합니다. 여기서는 c:\works\chapter07 디렉터리에 있는 'score.xlsx' 파일을 불러오겠습니다.

```
# 예제 파일 불러오기
time.sleep(1)
pyautogui.hotkey("win", "r")              # 윈도우의 실행 메뉴 단축키 입력
time.sleep(0.5)
pyautogui.write("c:\works\score.xlsx")    # 경로를 포함한 파일 이름 지정
pyautogui.press("enter")
pyautogui.sleep(5)
```

NOTE 해당 디렉터리에서 주피터를 실행했을 시에는 pyautogui.write("score.xlsx")로 같은 폴더에 저장할 수 있습니다.

좀 더 알아보기　　**엑셀 실행하기**

새 문서를 작성하려면 엑셀을 실행하고 초기 화면에서 [새 통합 문서]를 클릭해야 합니다. 윈도우 검색 기능(단축키 Win+S)을 활용하여 엑셀을 먼저 실행하고, 워크시트를 생성하기 위해 엑셀의 초기 화면에서 [새 통합 문서]를 클릭(단축키 Alt+N+I)합니다.

```
time.sleep(1)
pyautogui.hotkey("win", "s")          # 윈도우 검색 단축키 입력
time.sleep(0.5)
pyautogui.write("excel")              # 엑셀 실행
pyautogui.press("enter")
time.sleep(3)
pyautogui.hotkey("alt","n", "l")      # 오피스 365 버전일 경우 추가로 실행
```

Step 2 데이터 계산하기

두 번째 단계에서는 성적 데이터의 총점과 평균을 계산합니다.

01 총점과 평균 제목 입력하기 총점과 평균 제목을 입력하기 위해 pyautogui.hotkey( ) 함수에 단축키 Ctrl + Home 을 사용하여 [A1] 셀로 이동한 후, pyautogui.press( ) 함수로 우측 마지막 셀까지 이동합니다.

클립보드를 활용하면 pyautogui에서 한글을 입력할 수 있습니다. clipboard.copy( ) 함수에 \t, 즉 탭으로 분리된 문자열을 클립보드에 복사하고 pyautogui.hotkey( ) 함수에 단축키 Ctrl + V 를 사용하여 각 셀에 입력합니다.

```python
# 총점과 평균 제목 입력하기
pyautogui.hotkey("ctrl", "home")          # [A1] 셀로 위치 변경
pyautogui.press("right", presses=4, interval=0.1) # 현재 위치에서 오른쪽으로 4칸 이동
clipboard.copy("총점\t평균")               # 입력할 내용을 클립보드에 복사
time.sleep(1)
pyautogui.hotkey("ctrl", "v")             # 제목 붙여넣기
time.sleep(1)
```

02 총점 및 평균 계산하기 성명별로 총점과 평균을 입력하기 위해 현재 위치인 [E1] 셀에서 [E2] 셀로 이동해야 합니다. pyautogui.press( ) 함수로 화살표를 아래로 한 번 눌러 이동합니다.

이제 반복문을 활용하여 행별 점수 총점과 평균을 구합니다. 총 10명의 성적이므로 반복 횟수는 10으로 지정합니다. E열에 **pyautogui.typewrite(f"=sum(B{2+i}:D{2+i})", interval=0.1)** 코드로 합계를 계산하고, 평균도 average( ) 함수를 이용해 동일한 방법으로 구합니다.

```python
# 총점 및 평균 계산하기
time.sleep(1)
pyautogui.press("down")     # [E1] 셀에서 [E2] 셀로 이동

for i in range(10):
    pyautogui.typewrite(f"=sum(B{2+i}:D{2+i})", interval=0.1)    # 총점 계산식 입력
    pyautogui.press("right")
    pyautogui.typewrite(f"=average(B{2+i}:D{2+i})", interval=0.1) # 평균 계산식 입력
    pyautogui.press(["enter", "left"])
```

	A	B	C	D	E	F	G	H
1	성명	국어	영어	수학	총점	평균		
2	서민준	85	83	95	263	87.66667		
3	김도윤	73	91	90	254	84.66667		
4	이시우	74	72	98	244	81.33333		
5	최지원	82	83	76	241	80.33333		
6	하지오	72	76	92	240	80		
7	김지민	60	91	65	216	72		
8	오윤서	74	67	71	212	70.66667		
9	문채원	75	50	87	212	70.66667		
10	이예준	53	82	68	203	67.66667		
11	박정우	95	30	59	184	61.33333		
12								

Step 3 정렬 및 표 만들기

세 번째 단계에서는 데이터 계산이 모두 완료된 상태에서 보다 완성된 보고서 형태를 만들기 위해 셀 정렬과 서식을 설정합니다.

01 셀 정렬하기 데이터가 있는 전체 셀을 범위로 지정하고 가운데로 정렬해 보겠습니다. 엑셀에서 실행하는 것처럼 pyautogui.hotkey( )와 pyautogui.press( ) 함수로 워크시트에 데이터가 있는 좌측 상단 셀부터 우측 하단 셀까지 범위를 지정([Ctrl]+[A])하고 [홈] 탭([Alt]+[H])을 클릭한 후, 가운데 맞춤(c와 2)을 실행합니다. 여기서는 **pyautogui.typewrite( )**를 두 번 이용해 c와 2를 입력했지만 **pyautogui.typewrite("c2")**라고 입력해도 됩니다.

```
# 셀 정렬하기
pyautogui.hotkey("ctrl", "g")              # 엑셀의 이동 메뉴 실행
pyautogui.typewrite("a1", interval=0.1)    # [A1] 셀에 입력
pyautogui.press("enter")
time.sleep(0.5)
pyautogui.hotkey("ctrl", "a")              # 범위 지정 단축키 실행
time.sleep(0.5)
pyautogui.hotkey("alt", "h")              # [홈] 탭 실행
pyautogui.typewrite("c")                  # 가운데 맞춤 실행(엑셀 2016 버전)
pyautogui.typewrite("2")
```

NOTE 엑셀 버전별로 단축키 차이가 있습니다. 엑셀 2013, 2019 버전에서는 가운데 맞춤 단축키가 a, c이므로 **pyautogui.typewrite("a")**, **pyautogui.typewrite("c")** 코드를 사용하기 바랍니다.

02 표 만들기 엑셀에서 기본적으로 제공하는 표는 단축키 Ctrl+T로 만들 수 있습니다. 이 기능을 실행하면 데이터가 있는 범위도 자동으로 선택되며 기본 표를 만들어 줍니다.

```
# 표 만들기
time.sleep(0.5)
pyautogui.hotkey("ctrl", "t")       # 표 만들기 메뉴 실행
pyautogui.press("enter")            # 표 만들기 확인
```

03 총점 높은 순으로 정렬하기 총점이 높은 순으로 정렬하기 위해 [이동] 메뉴(Ctrl+G)를 실행하여 총점이 입력되어 있는 [E1] 셀로 이동합니다. [정렬] 메뉴가 있는 [데이터] 탭(Alt+A)으로 이동하여 총점을 기준으로 내림차순(s와 d)을 실행합니다. 여기서는 **pyautogui.press( )**를 두 번 이용해 s와 d를 입력했지만 **pyautogui.typewrite("sd")**라고 입력해도 됩니다.

```
# 총점 높은 순으로 정렬하기
pyautogui.hotkey("ctrl", "g")                    # 엑셀의 이동 메뉴 실행
pyautogui.typewrite("e1", interval=0.1)          # [E1] 셀에 입력
pyautogui.press("enter")                         # 확인 입력
pyautogui.hotkey("alt", "a")                     # [데이터] 탭 이동
pyautogui.press("s")                             # 내림차순 단축키 입력
pyautogui.press("d")
```

	A	B	C	D	E	F	G	H
1	성명	국어	영어	수학	총점	평균		
2	서민준	85	83	95	263	87.66667		
3	김도윤	73	91	90	254	84.66667		
4	이시우	74	72	98	244	81.33333		
5	최지원	82	83	76	241	80.33333		
6	하지오	72	76	92	240	80		
7	김지민	60	91	65	216	72		
8	오윤서	74	67	71	212	70.66667		
9	문채원	75	50	87	212	70.66667		
10	이예준	53	82	68	203	67.66667		
11	박정우	95	30	59	184	61.33333		
12								

Step 4 저장 및 닫기

네 번째 단계에서는 모든 작업을 끝낸 후 엑셀을 저장하고 종료합니다.

hotkey( ) 함수로 엑셀에서 [저장] 메뉴(Alt + F2)를 실행한 후 pyautogui.typewrite( ) 함수로 파일 이름을 입력하면 새로운 파일로 저장됩니다. 엑셀을 종료(Alt + F4)하면 주피터 노트북을 실행한 폴더에 'score_result.xlsx' 파일이 저장된 것을 확인할 수 있습니다.

```
# 저장 및 닫기
time.sleep(1)
pyautogui.hotkey("alt", "f2")          # 파일 저장 메뉴 실행
pyautogui.typewrite("score_result.xlsx", interval=0.1)
                            # 현재 위치에 "score_result.xlsx"로 저장
pyautogui.press("enter")
pyautogui.hotkey("alt", "f4")          # 엑셀 종료
```

지금까지의 실습 코드를 하나로 종합하면 다음과 같습니다. 프로그램을 실행하기 위해서는 이와 같이 종합 코드를 활용해야 합니다. 또한 프로그램이 실행되는 동안 마우스나 키보드를 건드리면 안 됩니다.

```
# 패키지 불러오기
import pyautogui
import time
import clipboard

# 예제 파일 불러오기
time.sleep(1)
pyautogui.hotkey("win", "r")
```

```python
time.sleep(0.5)
pyautogui.write("c:\works\score.xlsx")
pyautogui.press("enter")
pyautogui.sleep(5)


# 총점과 평균 제목 입력하기
pyautogui.hotkey("ctrl", "home")
pyautogui.press("right", presses=4, interval=0.1)
clipboard.copy("총점\t평균")
time.sleep(1)
pyautogui.hotkey("ctrl", "v")
time.sleep(1)


# 총점 및 평균 계산하기
time.sleep(1)
pyautogui.press("down")


for i in range(10):
    pyautogui.typewrite(f"=sum(B{2+i}:D{2+i})", interval=0.1)
    pyautogui.press("right")
    pyautogui.typewrite(f"=average(B{2+i}:D{2+i})", interval=0.1)
    pyautogui.press(["enter", "left"])


# 셀 정렬하기
pyautogui.hotkey("ctrl", "g")
pyautogui.typewrite("a1", interval=0.1)
pyautogui.press("enter")
time.sleep(0.5)
pyautogui.hotkey("ctrl", "a")
time.sleep(0.5)
pyautogui.hotkey("alt", "h")
pyautogui.typewrite("c")
pyautogui.typewrite("2")
```

```
# 표 만들기
time.sleep(0.5)
pyautogui.hotkey("ctrl", "t")
pyautogui.press("enter")

# 총점 높은 순으로 정렬하기
pyautogui.hotkey("ctrl", "g")
pyautogui.typewrite("e1", interval=0.1)
pyautogui.press("enter")
pyautogui.hotkey("alt", "a")
pyautogui.press("s")
pyautogui.press("d")

# 저장 및 닫기
time.sleep(1)
pyautogui.hotkey("alt", "f2")
pyautogui.typewrite("score_result.xlsx", interval=0.1)
pyautogui.press("enter")
pyautogui.hotkey("alt", "f4")
```

pandas나 openpyxl 패키지는 데이터를 불러와 여러 작업을 수행하고 결과를 저장한 후 확인할 수 있지만, pyautogui는 화면에서 동작하는 모든 과정을 눈으로 볼 수 있다는 장점이 있습니다. pyautogui를 활용하면 엑셀뿐만 아니라 컴퓨터에서 실행하는 다른 모든 프로그램의 단순 반복 작업을 자동화할 수 있습니다.

마무리

- openpyxl 패키지를 이용하면 엑셀 파일 생성 및 저장, 수정을 빠르게 수행할 수 있습니다.

- openpyxl 패키지로 셀에 함수를 입력할 수 있으며, 셀 서식도 대부분 설정할 수 있습니다.

- python-pptx 패키지로 파워포인트 파일 생성 및 저장 등 대부분의 편집 작업을 수행할 수 있습니다.

- 파워포인트의 일부분만 반복적으로 수정하는 작업에 python-pptx를 효과적으로 활용할 수 있습니다.

- pyautogui 패키지는 마우스와 키보드를 제어하여 다른 응용프로그램과의 상호작용을 자동화할 수 있습니다.

웹 크롤링

▶▶▶

웹 크롤링이란 웹 페이지 내에 있는 특정 데이터를 자동화 프로그램을 이용해 수집하는 것을 말합니다. Chapter 08에서는 웹 크롤링에 자주 사용하는 파이썬 패키지인 requests, BeautifulSoup, selenium에 대해 살펴본 후 실전 예제를 통해 업무에 활용하는 방법을 알아보겠습니다.

SECTION 8.1 웹 크롤링 개요

▶▶ 파이썬의 requests와 BeautifulSoup, selenium 패키지를 이용하면 웹에 존재하는 텍스트, 이미지, 파일 등 다양한 자료를 자동으로 수집할 수 있습니다. 우선 웹 크롤링 절차 및 주요 패키지에 대해 알아보고, 웹 크롤링을 할 때 필요한 HTML과 CSS 기초 문법, 그리고 크롬 개발자 도구에 대해 살펴보겠습니다.

웹 크롤링 절차 및 주요 패키지

웹 크롤링은 웹 페이지 내에 특정 정보를 자동화된 방법으로 수집하는 활동입니다. 다음과 같이 특정 단어와 관련한 뉴스를 엑셀로 저장하거나 일일 환율 정보, 시황 정보 등을 수집하는 업무에도 웹 크롤링을 활용합니다.

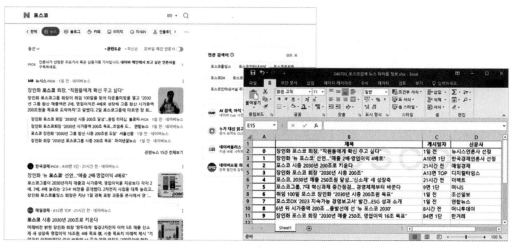

뉴스 검색 결과를 엑셀로 저장하기

웹 크롤링 절차

웹 크롤링의 일반적인 절차는 다음과 같습니다. 웹 크롤링을 하려면 requests, BeautifulSoup, selenium 패키지 및 크롬 개발자 도구를 활용해야 하며, HTML 태그 및 CSS에 대한 기초 지식도 갖춰야 합니다.

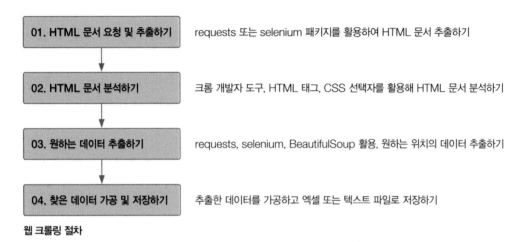

01. HTML 문서 요청 및 추출하기   requests 또는 selenium 패키지를 활용하여 HTML 문서 추출하기

02. HTML 문서 분석하기   크롬 개발자 도구, HTML 태그, CSS 선택자를 활용해 HTML 문서 분석하기

03. 원하는 데이터 추출하기   requests, selenium, BeautifulSoup 활용, 원하는 위치의 데이터 추출하기

04. 찾은 데이터 가공 및 저장하기   추출한 데이터를 가공하고 엑셀 또는 텍스트 파일로 저장하기

웹 크롤링 절차

파이썬 웹 크롤링 패키지

웹 크롤링 시 활용하는 주요 패키지는 다음과 같습니다. requests와 selenium은 원하는 웹 페이지의 HTML 소스를 추출하는 역할을 하며, BeautifulSoup은 추출한 HTML을 분석하는 데 사용합니다.

웹 크롤링 주요 패키지

패키지	특징
requests	브라우저 없이 URL에 접속, 결괏값(HTML)을 추출함 – 웹 브라우저를 실행하지 않고 특정 URL에 요청(request)을 보낼 수 있음 – 응답(response)된 데이터의 헤더(Header), 바디(HTML) 등의 정보 확인 – 빠르고 안정적이지만 동적 웹 페이지를 크롤링하기 위해서는 많은 분석이 필요
selenium	브라우저를 자동으로 실행해 URL에 접속, 결괏값(HTML)을 추출함 – 시뮬레이션하듯이 웹 브라우저를 직접 실행하여 URL에 접속할 수 있음 – 응답된 데이터의 헤더(Header), 바디(HTML) 등의 정보를 확인할 수 있음 – 느리고 불안정하지만 동적 웹 페이지 크롤링이 쉽고 초보자가 사용하기 좋음
BeautifulSoup	requests와 selenium으로 받아온 내용(HTML)을 분석 – requests나 selenium을 통해 얻은 HTML 데이터를 파싱(parsing)해 객체로 구조화 – HTML 수집은 앞선 두 모듈이 담당하지만, 분석은 BeautifulSoup이 담당 – HTML 태그와 CSS 속성을 이용해 원하는 정보를 찾을 수 있는 기능 제공

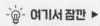
HTML 기초

HTML(HyperText Markup Language)은 웹 페이지의 모습을 표현하기 위한 마크업 언어를 말합니다. 마크업 언어는 태그(Tag)를 사용해 문서나 데이터의 구조, 서식 등을 표현하므로, HTML 페이지는 태그와 실제 데이터로 구성되어 있는 문서라고 할 수 있습니다.

다음 화면은 네이버 뉴스 웹 페이지의 HTML 소스 코드로, 웹 브라우저(크롬, 엣지, 사파리 등)가 이것을 해석하여 우리가 쉽게 읽을 수 있는 형태로 바꿔 줍니다. 여기에서 뉴스나 도서 목록 등의 HTML 소스를 보면 동일한 태그나 속성값이 반복되는 패턴을 발견할 수 있습니다. 웹 크롤링 시 이러한 특성을 파악하고 이용하기 위해서는 기본적인 HTML 문법을 이해해야 합니다.

네이버 뉴스 웹 페이지의 HTML 소스 코드

HTML 태그

웹 크롤링을 위해 꼭 알아야 하는 HTML 문서 구조와 자주 사용하는 태그에 대해서 간략하게 살펴보겠습니다. 앞서 HTML 문서는 모든 내용을 태그를 사용해서 표현한다고 배웠습니다. 즉, 콘텐츠의 구조를 비롯해서 문단, 제목, 표, 이미지, 동영상 등 모든 구성 요소는 해당되는 태그로 정의한다는 뜻입니다. 웹 브라우저는 HTML 문서의 각 태그를 해석하고 관련 정보를 시각화해서 보여 주는 역할을 합니다.

태그를 작성할 때는 규칙이 있습니다. 웹 브라우저가 태그가 적용될 영역을 인식할 수 있도록 시작과 끝을 알려 주는 태그를 쌍으로 사용합니다. 예를 들어 HTML 페이지의 시작을 알려 주는 태그 〈html〉은 끝을 알려 주는 태그 〈/html〉과 쌍으로 구성됩니다. 〈head〉 … 〈/head〉, 〈p〉 … 〈/p〉 등 거의 모든 태그가 이처럼 쌍을 이뤄서 구성 요소의 시작과 끝을 알려 줍니다.

또한, 태그에는 속성을 사용할 수 있습니다. 예를 들어 문단을 알려 주는 태그 〈p〉의 경우 **<p align="left">** 처럼 align이라는 속성에 left라는 값을 지정하여 문단을 왼쪽으로 정렬할 수 있습니다.

HTML 문서의 기본 구조

HTML 페이지는 다음 화면처럼 〈html〉 … 〈/html〉 하위에 〈head〉 … 〈/head〉〈body〉 … 〈/body〉 태그로 구성됩니다. 〈head〉 … 〈/head〉는 문서의 구조나 속성을 정의하는 영역이며, 웹 브라우저에서는 보이지 않습니다. 〈body〉 … 〈/body〉는 다양한 태그를 이용해 페이지를 구성하며, 웹 브라우저에 결과로 나타납니다.

```
<html>
    <head>
        <title>Page title</title>
    </head>
    <body>
        <h1>this is a heading</h1>
        <p>this is a paragraph</p>
        <p>this is another paragraph</p>
    </body>
</html>
```

HTML 문서 기본 구조

주요 HTML 태그 살펴보기

HTML 태그는 비표준 태그를 포함해서 140여 개로 방대하지만, 여기에서는 웹 크롤링에서 자주 접하는 주요 태그만 우선 살펴보겠습니다.

HTML 주요 태그

주요 태그	태그 설명	사용 예
〈h1〉 ... 〈h6〉	제목 서체(headline)	〈h1〉파이썬〈/h1〉
〈p〉	문단 나눔(Paragraph)	〈p〉파이썬은〈/p〉 〈p〉쉬워요〈/p〉
〈a href=" "〉	링크 연결(Anchor)	〈a href="http://www.naver.com"〉네이버〈/a〉
〈img〉	이미지 삽입(image)	〈img src="http://www.naver.com/main.jpg"〉
〈table〉	테이블(표) 작성	〈table〉 ... 〈/table〉
〈ul〉, 〈ol〉	목록 작성((un)ordered list)	〈ul〉〈li〉다음〈/li〉〈li〉네이버〈/li〉〈/ul〉
〈span〉	문장 또는 문단 내 구역 지정	〈span style="color:red"〉구역〈/span〉
〈button〉	버튼 생성	〈button〉확인〈/button〉
〈input〉	사용자 입력이 가능한 텍스트 상자	〈input type="text"〉
〈br〉	줄바꿈	파이썬〈br〉좋아요
〈b〉	글자 모양 굵게 변경(bold)	저는 〈b〉파이썬〈/b〉 배웠어요.
〈!-- 주석 --〉	주석(설명) 작성	〈!-- 아무런 기능이 없어요 --〉

CSS 기초

CSS(Cascading Style Sheets)는 HTML로 작성된 문서를 웹 브라우저에 표현할 때 서식을 정해주는 언어입니다. 웹 크롤링 시 HTML 문서에 있는 특정 데이터에 접근하기 위해 HTML 태그와 함께 CSS를 자주 활용합니다. 일반적으로 HTML 문서 내 〈style〉 태그 안에서 HTML 각 요소의 배경색, 폰트 등 서식을 정의하는 형태로 사용됩니다.

다음은 HTML 문서 내에서 〈style〉 태그로 서식을 지정한 CSS 사용 예제입니다.

```
관심종목<br>
<ul> <li>키움증권</li>
     <li>대신증권</li>
     <li>미래에셋대우</li> </ul>
<style>
li { width: 120px;  margin: 8px; padding-bottom: 4px;
     font-weight: bold; color: olive }
</style>
```

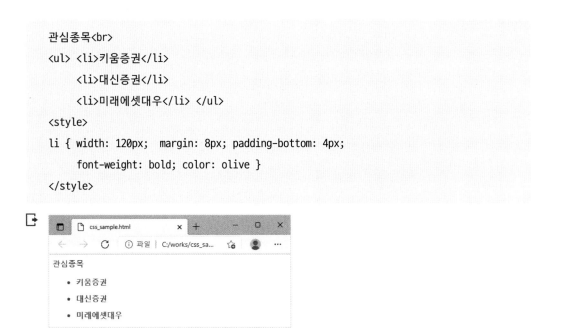

NOTE 〈li〉 태그에 CSS 스타일을 지정했습니다. 색상이 적용된 서식을 보려면 html 문서를 웹 브라우저에서 실행해 보세요.

CSS 스타일을 지정하는 방법

CSS 스타일을 지정하는 방법은 2가지가 있습니다. 태그 안에 style 코드를 삽입하는 방법과 style 코드를 분리하여 작성하는 방법입니다.

태그 안에 style 코드 삽입

HTML 태그에 CSS 코드가 섞여 가독성이 떨어지므로 잘 사용하는 방법은 아니지만, 간단하게 스타일 적용이 가능합니다.

```
<body>
        <p style="color:blue">paragraph1</p>
        <p>paragraph2</p>
</body>
```

style 코드 분리

CSS 코드를 〈style〉 태그 안에 넣어 따로 작성한 것으로, 앞의 예와 실행 결과는 같지만 가독성이 향상되고 유지 관리 차원에서 장점이 많아 대부분 이 방법을 사용합니다.

```
<style>
p:nth-child(1) {
        color:blue;  }
</style>
<body>
        <p>paragraph1</p>
        <p>paragraph2</p>
</body>
```

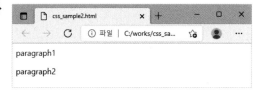

CSS 선택자

HTML 태그에 스타일을 지정할 때 대상을 선택하거나 지정하는 방식을 선택자(Selector)라고 합니다. 스타일을 적용할 대상을 지칭하는 식별자로 이해하면 됩니다.

CSS 선택자에는 세 가지 종류가 있습니다. 요소 선택자는 특정 태그 전체를 선택(예: 〈p〉 태그 전체, 〈a〉 태그 전체)합니다. ID 선택자는 태그에 정의된 ID 값으로 대상을 선택합니다. 마지막 클래스 선택자는 태그에 정의된 class 속성값으로 대상을 선택합니다.

CSS 스타일 지정 방법은 파이썬의 딕셔너리 자료형과 유사합니다. 속성과 값의 구분은 콜론(:)을 사용하고, 항목 간 구분은 세미콜론(;)을 사용합니다.

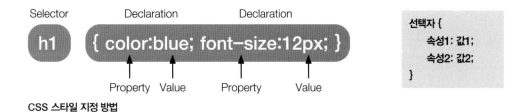

CSS 스타일 지정 방법

요소 선택자

요소 선택자(Element Selector)는 특정 HTML 태그에 스타일을 적용하는 방식으로, HTML 문서에 있는 해당 태그들은 CSS에서 지정한 스타일로 일괄 적용됩니다. 다음 예제는 〈style〉에서 〈p〉 태그의 색상을 파란색으로 지정한 것으로, 이는 HTML의 문서에서 〈p〉 태그에 해당되는 모든 문자열에 전체 적용됩니다.

```
<style>
p {
        color:blue;
}
</style>
<h3>headline</h3>
<p>paragraph1</p>
<p>paragraph2</p>
```

headline

paragraph1

paragraph2

ID 선택자

ID 선택자(ID Selector)는 ID 값으로 특정 요소에 접근하는 방식으로, **#ID명**으로 지정합니다. 다음 예제는 ID가 "kimchi"인 글자에 파란색을 적용한 것입니다.

```
<html>
<head>
        <title>ID Selector</title>
        <style>
                #kimchi { color:blue; }
        </style>
</head>
<body>
        <p class="korean" id="bibimbap">비빔밥</p>
        <p class="korean" id="bulgogi">불고기</p>
        <p class="korean" id="kimchi">김치</p>
        <p class="western" id="steak">스테이크</p>
        <p class="western" id="hamburger">햄버거</p>
</body>
</html>
```

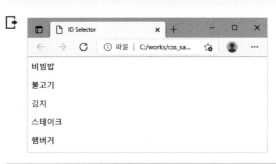

NOTE CSS에서는 ID와 클래스 선택자를 사용합니다. ID는 고유한 명칭이어야 하므로 하나의 태그에만 사용 가능하며, 클래스는 여러 태그에 중복해서 사용할 수 있습니다.

클래스 선택자

클래스 선택자(Class Selector)는 HTML 태그의 종류에 상관없이 같은 클래스 이름을 가진 모든 요소에 접근하는 방식으로, 〈style〉 태그 안에서 **.클래스명**으로 지정합니다. 다음 예제는 클래스가 "western"인 글자에 파란색을 적용한 것입니다.

```html
<html>
<head>
        <title>Class Selector</title>
        <style>
                .western { color:blue; }
        </style>
</head>
<body>
        <p class="korean" id="bibimbap">비빔밥</p>
        <p class="korean" id="bulgogi">불고기</p>
        <p class="korean" id="kimchi">김치</p>
        <p class="western" id="steak">스테이크</p>
        <p class="western" id="hamburger">햄버거</p>
</body>
</html>
```

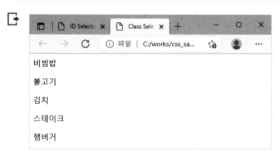

CSS 결합자

CSS 결합자(Combinators)는 앞서 살펴본 요소, ID, 클래스 선택자를 다양하게 조합해서 사용하는 것으로 특정 요소에 접근할 때 매우 유용하게 활용할 수 있습니다. 특히 선택자 간 계층 관계를 파악하여 ID나 클래스가 없는 요소에 접근할 때 사용하거나, 같은 클래스 이름을 가진 요소 중 특정 요소 하나만 선택하고 싶을 때에도 사용할 수 있습니다.

결합자의 종류는 자식, 자손, 인접한 형제, 일반 형제 등 4가지가 있습니다. 웹 크롤링에서는 부등호 (〉)로 구분하는 자식 결합자와 공백으로 구분하는 자손 결합자를 사용합니다.

자식 결합자

부등호(〉)를 사용하여 자식 결합자(A 〉 B)임을 표시하며, 부모 요소(또는 클래스) A의 한 단계 하위
요소 중 B 조건에 해당하는 요소만 선택합니다. 예제에서는 Korean 클래스 요소의 한 단계 하위에
있는 〈li〉 요소에만 빨간색을 지정했습니다. 여기에서 〈ul〉 태그는 영향을 받지 않습니다.

```
<style>
    .korean > li { color:red; }
</style>
<ul class = "korean">
    <li>비빔밥</li>
    <li>불고기</li>
    <ul class = "반찬">
        <li>김치</li>
        <li>깍두기</li>
    </ul>
</ul>
<ul class = "western">
    <li>스테이크</li>
    <li>햄버거</li>
</ul>
```

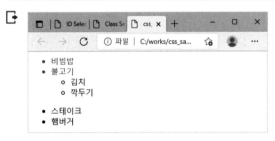

자손 결합자

공백(space)으로 부모와 자손(A, B)을 구분하며, 부모 요소(또는 클래스) A의 하위 자손 요소 중 B
조건에 해당하는 요소만 선택합니다. 예제에서는 Korean 클래스의 하위에 있는 모든 〈li〉 요소에
빨간색을 지정했습니다.

```
<style>
    .korean li { color:red; }
</style>

<ul class = "korean">
    <li>비빔밥</li>
    <li>불고기</li>
    <ul class = "반찬">
        <li>김치</li>
        <li>깍두기</li>
    </ul>
</ul>

<ul class = "western">
    <li>스테이크</li>
    <li>햄버거</li>
</ul>
```

크롬 개발자 도구로 웹 구조 파악하기

크롬 개발자 도구는 웹 페이지의 구조를 분석하기 위한 툴로, 크롬에 내장되어 있는 기능입니다. HTML뿐만 아니라 자바스크립트, CSS로 구성된 웹 페이지의 구조를 쉽게 파악할 수 있기 때문에 웹 페이지의 오류를 수정하거나 기능을 개선할 때 주로 사용합니다. 또한 원하는 정보가 있는 특정 태그나 CSS 선택자를 쉽게 찾기 때문에 웹 크롤링할 때도 유용하게 사용할 수 있습니다.

01 크롬 개발자 도구 활성화하기 크롬을 실행한 후 네이버 홈페이지(www.naver.com)에 접속합니다. 크롬의 우측 상단에 있는 Chrome 맞춤설정 및 제어(⋮) 아이콘을 클릭하고 [도구 더보기] – [개발자 도구] 메뉴를 선택하여 개발자 도구를 실행합니다.

NOTE 홈페이지를 연 상태에서 F12 키를 눌러도 크롬 개발자 도구를 바로 실행할 수 있습니다.

02 크롬 개발자 도구 창 배치하기 개발자 도구의 우측 상단에서 Customize and control DevTools(⋮) 아이콘을 클릭하면 [Dock side] 옵션에서 개발자 도구의 위치를 지정할 수 있습니다. 또한, [Dock side]에서 Undock into separate window(▢)를 선택하면 개발자 도구 창이 별도의 화면으로 분리됩니다.

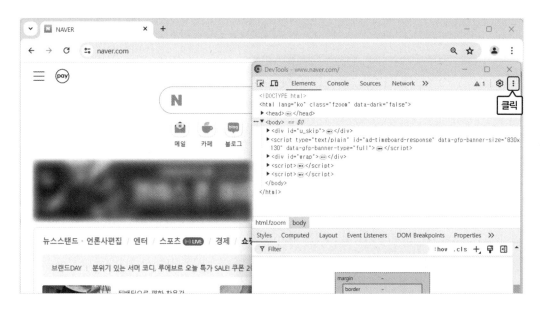

NOTE 분리된 개발자 도구 창을 다시 크롬 창에 포함하려면 [Dock side]에서 원하는 배치를 선택합니다.

03 소스 코드 확인하기 개발자 도구 창에서 Inspect(🔲) 아이콘을 클릭해서 활성화시킨 후 웹 페이지의 특정 위치에 마우스를 가져가면 [Elements] 탭에서 해당되는 HTML 소스를 확인할 수 있습니다. 반대로 특정 소스 코드에 마우스를 가져가면 웹 페이지에 해당되는 위치가 표시됩니다. 다음 화면처럼 네이버의 뉴스 메뉴에 마우스를 가져가면 개발자 도구 창에서 해당 HTML 소스를 볼 수 있습니다.

-☀️- **여기서 잠깐 ▶**   **HTML 소스 영역과 CSS 영역**

개발자 도구 창은 웹 페이지의 HTML 소스를 볼 수 있는 영역과 CSS 구성을 파악할 수 있는 영역으로 구분되고, 마우스로 두 영역 간 크기를 조절할 수 있습니다. 웹 크롤링 시 필요한 태그나 CSS selector들은 HTML 소스에서 수월하게 찾을 수 있습니다.

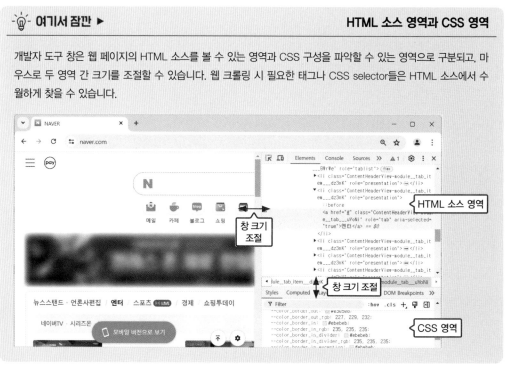

04 리소스 파일 확인하기 [Sources] – [Page] 탭에서 도메인별 리소스 트리를 펼쳐서 특정 리소스 파일을 클릭하면 텍스트 형태는 소스 코드를, 이미지 파일은 이미지 자체를 오른쪽 창에 보여 줍니다. 도메인별로 리소스를 표시하기 때문에 원하는 리소스를 찾기 어려우면 Ctrl + P 를 눌러 입력란에 검색어를 입력합니다.

NOTE 리소스 파일은 HTML, CSS, Javascript 외에 이미지, 동영상 등 웹 페이지와 연관한 모든 파일을 의미합니다.

이상으로 크롬 개발자 도구에 대해서 살펴보았습니다. 웹 크롤링할 때는 원하는 정보와 관련한 태그 계층을 파악하고 CSS 선택자를 찾는 작업이 중요한데, 크롬 개발자 도구를 활용하면 이를 신속하게 처리할 수 있습니다.

웹 데이터 자동 수집

▶▶ 이제 본격적으로 웹 데이터를 자동으로 수집해 봅시다. 특정 URL의 웹 페이지를 가져오는 requests 모듈과 HTML 소스를 분석하는 BeautifulSoup 모듈 사용법을 예제를 통해 알아보고, 인터넷 서점의 베스트셀러 목록을 가져오는 웹 데이터 자동 수집 방법에 대해 살펴보겠습니다.

HTML 소스 가져오기

웹 크롤링 시 제일 먼저 할 일은 웹 서버로부터 특정 웹 페이지를 받아 오는 것입니다. HTML 페이지, 이미지, 문서 파일 등 우리가 필요한 리소스를 받아오려면 웹 브라우저에서 해당 리소스의 위치인 URL을 웹 서버에 요청해야 합니다. 그럼 웹 서버는 웹 브라우저를 통해 요청한 리소스를 보내 줍니다. 받은 리소스의 Content-Type이 HTML 형태이면 웹 브라우저가 렌더링해서 사용자에게 보여 주고, 텍스트 형식이 아닌 이진 파일은 로컬 PC에 다운로드할 수 있게 해 줍니다.

NOTE Content-Type은 웹 서버와 클라이언트(웹 브라우저) 간 정보를 주고받을 때 사용하는 자료의 형식이며 HTML, Text, Application, Multipart, Audio 등이 있습니다.

requests 개요

웹 크롤링을 하려면 먼저 파이썬 모듈을 사용해서 웹 서버와 상호작용을 해야 합니다. requests는 파이썬 코드만으로 원하는 웹 페이지에 HTTP 요청을 보내고 응답 데이터를 수집할 수 있도록 만든 패키지입니다. 다운받은 파일의 분석을 위해 주로 BeautifulSoup 패키지와 함께 사용합니다.

requests 특징

requests는 웹 페이지의 HTML/JSON뿐만 아니라 이미지, 음성, PDF 등 파일 데이터 수집 기능까지 제공합니다. 사용법이 간단하고 코드가 간결하기 때문에 정형/비정형 데이터의 크롤링에 많이 사용합니다.

- HTTP request에 필요한 기능 지원(get/post 방식 선택, parameter/form data/cookie 보내기 등)
- 웹 브라우저 없이 구동하므로 코드가 짧고 속도가 매우 빠르며, 안정적인 크롤링이 가능
- 렌더링된 웹 페이지 화면이 보이지 않으므로 크롬 개발자 도구를 통한 사전 분석이 중요

requests 모듈 설치하기

HTTP를 통해 웹 서버에 자원 요청을 하는 requests 모듈은 파이썬과 함께 배포되지 않기 때문에 별도로 설치해야 합니다. 주피터 노트북에 다음과 같이 입력하여 requests 모듈을 설치합니다.

```
!pip install requests
```

NOTE requests 공식 문서(https://docs.python-requests.org/en/master)에서 requests가 제공하는 모든 함수의 사용법 및 다양한 예제를 찾을 수 있습니다.

HTML 소스 가져오기

특정 사이트에 HTML 페이지 등 자원을 요청할 때 URL과 함께 파라미터를 전달하는 두 가지 방식이 있습니다. 파라미터를 URL 뒤에 붙이는 GET 방식과 URL에 붙이지 않고 별도의 데이터로 전달하는 POST 방식입니다. GET은 주로 웹 브라우저가 웹 서버에 데이터를 요청할 때 사용하며, POST는 웹 브라우저가 웹 서버에 데이터를 전달하기 위해 사용합니다.

GET 방식

GET 방식을 사용해 네이버 웹 페이지를 가져오겠습니다. requests.get( ) 함수에 파라미터로 URL과 verify를 사용하는데, verify를 False로 지정하면 SSL 인증서 오류 문제가 발생해도 URL에 입력한 웹 페이지를 가져올 수 있습니다.

가져온 내용을 출력하는 방법은 두 가지가 있습니다. 첫 번째는 다음 예제처럼 **print(res.content)**를 사용하는 것입니다. 이렇게 하면 네이버에서 응답한 HTML 형식의 데이터를 보여 주는데, 텍스트 데이터뿐만 아니라 이미지, zip 파일 등의 이진 데이터도 볼 수 있습니다. 두 번째 방법은 **print(res.text)**로, 한글 출력이 가능하다는 장점이 있습니다. 이 방법은 텍스트 위주 웹 페이지일 경우 유용하게 사용할 수 있습니다.

```
import requests                              # requests 모듈 불러오기
res = requests.get("http://www.naver.com", verify = False)
                                            # GET 방식으로 네이버 홈페이지 가져오기
print(res.content)                          # 내용 출력
```

b'\n<!doctype html>   <html lang="ko" data-dark="false"> <head> <meta charset="utf-8"> <title>NAVER</title> <met
a http-equiv="X-UA-Compatible" content="IE=edge"> <meta name="viewport" content="width=1190"> <meta name="apple-mobile-web-app-title" c
ontent="NAVER"/> <meta name="robots" content="index,nofollow"/> <meta name="description" content="\xeb\x84\xa4\xec\x9d\xb4\xeb\xb2\x84
\xeb\xa9\x94\xec\x9d\xb8\xec\x97\x90\xec\x84\x9c \xeb\x8b\xa4\xec\x96\x91\xed\x95\x9c \xec\xa0\x95\xeb\xb3\xb4\xec\x99\x80 \xec\x9c\xa0
\xec\x9a\xa9\xed\x95\x9c \xec\xbb\xa8\xed\x85\x90\xec\xb8\xa0\xeb\xa5\xbc \xeb\xa7\x8c\xeb\x82\x98 \xeb\xb3\xb4\xec\x84\xb8\xec\x9a\x9
4"/> <meta property="og:title" content="\xeb\x84\xa4\xec\x9d\xb4\xeb\xb2\x84"> <meta property="og:url" content="https://www.naver.co
m/"> <meta property="og:image" content="https://s.pstatic.net/static/www/mobile/edit/2016/0705/mobile_212852414260.png"> <meta property
="og:description" content="\xeb\x84\xa4\xec\x9d\xb4\xeb\xb2\x84 \xeb\xa9\x94\xec\x9d\xb8\xec\x97\x90\xec\x84\x9c \xeb\x8b\xa4\xec\x96\
x91\xed\x95\x9c \xec\xa0\x95\xeb\xb3\xb4\xec\x99\x80 \xec\x9c\xa0\xec\x9a\xa9\xed\x95\x9c \xec\xbb\xa8\xed\x85\x90\xec\xb8\xa0\xeb\xa5\x
bc \xeb\xa7\x8c\xeb\x82\x98 \xeb\xb3\xb4\xec\x84\xb8\xec\x9a\x94"> <meta name="twitter:card" content="summary"> <meta name="twitter:ti
tle" content=""> <meta name="twitter:url" content="https://www.naver.com/"> <meta name="twitter:image" content="https://s.pstatic.net/s
tatic/www/mobile/edit/2016/0705/mobile_212852414260.png"> <meta name="twitter:description" content="\xeb\x84\xa4\xec\x9d\xb4\xeb\xb2\x8
4 \xeb\xa9\x94\xec\x9d\xb8\xec\x97\x90\xec\x84\x9c \xeb\x8b\xa4\xec\x96\x91\xed\x95\x9c \xec\xa0\x95\xeb\xb3\xb4\xec\x99\x80 \xec\x9c\x
a0\xec\x9a\xa9\xed\x95\x9c \xec\xbb\xa8\xed\x85\x90\xec\xb8\xa0\xeb\xa5\xbc \xeb\xa7\x8c\xeb\x82\x98 \xeb\xb3\xb4\xec\x84\xb8\xec\x9a\x
94"/> <link rel="stylesheet" href="https://pm.pstatic.net/dist/css/nmain.20220317.css"> <link rel="stylesheet" href="https://ssl.pstat
ic.net/sstatic/search/pc/css/sp_autocomplete_210318.css"> <link rel="shortcut icon" type="image/x-icon" href="/favicon.ico?1"/> <link

이번에는 GET 방식으로 요청할 때 파라미터를 전달하는 방법을 알아보겠습니다. 다음은 네이버 페이 증권 페이지에서 삼성전자 시황을 가져오는 예제입니다. requests.get( ) 함수의 파라미터로 "code"와 삼성전자 종목코드인 "005930"을 입력합니다. 실제 요청한 URL을 **print(res.url)**로 확인해 봅시다.

```
parameters = {"code" : "005930"}
res = requests.get("https://finance.naver.com/item/sise.nhn", params = parameters,
verify = False)
print(res.url)
print(res.text)
```

https://finance.naver.com/item/sise.nhn?code=005930

```
<meta http-equiv="Content-Type" content="text/html; charset=utf-8" />

<meta http-equiv="Content-Script-Type" content="text/javascript">
<meta http-equiv="Content-Style-Type" content="text/css">
<meta name="apple-mobile-web-app-title" content="네이버페이 증권" />




<meta property="og:title" content="네이버페이 증권"/>
<meta property="og:image" content="https://ssl.pstatic.net/static/m/stock/im/2016/08/og_stock-200.png"/>
<meta property="og:url" content="https://finance.naver.com"/>
<meta property="og:description" content="국내 해외 증시 지수, 시장지표, 뉴스, 증권사 리서치 등 제공"/>
```

POST 방식

POST 방식은 파라미터를 URL에 붙이지 않고 별도 항목인 request body에 넣어 요청합니다. URL에 파라미터가 노출되지 않기 때문에 상대적으로 보안에 유리합니다. 〈form〉 태그를 사용해 사용자로부터 정보를 입력받는 경우, 또는 서버로 전송해야 할 데이터의 용량이 클 경우 POST 방식을 사용합니다. 다음은 POST 방식으로 삼성전자 시황을 가져오는 코드이며, 실행 결과는 GET 방식과 동일합니다.

```
res = requests.post("https://finance.naver.com/item/sise.nhn = 005930", verify =
False)
print(res.text)
```

HTML 소스를 데이터로 변환하기

HTML에서 원하는 데이터를 찾기 위해서는 HTML 문서를 구조화된 데이터 형태로 변환해야 합니다. 이 과정을 파싱(Parsing)이라고 하는데, 파이썬의 BeautifulSoup 패키지를 통해 실행할 수 있습니다.

BeautifulSoup 개요

BeautifulSoup은 requests로 수집한 HTML 데이터를 분석하고 파싱하는 데 사용하는 패키지입니다. requests 모듈로 웹 페이지를 가져온 다음 BeautifulSoup 모듈로 파싱한 후 원하는 자료를 추출할 수 있습니다.

BeautifulSoup 특징

BeautifulSoup은 복잡한 HTML 태그들을 정리하고 객체로 구성해 주기 때문에 원하는 데이터에 손쉽게 접근할 수 있도록 도와줍니다.

- CSS Selector를 지원하여 데이터 탐색이 간편하고, 원하는 데이터만 추출해 별도로 정리 가능
- HTML 데이터 수집은 requests로, 수집한 데이터의 필터링과 선택은 BeautifulSoup으로 수행

BeautifulSoup 설치하기

BeautifulSoup은 파이썬 내장 패키지가 아니기 때문에 별도로 설치해야 합니다. 주피터 노트북에 다음과 같이 입력하여 BeautifulSoup 모듈을 설치합니다.

```
!pip install bs4
```

HTML 태그를 이용해 원하는 속성 찾기

BeautifulSoup의 find( ), find_all( ) 함수를 이용해서 HTML 페이지 내 원하는 태그를 찾을 수 있습니다. 간단한 HTML 소스 코드를 html_txt 변수에 입력하고, 원하는 속성을 추출하는 방법을 알아보겠습니다.

HTML 소스를 분석용 데이터로 파싱(변환)하기

먼저 BeautifulSoup 모듈을 불러온 후 html_txt 변수에 HTML 소스와 텍스트를 입력해 분석할 자료를 생성합니다. html_txt가 requests를 통해 가져온 HTML 소스라고 생각하면 됩니다. 그 다음 BeautifulSoup( ) 함수를 이용해 HTML 소스를 분석 가능한 데이터로 파싱(변환)합니다.

```
from bs4 import BeautifulSoup    # BeautifulSoup 모듈 불러오기


# html_txt 변수에 HTML 소스와 텍스트 입력
html_txt = "<p class = 'weather' id = 'tw'>오늘의 날씨</p> <h1> 한때 소나기가 내리
겠습니다. </h1>"


soup = BeautifulSoup(html_txt,"html.parser")
# 파싱하기, 분석 가능한 데이터 형태로 변환
```

find() 함수로 원하는 속성 찾기

soup에 다양한 함수를 붙여 원하는 부분만 찾아 사용할 수 있습니다. **tag = soup.find("p")**는 find() 함수로 soup에서 "p" 태그를 찾아 변수 tag에 저장하라는 의미입니다.

tag 변수의 속성을 이용해 **print(tag)**를 출력하면 find() 함수에서 찾은 p 태그 내 모든 속성값을 찾아 보여 줍니다. **print(tag.attrs["class"])**와 **print(tag.attrs["id"])**는 태그의 class와 id를 출력하며, **print(tag.text)**는 태그 내에 있는 텍스트만 출력합니다.

```
tag = soup.find("p")            # p 태그를 찾아 tag에 저장


print(tag)                      # tag 출력
print(tag.name)                 # tag명 출력
print(tag.attrs)                # tag 속성 출력
print(tag.attrs["class"])       # tag 속성 중 class만 출력
print(tag.attrs["id"])          # tag 속성 중 id만 출력
print(tag.text)                 # tag 내 텍스트 출력
```

```
<p class="wether" id="tw">오늘의 날씨</p>
p
{'class': ['wether'], 'id': 'tw'}
['wether']
tw
오늘의 날씨
```

만약 'div' 태그 내에 있는 'p' 태그를 찾는다면 **soup.find("div").find("p")**처럼 find( ) 함수를 중첩해서 사용하면 됩니다. find( ) 함수는 해당 조건에 맞는 첫 번째 태그만 가져오는 반면, find_all( ) 함수는 해당 조건에 맞는 모든 태그를 가져와서 리스트 자료형으로 만듭니다.

CSS를 이용해 원하는 속성 찾기

웹 크롤링 시 태그를 찾을 때는 find( ) 함수보다 select( ) 함수를 주로 사용합니다. find( )는 HTML 태그를 통해 원하는 부분을 찾을 수 있지만, select( )나 select_one( ) 함수는 HTML 태그와 CSS를 이용해 원하는 속성을 정확하게 찾을 수 있습니다. CSS를 활용하는 다양한 방법을 알아보겠습니다.

HTML 소스를 분석용 데이터로 파싱(변환)하기

실습을 위해 다음과 같이 HTML 소스를 만들어 html_txt에 저장하고 BeautifulSoup으로 파싱해 soup 변수에 저장하겠습니다.

```
from bs4 import BeautifulSoup      # BeautifulSoup 모듈 불러오기


html_txt = """                    # HTML 소스 생성
<html>
<head><title>BS page</title></head>
<body>

<h1 class="portal_cls">검색포털</h1>
<p>
<a href="http://www.daum.net">다음 바로가기</a><br>
<a href="http://www.naver.com">네이버 바로가기</a>
</p>
<a href="http://www.google.com" class="alink_cls">구글</a>
<a target="_테스트_">테스트</a>
<p class="footage_cls" id="company">2024, ABC Company</p>
<p class="footage_cls" id="addr">Korea</p>
</body>
</html>
"""
soup = BeautifulSoup(html_txt, "html.parser")
# 파싱하기, 분석 가능한 데이터 형태로 변환
```

특정 태그 찾기

⟨h1⟩ 태그를 select_one( )으로 찾아 텍스트만 출력하는 코드입니다. select_one( )은 find( ) 함수와 유사하게 사용 가능하지만, 조건에 맞는 태그를 하나만 가져옵니다.

```
tag = soup.select_one("h1")        # <h1> </h1> 태그 추출
print(tag.text)                    # tag 안에 있는 텍스트만 출력
```

➡ 검색포털

이번에는 ⟨h1⟩ 태그를 select( ) 함수로 찾아보겠습니다. select( ) 함수로 태그를 추출하면 리스트형 자료로 반환되기 때문에 반복문을 활용해 데이터를 하나씩 가져와야 합니다.

```
tag_list = soup.select("h1")       # <h1> ~ </h1> 태그 모두 찾기
for tag in tag_list:               # tag_list 내 데이터를 하나씩 읽어오기
    print(tag.text)                # 텍스트만 출력
```

➡ 검색포털

자식/자손 태그 찾기

자식 태그를 표현할 때는 〉기호로 표현합니다. **soup.select("body p > a")**는 ⟨body⟩의 p 태그 하위에 있는 a 태그를 모두 추출하라는 의미입니다. 반면 자손 태그를 표현할 때는 공백으로 표현합니다. 예를 들어 **soup.select("body p a")**는 ⟨body⟩의 p 태그 하위에 있는 a 태그를 추출하고, 그 하위에 있는 모든 태그도 추출합니다.

```
tag_list = soup.select("body p > a")   # <body><p> 태그 하위의 <a> 태그 추출
for tag in tag_list:                   # tag_list 내 데이터를 하나씩 읽어오기
    print(tag.text)                    # 텍스트만 출력
```

➡ 다음 바로가기
　 네이버 바로가기

CSS 클래스로 태그 찾기

CSS 클래스 선택자로 찾을 경우 select( ) 함수의 파라미터에 **.클래스명**으로 입력합니다.

```
tag_list = soup.select(".footage_cls")    # footage_cls 클래스 추출
for tag in tag_list:                       # tag_list 내 데이터를 하나씩 읽어오기
    print(tag.text)                        # 텍스트만 출력
```

⯈ 2024, ABC Company
   Korea

CSS ID로 태그 찾기

CSS ID 선택자의 태그를 추출할 경우 select( ) 함수의 파라미터에 **#아이디명** 형식으로 지정하면 해당되는 태그를 추출할 수 있습니다.

```
tag_list = soup.select("#company")         # id가 company인 태그 추출
for tag in tag_list:                       # tag_list 내 데이터를 하나씩 읽어오기
    print(tag.text)                        # 텍스트만 출력
```

⯈ 2024, ABC Company

태그 속성값을 이용해서 태그 찾기

속성값(attribute)으로도 태그를 찾을 수 있습니다. **soup.select("a[href]")**는 a 태그 중 속성 값 href를 갖는 태그를 추출하라는 의미입니다. 다음 print 함수의 파라미터 중 **tag.attrs["href"]**는 href 속성값을 의미합니다.

```
tag_list = soup.select("a[href]")                # a[href] 추출
for tag in tag_list:                             # tag_list 내 데이터를 하나씩 읽어오기
    print(tag.text, tag.attrs["href"])           # 텍스트와 URL 출력
```

⯈ 다음 바로가기 http://www.daum.net
   네이버 바로가기 http://www.naver.com
   구글 http://www.google.com

실습 **서점 베스트셀러 정보 가져오기**

웹 크롤링을 처음 배울 때 가장 많이 다루는 예제는 서점 베스트셀러 정보 가져오기입니다. 구글에서 검색하면 많은 소스 코드를 확인할 수 있지만 웹 페이지 구조가 바뀌거나 태그 정보가 자주 업데이트 되기 때문에 실행되지 않는 경우가 많습니다. 따라서 이 실습에서 다루는 절차만 제대로 이해한다면 직접 웹 크롤링 코드를 작성하거나 구글에서 찾은 소스 코드를 수정해서 활용할 수 있을 것입니다.

💻 코딩 절차

이번 실습의 목표는 국내 대표 서점인 예스24 웹 페이지에 접속해서 베스트셀러 도서, 저자, 가격 정보를 가져오는 것입니다. 시작하기 전에 먼저 크롬 개발자 도구를 활용해 웹 구조 및 가져올 데이터의 태그를 미리 파악합니다.

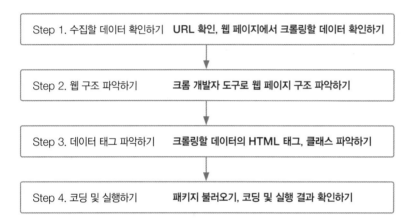

Step 1. 수집할 데이터 확인하기   URL 확인, 웹 페이지에서 크롤링할 데이터 확인하기

Step 2. 웹 구조 파악하기   크롬 개발자 도구로 웹 페이지 구조 파악하기

Step 3. 데이터 태그 파악하기   크롤링할 데이터의 HTML 태그, 클래스 파악하기

Step 4. 코딩 및 실행하기   패키지 불러오기, 코딩 및 실행 결과 확인하기

Step 1 수집할 데이터 확인하기

첫 단계에서는 예스24 베스트셀러 목록이 있는 웹 페이지 주소를 확인하고 도서, 저자, 출판사, 가격 데이터가 어느 위치에 있는지 대략적으로 확인합니다.

01 크롬으로 웹 페이지 접속하기 크롬으로 예스24 베스트셀러 웹 페이지인 'https://www.yes24.com/Product/Category/BestSeller?categoryNumber=001&pageNumber=1&pageSize=24'에 접속하면 [국내도서 종합 베스트] 페이지가 나타납니다. 스크롤을 내려 보면 한 페이지에 국내도서 종합 베스트셀러 목록이 24개씩 보여지는 것을 확인할 수 있습니다.

02 데이터 위치 확인하기

정확한 데이터를 가져오기 위해서는 어떤 웹 페이지에 어떤 데이터가 있는지 확인해야 합니다. 도서 제목을 클릭하면 들어가는 도서별 상세 페이지에서 도서명, 저자, 정가 등이 일관성 있게 배치되어 있는 것을 볼 수 있습니다.

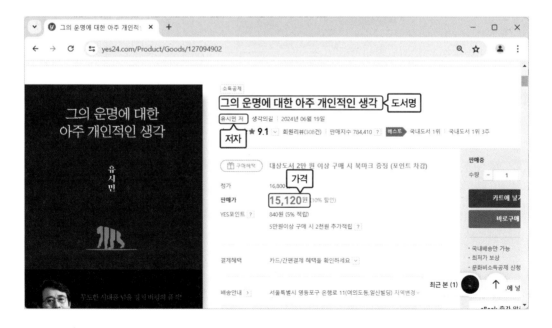

Step 2 웹 구조 파악하기

두 번째 단계에서는 크롬 개발자 도구를 활용해 베스트셀러 목록 페이지와 도서별 상세 페이지 URL을 확인합니다.

01 크롬 개발자 도구 활용하기 베스트셀러 목록 페이지로 돌아와 F12 키를 누르면 화면의 우측에 크롬 개발자 도구가 나타납니다. [Elements] 탭에서 Inspect(🔝) 아이콘을 클릭한 후, 도서 목록에서 마우스를 움직이면서 원하는 도서 전체 영역을 클릭하면 해당 HTML 코드를 확인할 수 있습니다.

NOTE 크롬 개발자 도구는 웹 페이지 개발 및 디버깅을 위해 크롬 웹 브라우저에서 제공하는 기능입니다. 개발자 도구를 활용하면 현재 보고 있는 웹 페이지의 구조 및 HTML 요소를 파악할 수 있습니다.

02 웹 구조 파악하기 크롬 개발자 도구 창에서 태그를 분석해 보면 도서는 〈li data-goods-no="번호"〉 태그로 구성되어 있고 자식 요소로 〈div class="itemUnit"〉 태그가 있습니다. 이 태그의 자식 요소 중 하나로 〈div class="item_info"〉가 있으며, 하위 요소로 도서명, 저자, 출판일, 가격 등 다양한 정보를 확인할 수 있습니다.

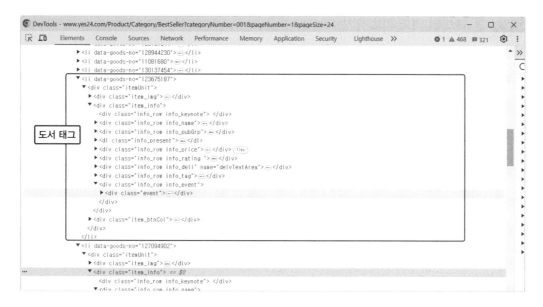

NOTE 하위 구성요소를 확인하기 위해서는 태그 앞에 있는 드롭다운 버튼을 클릭합니다.

03 연결된 상세 페이지 확인하기 도서명, 저자, 가격 정보를 가져오기 위해서는 도서 상세 페이지의 주소를 알아야 합니다. Inspect(📑) 아이콘이 활성화된 상태에서 베스트셀러 1위 도서의 제목을 클릭하면 개발자 도구 창에 〈a class"gd_name" href="/Product/Goods/127094902" ...〉 ... 〈/a〉 태그가 하이라이트되는 것을 확인할 수 있습니다. 또한 도서별 상세 페이지 주소가 〈a href〉 태그 안에 있는 것도 확인할 수 있습니다.

Step 3 데이터 태그 파악하기

도서별 상세 페이지에서 도서명, 저자, 가격 정보를 가져오려면 데이터가 어떤 클래스 안에 있는지, 그리고 어떤 태그로 구성되어 있는지 확인해야 합니다.

01 데이터별 태그 확인하기 도서명을 클릭해 상세 페이지로 들어갑니다. 도서별 상세 페이지에서 Inspect(🔍) 아이콘을 클릭한 후, 도서의 제목을 클릭하면 해당 위치의 HTML을 확인할 수 있습니다. 도서는 **<div class="gd_titArea"><h2 class"gd_name">도서명</h2></div>** 태그로 구성되어 있습니다.

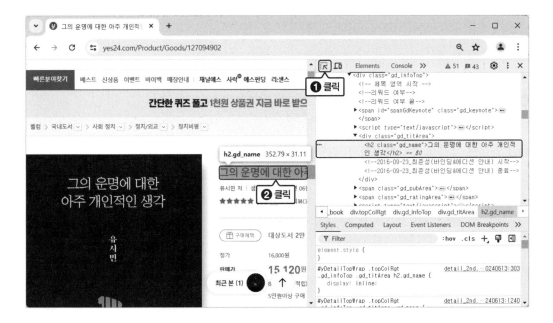

02 태그 정리하기 위에서 알아본 도서명, 저자, 가격 태그를 정리하면 다음 표와 같습니다. 크롤링 코드를 작성할 때에는 데이터별 태그를 검토한 후 각 태그에 적합한 코드를 작성해야 합니다.

데이터명	태그
도서명	〈div class="gd_titArea"〉〈h2 class="gd_name"〉도서명〈/h2〉〈/div〉
저자	〈span class="gd_auth" onclick="wiseLog('Pcode','003_010');"〉저자 정보〈/span〉
가격	〈span class〉〈em class="yes_m"〉가격〈/em〉〈/span〉

NOTE HTML 파싱 후 for 문으로 동일한 태그를 불러와 데이터를 추출하는 과정이기 때문에, 추출할 데이터 구조나 태그가 원본과 다르면 추출할 수 없습니다. 즉, 추출할 데이터는 구조와 태그가 동일해야 합니다.

Step 4 코딩 및 실행하기

이제 예스24 종합 베스트셀러 도서 정보를 크롤링하는 코드를 작성해 봅시다. 예스24의 베스트셀러 웹 페이지에서 도서 24개의 상세 웹 페이지 주소를 추출한 후 도서별 상세 정보인 도서명, 저자, 가격 데이터를 크롤링합니다. 결과는 엑셀로 저장하겠습니다.

01 패키지 불러오기 우선 requests와 BeautifulSoup, pandas 패키지를 import 명령어로 불러옵니다. requests는 웹 리소스를 가져오는 모듈이며, BeautifulSoup은 데이터 변환(파싱) 및 원하는 태그 추출 시 사용하는 패키지입니다.

```python
# 패키지 불러오기
import requests
from bs4 import BeautifulSoup as bs
import pandas as pd
```

02 예스24의 종합 베스트셀러 웹 페이지 가져오기 requests.get( ) 함수로 예스24 종합 베스트셀러 웹 페이지 리소스를 가져와 html 변수에 저장합니다. 그 다음 BeautifulSoup을 이용해 html 변수에 들어 있는 데이터를 파싱합니다. 파싱한 정보를 담고 있는 book을 출력하면 예스24 베스트셀러 웹 페이지의 HTML 소스 코드를 볼 수 있습니다. 웹 페이지의 URL이 변경될 수 있으므로 반드시 웹 페이지 주소를 확인한 후 진행하기 바랍니다.

```python
# 예스24의 종합 베스트셀러 웹 페이지 가져오기
res = requests.get('https://www.yes24.com/Product/Category/BestSeller?\
                    CategoryNumber=001&sumgb=06')
html = res.content                      # 웹 리소스 가져오기
book = bs(html, "html.parser")          # HTML 파싱
print(book)
```

```
<!DOCTYPE html >

<html lang="ko">
<head><link <meta="" content="IE=Edge" href="https://m.yes24.com/Home/Best?DispNo=001" http-equiv="X-UA-Compatible" media="o
nly screen and(max-width: 640px)" rel="alternate"/>
<meta content="text/html;charset=utf-8" http-equiv="Content-Type"/>
<meta content="dpr, width, viewport-width, rtt, downlink, ect, UA, UA-Platform, UA-Arch, UA-Model, UA-Mobile, UA-Full-Versio
n" http-equiv="Accept-CH"/>
<meta content="86400" http-equiv="Accept-CH-Lifetime"/>
<meta content="unsafe-url" name="referrer"/>
<meta content="width=1170" name="viewport"/>
<title> 국내도서 종합 베스트 - 예스24 </title>
<meta content="예스24" name="title"/>
<meta content="YOUR EVERY STORY 문화 콘텐츠 플랫폼, 예스24" name="description"/>
```

NOTE 한 라인에 코드를 작성하기 어려울 경우 백슬래시(\)를 코드 마지막에 추가하고 다음 라인에 코드를 이어 작성합니다.

03 도서 상세 페이지 주소 추출하기 앞서 웹 구조를 파악할 때 도서별 상세 주소는 〈div class="detail"〉 하위에 있는 〈a〉 태그에 href 속성으로 입력되어 있는 것을 확인했습니다. for 문을 돌리면서 select( ) 함수로 〈div class="detail"〉 태그를 모두 찾아 book_detail에 하나씩 반환하고, 〈a〉 태그의 href 속성값을 추출하여 book_urls에 저장합니다. 마지막으로 book_urls에 있는 URL을 append( ) 함수로 book_list 변수에 추가합니다. 추가할 때 문자열 "https://www.yes24.com" 뒤에 book_urls 변수를 붙여야 완전한 URL이 됩니다.

```python
# 도서 상세 페이지 주소 추출하기
book_list = []                           # book_list 리스트 변수 만들기
for book_detail in book.select("#yesBestList > li"): # book에서 li 태그 가져오기
    book_urls = book_detail.select_one(' div > div.item_info > div.info_row.info_
name > a.gd_name').attrs['href']          # 상세 주소를 book_urls에 저장
    book_list.append('https://www.yes24.com' + book_urls)
                                          # book_list 변수에 주소를 하나씩 추가

    print(book_list)
```

```
['https://www.yes24.com/Product/Goods/125557465']
['https://www.yes24.com/Product/Goods/125557465', 'https://www.yes24.com/Product/Goods/128266166']
['https://www.yes24.com/Product/Goods/125557465', 'https://www.yes24.com/Product/Goods/128266166', 'https://www.yes24.com/Pr
oduct/Goods/126845471']
['https://www.yes24.com/Product/Goods/125557465', 'https://www.yes24.com/Product/Goods/128266166', 'https://www.yes24.com/Pr
oduct/Goods/126845471', 'https://www.yes24.com/Product/Goods/124999476']
['https://www.yes24.com/Product/Goods/125557465', 'https://www.yes24.com/Product/Goods/128266166', 'https://www.yes24.com/Pr
oduct/Goods/126845471', 'https://www.yes24.com/Product/Goods/124999476', 'https://www.yes24.com/Product/Goods/128917300']
['https://www.yes24.com/Product/Goods/125557465', 'https://www.yes24.com/Product/Goods/128266166', 'https://www.yes24.com/Pr
oduct/Goods/126845471', 'https://www.yes24.com/Product/Goods/124999476', 'https://www.yes24.com/Product/Goods/128917300', 'h
ttps://www.yes24.com/Product/Goods/128212571']
['https://www.yes24.com/Product/Goods/125557465', 'https://www.yes24.com/Product/Goods/128266166', 'https://www.yes24.com/Pr
oduct/Goods/126845471', 'https://www.yes24.com/Product/Goods/124999476', 'https://www.yes24.com/Product/Goods/128917300', 'h
ttps://www.yes24.com/Product/Goods/128212571', 'https://www.yes24.com/Product/Goods/117014613']
['https://www.yes24.com/Product/Goods/125557465', 'https://www.yes24.com/Product/Goods/128266166', 'https://www.yes24.com/Pr
oduct/Goods/126845471', 'https://www.yes24.com/Product/Goods/124999476', 'https://www.yes24.com/Product/Goods/128917300', 'h
ttps://www.yes24.com/Product/Goods/128212571', 'https://www.yes24.com/Product/Goods/117014613', 'https://www.yes24.com/Produ
ct/Goods/128912957']
```

NOTE 참고로 select_one("a")로만 지정하면 우리가 원하는 URL이 아니라 〈a href ...〉 텍스트 ... 〈/a〉처럼 태그 정보도 포함되므로, href의 값을 가져오기 위해서는 .attrs["href"]를 추가해야 합니다.

04 도서별 상세 데이터 추출하기 best라는 데이터 프레임을 만들고 열 이름을 '도서', '저자', '가격(정가)', 'url'로 지정합니다. 도서 상세 페이지 정보를 갖고 있는 book_list를 하나씩 불러와 book_url에 저장한 후 사용하기 위해 for 문을 이용합니다. enumerate( ) 함수는 데이터를 하나씩 반환할 때 0부터 시작하는 인덱스 값을 같이 반환합니다. requests.get( ) 함수로 도서별 상세 페이지를 불러오고 BeautifulSoup으로 파싱한 후, best_book에 저장합니다.

select_one( ) 함수는 HTML에서 속성값이나 텍스트를 추출합니다. 함수 안에서 태그는 그대로 써주고 클래스는 앞에 .(도트)를, 하위 태그는 공백을 주면 됩니다. select_one( )으로 리턴되는 값에서 텍스트만 추출하기 위해 text 멤버변수를 사용하고 추출한 텍스트의 앞뒤 공백을 제거하기 위해 strip( ) 함수를 추가했습니다. 추출한 데이터는 loc[ ] 함수를 이용해 best 데이터 프레임에 하나씩 저장됩니다.

```python
# 도서별 상세 데이터 추출하기
best = pd.DataFrame(columns=["도서","저자","가격(정가)","url"])
# 저장할 데이터 프레임 만들기
for index, book_url in enumerate(book_list):     # 도서 상세 페이지를 하나씩 반환
    res = requests.get(book_url)                 # 도서 상세 페이지 리소스 가져오기
    html = res.content
    best_book = bs(html, "html.parser", from_encoding = "cp949") # HTML 파싱
    # 웹 크롤링 시 한글이 깨지는 문제를 해결하기 위해 파싱할 때 from_encoding="cp949"
옵션 사용
    title = best_book.select_one("#yDetailTopWrap > div.topColRgt > div.gd_infoTop
> div > h2").text.strip()                        # 도서명 추출
    author = best_book.select_one("#yDetailTopWrap > div.topColRgt > div.gd_infoTop
> span.gd_pubArea > span.gd_auth").text.strip()        # 저자명 추출
    price = best_book.select_one("#yDetailTopWrap > div.topColRgt > div.gd_infoBot
> div.gd_infoTbArea span > em.yes_m").text.strip()          # 가격(정가) 추출
    best.loc[index+1] = (title, author, price, book_url)
best.head()
```

	도서	저자	가격(정가)	url
1	그의 운명에 대한 아주 개인적인 생각	유시민	16,800	https://www.yes24.com/Product/Goods/127094902
2	하루 한 장 나의 어휘력을 위한 필사 노트	유선경	23,800	https://www.yes24.com/Product/Goods/125557465
3	2024 큰별쌤 최태성의 별별한국사 한국사능력검정시험 심화(1,2,3급) 상	최태성	16,000	https://www.yes24.com/Product/Goods/123930880
4	불변의 법칙	모건 하우절 저/ 이수경 역	25,000	https://www.yes24.com/Product/Goods/124999476
5	선재 업고 튀어 대본집 세트	이시은	50,000	https://www.yes24.com/Product/Goods/126721830

크롬 개발자 도구에서 저자 정보 및 가격에 해당되는 CSS Selector를 추출하면 셀렉터 문자열 중간 중간에 div:nth-child(4), tr:nth-child(2)와 같이 nth-child가 나타납니다. nth-child의 경우 태그의 특성상 에러가 날 수 있으므로 가급적 사용하지 않습니다. 또한 셀렉터 식별 문자열 가운데 불필요한 자식 노드들(>)은 삭제하고 손자 노드(공백)로 대체해서 선택자를 간략하게 구성하면 향후 발생할 수 있는 에러에 대해 유연하게 대처할 수 있습니다.

05 엑셀 파일로 저장하기 크롤링 결과를 pd.to_excel() 함수를 이용해 엑셀 파일로 저장합니다. 웹 크롤링 결과를 엑셀이나 CSV 파일로 저장하면 데이터 분석에 다양하게 활용할 수 있습니다.

```python
# 엑셀 파일로 저장하기
best.to_excel("bestseller.xlsx")
```

지금까지의 실습 코드를 종합하면 다음과 같습니다. 한 페이지도 안 되는 코드로 원하는 웹 사이트의 데이터를 한 번에 가져올 수 있습니다.

```python
# 패키지 불러오기
import requests
from bs4 import BeautifulSoup as bs
import pandas as pd

# 예스24의 종합 베스트셀러 웹 페이지 가져오기
res = requests.get("https://www.yes24.com/Product/Category/BestSeller?categoryNu
                mber=001&pageNumber=1&pageSize=24")
html = res.content
book = bs(html, "html.parser")

# 도서 상세 페이지 주소 추출하기
book_list = []
for book_detail in book.select("#yesBestList > li"):
    book_urls = book_detail.select_one(' div > div.item_info > div.info_row.info_
                name > a.gd_name').attrs['href']
    book_list.append('https://www.yes24.com' + book_urls)
```

```python
# 도서별 상세 데이터 추출하기
best = pd.DataFrame(columns=["도서", "저자", "가격(정가)", "url"])
for index, book_url in enumerate(book_list):
    res = requests.get(book_url)
    html = res.content
    best_book = bs(html, "html.parser", from_encoding = "cp949")
    title = best_book.select_one("#yDetailTopWrap > div.topColRgt > div.gd_infoTop
> div > h2").text.strip()
    author = best_book.select_one("#yDetailTopWrap > div.topColRgt > div.gd_infoTop
> span.gd_pubArea > span.gd_auth").text.strip()
    price = best_book.select_one("#yDetailTopWrap > div.topColRgt > div.gd_infoBot
> div.gd_infoTbArea span > em.yes_m").text.strip()
    best.loc[index+1] = (title, author, price, book_url)


# 엑셀 파일로 저장하기
display(best)
best.to_excel("bestseller.xlsx")
```

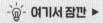

requests.get()을 urlopen()으로, BeautifulSoup의 select() 함수를 find() 함수로 대체할 수 있습니다.

requests.get() → urlopen()으로 대체

```
import requests                                    # 기존 코드
requests.get("https://www.yes24.com/Product/Category/BestSeller?CategoryNu
mber=001&sumgb=06")

from urllib.request import urlopen                 # 대체 코드
html = urlopen("https://www.yes24.com/Product/Category/BestSeller?Category
Number=001&sumgb=06")
```

select() → find_all()로 대체

```
book.select("div.detail")                          # 기존 코드
book.find_all("div", {"class" : "detail"})         # 대체 코드
```

select_one() → select()로 대체

```
book_urls = book_detail.select_one("a").attrs["href"]    # 기존 코드
book_urls = book_detail.select_one("a").get("href")      # 대체 코드
book_urls = book_detail.select("a")[0].get("href")       # 대체 코드
```

웹 브라우저 제어

▶▶ 자료를 추출할 때에는 웹 사이트에 있는 정보를 수집하는 것 외에도 네이버에 로그인하거나 KTX 표를 예매하는 등 웹 사이트와 정보를 주고받으며 처리할 수도 있습니다. 이런 경우 웹 브라우저를 능동적으로 제어해야 하는데, 크롬과 selenium 패키지를 활용하면 웹 데이터를 자동으로 수집하는 것 이상으로 다양한 자료를 추출하거나 웹 관련 업무를 처리할 수 있습니다.

selenium 개요

selenium은 웹 브라우저 작업을 자동화하기 위한 패키지입니다. 2004년 Thought Works社에서 웹 애플리케이션의 UI 테스트 및 자바스크립트 테스트 목적으로 개발했지만, 업무 자동화나 웹 크롤링 등 다양한 용도로 활용되고 있습니다.

selenium 특징

selenium은 키보드를 통한 입력 기능과 마우스 클릭 기능 등을 제공하며, 웹 사이트에서 자료 수집이나 업무 자동화 시 많이 사용하는 패키지입니다. selenium의 주요 특징은 다음과 같습니다.

• 브라우저 인스턴스를 원격으로 제어하고 사용자와 브라우저와의 상호작용 지원

• 웹 페이지에 텍스트 입력, 체크 박스 선택, 링크 클릭, 마우스 이동 및 임의의 JavaScript 실행

• 웹 페이지에서 자료를 수집하기 위한 RPA 구축 시 가장 많이 사용

• BeautifulSoup에 비하면 속도가 느리고 메모리도 상대적으로 많이 사용

소프트웨어 및 패키지 설치하기

selenium을 사용하여 웹 브라우저를 제어하려면 다음 표와 같이 소프트웨어 및 파이썬 패키지를 설치해야 합니다. 크롬은 설치되어 있을 테니 여기서는 selenium 모듈을 설치해 보겠습니다.

설치 프로그램 및 패키지

항목	설명
웹 브라우저	크롬
selenium	webdriver를 활용하여 웹 브라우저를 제어하는 함수 제공

NOTE selenium 4.20 버전 이후부터는 PC에 크롬 드라이버가 설치되어 있지 않으면 자동으로 다운로드하여 설치해주므로 수동으로 설치할 필요는 없습니다.

selenium 모듈은 파이썬 외장 패키지이므로 추가로 설치해야 합니다. 주피터 노트북에서 다음과 같이 입력하여 selenium 모듈을 설치합니다.

```
!pip install selenium
```

웹 로드 및 HTML 소스 가져오기

selenium은 webdriver와 상호작용하며 웹 페이지를 가져오거나 필요한 태그를 찾을 수 있습니다. 이와 관련된 몇 가지 기본적인 함수에 대해 알아보겠습니다.

웹 브라우저 열고 닫기

selenium과 webdriver를 활용해 크롬으로 네이버에 자동 접속한 후 웹 페이지를 닫아 보겠습니다.

01 모듈 불러오기 selenium과 webdriver 패키지를 불러옵니다.

```
import selenium                        # selenium 모듈 불러오기
from selenium import webdriver         # webdriver 모듈 불러오기
```

02 크롬 실행 및 네이버 자동 접속하기 URL 변수에 네이버 주소를 저장한 후 driver 객체를 생성합니다. driver 객체에는 selenium 패키지에서 제공하는 함수를 붙여 사용하는데, driver.get(URL)은 크롬으로 URL에 저장된 웹 주소에 접속하라는 의미입니다. 다음 코드를 실행하면 크롬이 실행되면서 네이버 웹 페이지에 자동 접속됩니다.

```
URL = "https://www.naver.com"          # 네이버 URL을 URL 변수에 저장
driver = webdriver.Chrome()            # driver 객체 생성
driver.get(URL)                        # URL에 저장된 주소를 크롬에서 열기
```

NOTE 크롬 브라우저 대신 엣지 브라우저를 사용하려면 driver=webdriver.Edge( )로 입력합니다.

03 현재 URL 확인하기 driver.current_url 변수를 이용하여 현재 URL을 확인할 수 있습니다.

```
print(driver.current_url)                    # 현재 URL 출력
```

➡ https://www.naver.com/

04 크롬 종료하기 driver.close( ) 함수로 접속한 웹 페이지를 종료합니다.

```
driver.close()
```

HTML 소스 가져오기

이번에는 selenium과 BeautifulSoup으로 네이버 웹 페이지의 HTML 소스를 불러와서 변환(파싱)한 후 텍스트로 출력해 보겠습니다.

01 크롬으로 네이버 자동 접속하기 selenium과 BeautifulSoup, webdriver를 불러온 후 크롬 드라이버로 네이버에 접속합니다.

```
import selenium                        # selenium 모듈 불러오기
from bs4 import BeautifulSoup          # BeautifulSoup 모듈 불러오기
from selenium import webdriver         # webdriver 모듈 불러오기
URL = "https://www.naver.com"          # 네이버 URL을 URL 변수에 저장
driver = webdriver.Chrome()            # driver 객체 생성
driver.get(URL)                        # URL에 저장된 주소를 크롬에서 열기
```

02 HTML 소스 파싱하기 HTML 소스는 **html = driver.page_source**로 불러올 수 있습니다. BeautifulSoup을 활용해 HTML 소스를 변환(파싱)합니다.

```
html = driver.page_source              # HTML 소스 가져오기
soup = BeautifulSoup(html, "html.parser")    # 데이터 변환(파싱)
```

NOTE BeautifulSoup으로 데이터 변환(파싱) 및 태그를 출력하는 코드는 앞서 살펴보았습니다. 277쪽을 참고하세요.

03 텍스트 출력하기 select( ) 함수로 〈body〉 내 〈p〉 태그를 추출하고 반복문을 활용해 텍스트만 모아서 출력합니다.

```
tag_list = soup.select("body p")       # <body> 내 <p> 태그 추출
for tag in tag_list:                   # tag_list 내 데이터를 하나씩 읽어오기
    print (tag.text)                   # 텍스트만 출력
driver.close()
```

검색어와 포함된 키워드를 기반으로 AI 기술을 활용하여 연관된 추천 질문을 제공합니다.

ON/OFF 설정은 해당기기(브라우저)에 저장됩니다.
동일한 시간대·연령대·남녀별 사용자 그룹의 관심사에 맞춰 자동완성을 제공합니다. 자세히 보기
네이버를 더 안전하고 편리하게 이용하세요

웹 브라우저 제어하기

웹 브라우저를 제어하려면 필요한 웹 페이지 구성요소(버튼, 이미지, 입력창)의 HTML 태그를 먼저 찾아야 합니다. 이를 Elements라고 하며, 크롬 개발자 도구를 활용하면 쉽게 찾을 수 있습니다. 이 Elements에 문자열을 입력하거나 마우스를 클릭하면 웹 브라우저 제어가 가능합니다.

네이버 로그인 버튼 클릭하기

selenium에는 Elements를 찾는 다양한 함수들이 있습니다. 그중 가장 쉽고 많이 사용하는 xpath에 대해 살펴보겠습니다. xpath는 HTML 구조의 모든 요소에 접근할 수 있다는 장점이 있지만, HTML 페이지가 조금만 변경되어도 xpath가 함께 변경되어 Elements를 올바르게 찾을 수 없다는 단점도 있습니다. 다음은 xpath를 이용해 네이버 로그인 버튼을 클릭하는 예제입니다.

01 크롬 개발자 도구 실행하기 네이버 로그인 버튼의 xpath를 찾아보겠습니다. 크롬으로 네이버에 접속한 후 F12 키를 눌러 개발자 도구를 실행합니다. Inspect(🖅) 아이콘을 클릭하고 마우스로 네이버 로그인 버튼(**NAVER 로그인**)을 클릭합니다.

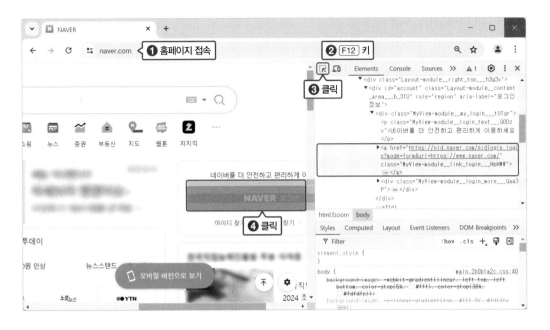

02 xpath 복사하기 네이버 로그인 버튼의 xpath를 복사하기 위해 개발자 도구에 선택된 HTML 소스를 마우스 오른쪽 버튼으로 클릭하고 [Copy] – [Copy XPath]를 선택합니다.

03 네이버 로그인 버튼 클릭하기 앞서 복사한 xpath를 driver.find_element( ) 함수에 붙여 넣으면 네이버 로그인 버튼을 제어할 수 있습니다. btn에는 xpath로 찾은 네이버 로그인 버튼이 저장되며, btn.click( )으로 이 버튼을 클릭할 수 있습니다. 아래 코드를 실행하면 크롬 브라우저에 네이버 로그인 페이지가 실행된 것을 확인할 수 있습니다.

```
import selenium                                    # selenium 모듈 불러오기
from selenium import webdriver                     # webdriver 모듈 불러오기
from selenium.webdriver.common.by import By        # selenium의 by 클래스 불러오기
URL = "https://www.naver.com"                      # 네이버 URL을 URL 변수에 저장
driver = webdriver.Chrome()                        # driver 객체 생성
driver.get(URL)                                    # URL에 저장된 주소를 크롬에서 열기
btn = driver.find_element(By.XPATH, '//*[@id="account"]/div/a')
                                                   # 네이버 로그인 버튼 선택
btn.click()                                        # 버튼 클릭
```

네이버에서 아이유 검색하기

그밖에 CSS selector(CSS 선택자)를 사용하여 원하는 요소(element)를 선택할 수 있으며, send_keys( ) 함수로 요소에 텍스트를 입력할 수 있습니다. 다음은 네이버에서 자동으로 '아이유'를 검색하는 예제입니다.

01 크롬 개발자 도구 실행하기 네이버 검색창 버튼의 CSS selector를 찾는 방법은 xpath를 찾는 방법과 동일합니다. 크롬으로 네이버에 접속한 후 F12 키를 눌러 개발자 도구를 실행합니다. Inspect(🔍) 아이콘을 클릭하고 마우스로 네이버 검색창(███████████████ █·█)을 클릭합니다.

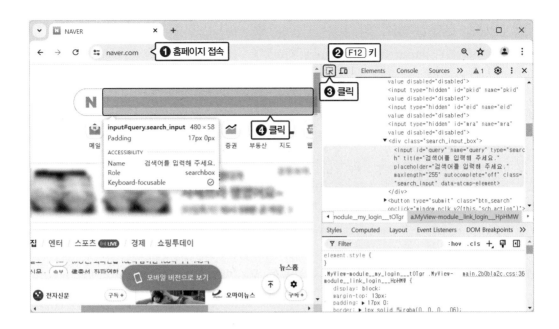

02 CSS selector 복사하기 검색창의 CSS selector를 복사하기 위해 개발자 도구에 선택된 HTML 소스를 마우스 오른쪽 버튼으로 클릭하고 [Copy] - [Copy selector]를 선택합니다.

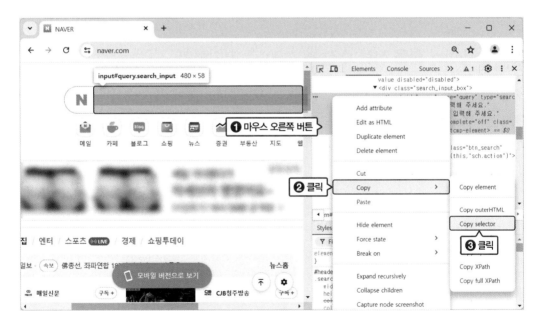

03 검색창에 문자 입력하기 앞서 복사한 CSS selector(#query)를 driver.find_element( ) 함수에 붙여 넣습니다. **input_tag.send_keys("아이유")**는 검색창에 '아이유'를 입력하라는 의미입니다. 다음 코드인 input_tag.send_keys("\n")은 키보드에서 Enter 키를 입력하라는 것으로, 이 코드가 수행되면 '아이유' 검색 결과 페이지로 이동합니다.

```python
import selenium                                      # selenium 모듈 불러오기
from selenium import webdriver                       # webdriver 모듈 불러오기
from selenium.webdriver.common.by import By          # selenium의 by 클래스 불러오기
URL = "https://www.naver.com"                        # 네이버 URL을 URL 변수에 저장
driver = webdriver.Chrome()                          # driver 객체 생성
driver.get(URL)                                      # URL에 저장된 주소를 크롬에서 열기
input_tag = driver.find_element(By.CSS_SELECTOR, "#query")    # 검색창으로 이동
input_tag.send_keys("아이유")                         # 검색창에 문자 입력
input_tag.send_keys("\n")                            # Enter 키 실행
```

NOTE selenium 패키지에서 제공하는 함수는 웹 드라이버를 로딩한 후 **dir(driver.get)** 코드로 확인할 수 있습니다. 함수 설명 및 예제는 https://www.selenium.dev/documentation에서 찾아볼 수 있습니다.

실습 ## 네이버 환율 정보 수집 후 CSV로 저장하기

환율 정보와 같이 실시간으로 변동하는 정보를 주기적으로 확인해야 하는 경우가 있습니다. 실시간으로 변동하는 정보는 selenium을 활용하여 수집 가능합니다. 네이버페이 증권의 시장지표 페이지에 접속해 환율 정보를 가져온 후, CSV로 저장하는 예제를 실습해 보겠습니다.

💻 코딩 절차

이번 실습의 목표는 네이버페이 시장지표 페이지에서 통화명과 매매기준율의 CSS selector를 찾아 데이터를 추출하고 엑셀로 저장하는 것입니다.

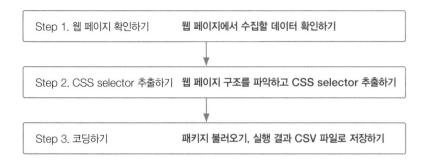

Step 1. 웹 페이지 확인하기	웹 페이지에서 수집할 데이터 확인하기
Step 2. CSS selector 추출하기	웹 페이지 구조를 파악하고 CSS selector 추출하기
Step 3. 코딩하기	패키지 불러오기, 실행 결과 CSV 파일로 저장하기

Step 1 웹 페이지 확인하기

첫 단계에서는 네이버페이 시장지표 페이지에 접속해서 어떤 위치에 수집할 데이터가 있는지 파악합니다.

01 크롬으로 웹 페이지 접속하기 크롬 브라우저에서 네이버페이 증권(https://finance.naver.com/marketindex)에 접속해 시장지표를 클릭하면 우리가 원하는 환율 정보를 확인할 수 있습니다.

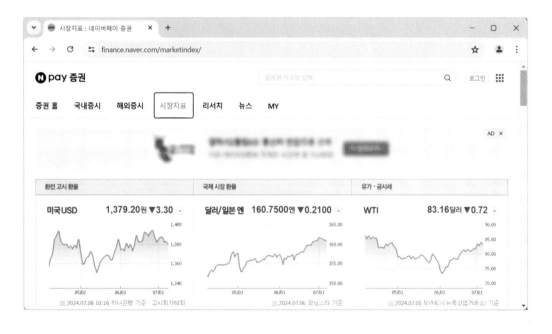

02 수집 대상 데이터 확인하기 페이지 하단으로 이동하면 통화별 환율 정보가 표시되어 있습니다. 여기에서 '통화명'과 '매매기준율'을 가져오면 되는데, 반복되는 태그이기 때문에 '미국 USD'와 '1,379.20' 태그만 확인하면 전체 데이터를 가져올 수 있습니다. 여기에 있는 환율 정보를 크롤링해 CSV로 저장하겠습니다.

Step 2 CSS selector 추출하기

두 번째 단계는 크롬 개발자 도구로 해당 페이지에 접근하여 페이지 구조를 파악하고 xpath나 CSS selector 등을 추출하는 것입니다.

01 웹 페이지 구조 파악하기 네이버페이 증권의 시장지표 웹 페이지에 접속한 상태에서 [F12] 키를 눌러 크롬 개발자 도구를 실행합니다. Inspect([📴]) 아이콘을 활성화한 후 미국 USD를 클릭하면 개발자 도구 창에 〈a href〉 태그가 하이라이트됩니다. 아래의 유럽연합 EUR이나 일본 JPY 등을 확인해 보면 〈tr〉 태그로 반복되는 구조임을 알 수 있습니다.

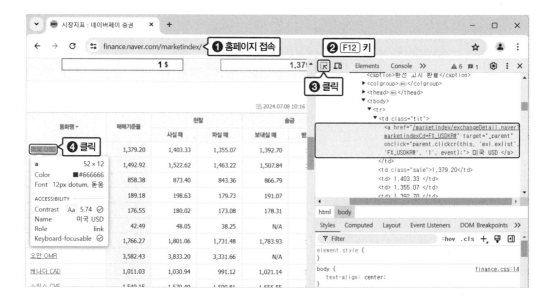

02 iframe 사용 여부 확인하기 웹 페이지 개발 시 화면에 보이는 일부 영역을 iframe으로 구성하는 경우가 있습니다. 추출하려는 데이터가 iframe으로 구성되어 있으면 frame 전환이 필요하므로 iframe 사용 여부를 확인해야 합니다.

개발자 도구 창의 HTML 소스 위에서 현재 선택된 태그 위쪽으로 마우스를 움직이다 보면 환율 정보 전체를 감싸는 태그를 확인할 수 있습니다. 이로써 가져올 데이터가 iframe으로 구성되었다는 것을 알 수 있습니다. iframe id가 'frame_ex1'이라는 것을 기억하고 다음 단계로 넘어갑시다.

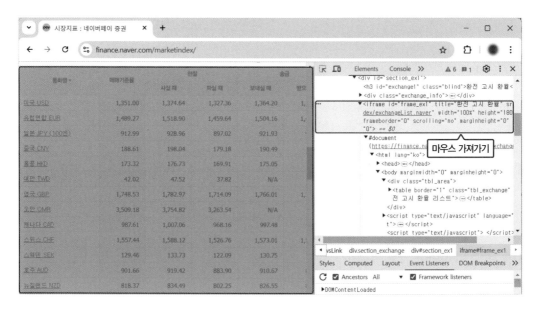

NOTE iframe은 웹 페이지를 여러 세그먼트로 분할해서 서로 다른 내용을 하나의 웹 페이지에 보여 주는 방법으로, iframe 내에 있는 데이터를 크롤링하기 위해서는 frame을 전환하는 코드를 사용해야 합니다. 코딩 시 iframe 내부의 element에 접근하기 위해서는 swich_to.frame() 함수를 사용합니다.

03 CSS selector 추출하기 CSS selector를 추출하기 위해 Inspect(🔍) 아이콘을 활성화한 후 미국 USD를 클릭합니다. 해당 HTML 소스에서 마우스 오른쪽 버튼을 클릭한 후 [Copy] – [Copy selector]를 선택하여 CSS selector를 복사합니다.

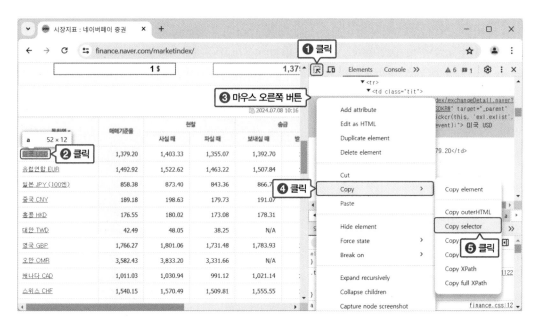

NOTE Copy selector로 복사하면 경로 내에 CSS 의사 클래스인 'nth-child()'가 나타나는데, BeautifulSoup 버전에 따라 코딩 시 에러가 발생할 수 있습니다. 따라서 css_selector에 CSS 의사 클래스인 'nth-child()'가 포함되어 있다면 BeautifulSoup에서 사용하는 'nth-of-type'으로 변경 혹은 제거 후 사용할 것을 권장합니다.

04 CSS selector 추출 확인하기 추출한 CSS selector를 분석하면 다음과 같습니다. 매매기준율도 앞서 했던 것처럼 CSS selector를 추출하면 됩니다. 추출한 CSS selector 정보를 이용하면 원하는 데이터를 수집할 수 있습니다.

데이터명	Elements(CSS selector)
통화명	body 〉 div 〉 table 〉 tbody 〉 tr 〉 td.tit 〉 a
매매기준율	body 〉 div 〉 table 〉 tbody 〉 tr 〉 td.sale

NOTE 미국 USD의 CSS selector는 "body 〉 div 〉 table 〉 tbody 〉 tr:nth-child(1) 〉 td.tit 〉 a"이고, 다음 행의 유럽 연합 EUR는 "body 〉 div 〉 table 〉 tbody 〉 tr:nth-child(2) 〉 td.tit 〉 a"입니다. 즉, tr:nth-child()의 숫자가 1씩 증가하는 것을 알 수 있습니다. 이럴 경우에는 nth-child()를 제거하고 tr 태그만 selector를 사용하면 모든 통화를 한 번에 가져올 수 있습니다. 매매기준율 역시 nth-child()를 생략해서 CSS selector를 만듭니다.

Step 3 코딩하기

네이버페이 증권의 시장지표 웹 페이지에서 통화명과 매매기준율을 수집해서 CSV 파일로 저장하는 코드를 작성해 보겠습니다.

01 패키지 불러오기 우선 import 명령어로 selenium, BeautifulSoup, pandas 패키지를 불러옵니다. selenium은 웹 브라우저를 제어하는 패키지이며, BeautifulSoup은 웹 크롤링 시 사용하는 패키지입니다. 크롤링한 데이터를 정리하기 위해 pandas 패키지도 추가합니다.

```
# 패키지 불러오기
from bs4 import BeautifulSoup
from selenium import webdriver
import pandas as pd
```

02 네이버페이 증권의 시장지표 웹 페이지로 이동하기 크롬 웹 드라이버를 실행하고 get( ) 함수를 사용해서 웹 페이지를 오픈합니다. 해당 페이지는 iframe 단위로 구성되어 있기 때문에 통화명과 매매기준율 데이터가 있는 iframe으로 전환해야 합니다.

```
# 네이버페이 증권의 시장지표 웹 페이지로 이동하기
driver = webdriver.Chrome()                          # 크롬 드라이버 실행
url = "https://finance.naver.com/marketindex"        # 사이트 URL ─────────┐
driver.get(url)                                      # URL에 저장된 주소를 크롬에서 열기 ─┘ ❶
driver.switch_to.frame("frame_ex1")                  # 환율 정보 프레임으로 전환 ──── ❷
```

❶ 접속하려는 URL을 변수에 저장하고, get( ) 함수로 웹 페이지를 오픈합니다.

❷ switch_to.frame( ) 함수에 앞서 확인한 iframe id인 "frame_ex1"을 입력하여 iframe으로 전환합니다.

03 파싱 및 태그 추출하기 page_source 멤버변수를 사용해서 해당 페이지 정보를 가져오고, BeautifulSoup으로 파싱한 후 변수 soup에 저장합니다. 통화명과 매매기준율을 저장하기 위한 리스트 변수 result를 생성하고, select( ) 함수로 정보를 가져와 변수 currency에 저장합니다. 이어서 반복문으로 currency 변수에 있는 태그들을 하나씩 불러와 통화명, 매매기준율에 해당하는 태그를 추출하고 변수 result에 저장합니다.

```python
# 파싱 및 태그 추출하기
html = driver.page_source                       # 페이지 정보 가져오기
soup = BeautifulSoup(html, "html.parser")       # HTML 파싱하기
result = []                                      # 리스트 변수 생성
currency = soup.select("body > div > table > tbody > tr") # selector로 정보 가져오기
                                                                              ❶
for data in currency :
    country = data.select("td.tit > a")[0].text.strip()     # 통화명 가져오기 ── ❷
    exchange = data.select("td.sale")[0].text               # 매매기준율 가져오기
    result.append([country, exchange])                      # 리스트 변수에 저장
```

❶ 통화명과 매매기준율의 태그 경로가 〈body〉 ~ 〈tr〉까지 동일하므로 select( ) 함수에 태그 경로를 입력하고 〈tr〉 하위의 태그들을 추출해 변수 currency에 저장합니다.

❷ 첫 번째 태그에 있는 데이터를 추출하기 때문에 [0]을 추가했으며 태그에 있는 텍스트만 추출하기 위해 text 멤버변수를 사용합니다. 통화명의 경우 앞뒤로 불필요한 공백 문자가 입력되어 있으므로 strip( ) 함수로 이를 제거합니다.

-`💡`- **여기서 잠깐 ▶**   **태그 추출 결과 확인하기**

위의 단계까지 마친 후 다음과 같이 입력하면 통화명과 매매기준율 데이터를 확인할 수 있습니다.

```python
print(result)
```

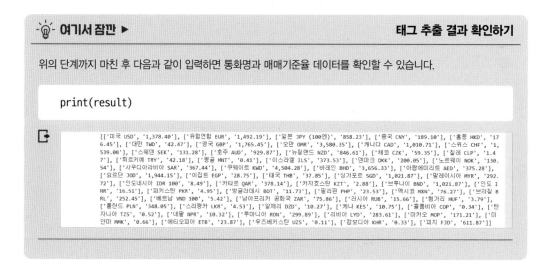

04 CSV 파일 만들기 result 변수를 데이터 프레임으로 변환하기 위해 columns 속성에 **["통화명", "환율"]**을 입력하여 열 이름을 생성합니다. to_csv( ) 함수로 '환율정보.csv' 파일을 생성하고 close( ) 함수로 웹 드라이버를 종료합니다. 모든 과정을 마친 후 주피터 노트북을 실행한 폴더를 열어 보면 '환율정보.csv' 파일이 생성된 것을 확인할 수 있습니다.

```
# CSV 파일 만들기
df = pd.DataFrame(result, columns = ["통화명", "환율"])        # 표 칼럼 항목 추가
df.to_csv("환율정보.csv", encoding = "cp949", header = True, index = False)
                                                        # CSV 파일 생성

driver.close()                                          # 웹 드라이버 종료
```

> **NOTE** 한글 깨짐을 방지하기 위해 to_csv 속성을 **encoding = "cp949"**로 설정했습니다.

지금까지의 실습 코드를 종합하면 다음과 같습니다.

```
# 패키지 불러오기
from bs4 import BeautifulSoup
from selenium import webdriver
import pandas as pd

# 네이버페이 증권의 시장지표 웹 페이지로 이동하기
driver = webdriver.Chrome()
url = "https://finance.naver.com/marketindex"
driver.get(url)
driver.switch_to.frame("frame_ex1")

# 파싱 및 태그 추출하기
html = driver.page_source
soup = BeautifulSoup(html, "html.parser")
result = []
currency = soup.select("body > div > table > tbody > tr")

for data in currency :
    country = data.select("td.tit > a")[0].text.strip()
    exchange = data.select("td.sale")[0].text
    result.append([country, exchange])

# CSV 파일 만들기
df = pd.DataFrame(result, columns = ["통화명", "환율"])
df.to_csv("환율정보.csv", encoding = "cp949", header = True, index = False)
driver.close()
```

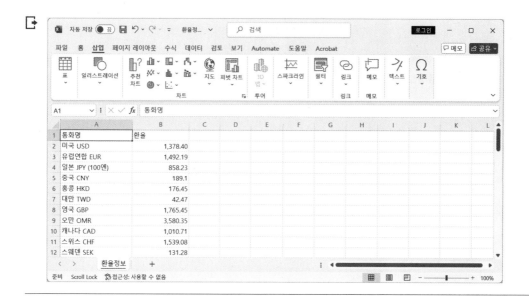

실습 사업자등록번호 휴폐업 조회하기

국세청(홈택스) 홈페이지에 가면 사업자등록번호를 통해 거래하는 사업자의 휴폐업을 주기적으로 확인할 수 있습니다. 조회 건수가 많을 경우에는 사업자등록번호 복사, 붙여넣기, 조회, 결과 확인을 기계적으로 반복해야 합니다. 또한 사람이 직접 반복해서 조회할 경우 실수할 수 있지만, 자동으로 사업자등록번호를 조회한다면 오류도 줄일 수 있고 빠른 시간 내에 조회를 완료할 수 있습니다.

💻 코딩 절차

이번 실습의 목표는 selenium 패키지로 사업자의 휴폐업 조회를 자동화하는 것입니다. 엑셀로 관리하는 사업자등록번호를 웹 페이지에 입력하고 결과를 추출하여 엑셀로 저장해 보겠습니다.

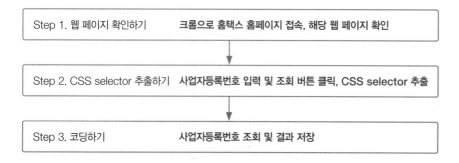

Step 1. 웹 페이지 확인하기	크롬으로 홈택스 홈페이지 접속, 해당 웹 페이지 확인
Step 2. CSS selector 추출하기	사업자등록번호 입력 및 조회 버튼 클릭, CSS selector 추출
Step 3. 코딩하기	사업자등록번호 조회 및 결과 저장

Step 1 웹 페이지 확인하기

홈택스의 사업자등록상태조회 화면에 접속해서 사업자등록번호를 입력하고 결과가 나오는 위치를 파악합니다.

01 크롬으로 웹 페이지 접속하기 사업자등록상태를 조회하기 위해 크롬으로 국세청 홈택스 홈페이지(https://hometax.go.kr)에 접속한 후 [전체메뉴] − [국세증명·사업자등록·세금관련 신청·신고] − [사업자등록 신청·정정·휴폐업] − [사업자상태 조회(사업자등록번호)] 메뉴를 선택합니다.

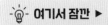 **실제 페이지 주소 알아보기**

사업자등록상태조회 화면에 접속한 후 개발자 도구로 페이지 구조를 확인해 보면 조회 화면이 iframe 내에 있다는 것을 알 수 있습니다. 태그는 〈iframe id="txpplframe" src="https://teht.hometax.go.kr/websquare/websquare. html?w2xPath=/ui/ab/a/a/UTEABAAA13.xml" style="width: 100%; height: 607px;" class="w2iframe " title=" 본문영역" name="txpplframe" scrolling="no"〉</iframe〉이므로, 사업자등록상태조회를 위한 실제 페이지의 주소는 https://teht.hometax.go.kr/websquare/websquare.html?w2xPath=/ui/ab/a/a/UTEABAAA13.xml임을 알 수 있습니다. 이 주소가 웹 크롤링 대상 주소입니다.

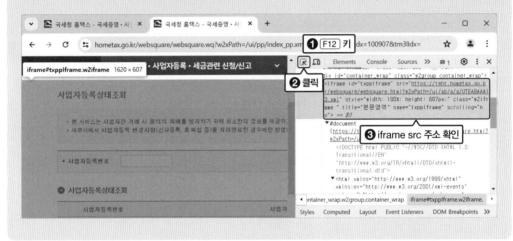

02 사업자등록번호 입력해 보기 사업자등록번호는 10자리로 구성되는데 여기에서는 '0000000000' 이라고 입력합니다. 사업자등록번호 조회를 자동화하기 위해 필요한 Elements는 사업자등록번호 입력란, 조회하기 버튼, 사업자등록상태 등입니다.

Step 2 CSS selector 추출하기

크롬 개발자 도구로 사업자등록상태조회 웹 페이지에 접근하여 페이지 구조를 파악하고 Elements 의 CSS selector를 추출합니다.

01 사업자등록번호 입력란 위치 확인하기 F12 키를 눌러 크롬 개발자 도구를 실행합니다. Inspect(🔍) 아이콘을 클릭하여 활성화한 상태에서 사업자등록번호 입력란을 마우스로 클릭합니다. 개발자 도구 창의 HTML 소스에서 해당 위치의 CSS selector가 'bsno'인 것을 확인할 수 있습니다.

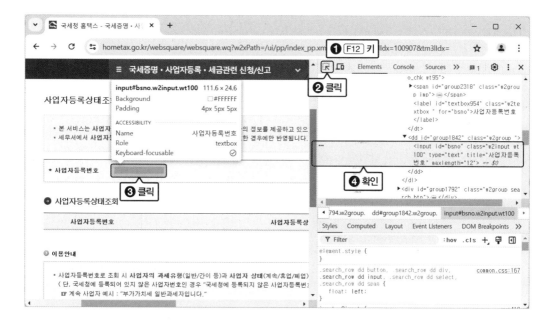

02 사업자등록번호 입력 버튼의 CSS selector 추출하기 선택된 HTML 소스를 마우스 오른쪽 버튼으로 클릭한 후 [Copy] − [Copy select]를 클릭하여 CSS selector를 복사합니다.

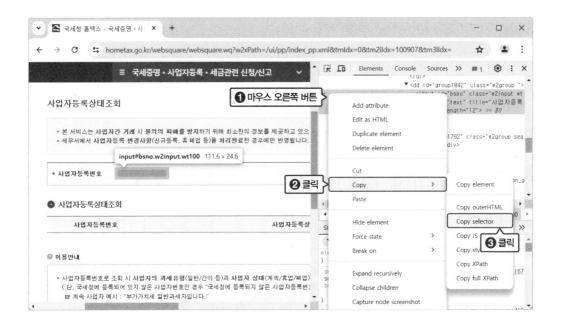

03 조회하기 버튼, 사업자등록상태 결과의 CSS selector 추출하기 사업자등록번호 입력란의
CSS selector 추출과 동일한 방법으로 조회하기 버튼, 사업자등록상태 결과의 css id를 추출합니다.
사업자등록상태 결과의 CSS selector는 '#grid2_cell_0_1 〉 span'으로 추출되는데, 여기에서 '〉
span' 태그는 제외하면 됩니다. 추출한 CSS selector를 정리하면 다음 표와 같습니다.

데이터명	Elements(CSS selector)
사업자등록번호	#bsno
조회하기 버튼	#trigger5
사업자등록상태	#grid2_cell_0_1

Step 3 코딩하기

이제 국세청 홈택스 웹 페이지에서 사업자등록번호를 자동으로 조회하는 코드를 작성해 보겠습니다.

01 사업자등록번호 엑셀 파일로 만들기 우선 조회할 사업자등록번호를 '사업자등록번호.xlsx' 파
일로 만들어 폴더에 저장합니다. 여기에 입력된 사업자등록번호는 임의로 만든 것이고, 실제 사용 중
인 사업자등록번호를 이용해도 무방합니다.

	A	B
1	Business_no	
2	5068100017	
3	1318670110	
4	1112223333	
5		
6		

02 패키지 불러오기 우선 selenium, pandas, time 패키지를 import 명령어로 불러옵니다. selenium은 웹 브라우저를 제어하는 패키지로 화면에 데이터를 입력하거나 조회하기 버튼을 클릭하는 데 사용됩니다. 크롤링한 데이터를 편집하기 위해 pandas 패키지를, 데이터 입력 간격을 조정하기 위해 time 패키지를 사용합니다.

```
# 패키지 불러오기
from selenium import webdriver
from selenium.webdriver.common.by import By
import pandas as pd
import time
```

03 사업자등록번호 조회 웹 페이지 접속하기 크롬 웹 드라이버를 실행하고 get( ) 함수를 사용해서 웹 페이지를 오픈합니다. 해당 페이지를 여는 데 걸리는 시간을 감안해서 time.sleep( ) 함수로 3초의 대기 시간을 줍니다.

```
# 사업자등록번호 조회 웹 페이지 접속하기
driver = webdriver.Chrome()                    # 웹 드라이버 생성
url ="https://teht.hometax.go.kr/websquare/websquare.html?w2xPath=/ui/ab/a/a/
UTEABAAA13.xml"
driver.get(url)                                # 브라우저 열기
time.sleep(3)                                  # 3초 대기
```

04 사업자등록번호 엑셀 파일 읽어오기 결괏값을 저장하기 위한 리스트형 변수를 생성하고, read_excel( ) 함수로 '사업자등록번호.xlsx' 파일을 읽어 데이터 프레임 df를 생성합니다.

```
# 사업자등록번호 엑셀 파일 읽어오기
resultList = []                                # 결과 저장 리스트 변수 생성
df = pd.read_excel("사업자등록번호.xlsx")       # 엑셀 파일 불러오기
```

05 사업자등록번호를 입력해서 결괏값 가져오기 반복문을 활용해 사업자등록번호를 하나씩 불러와 regNo에 저장합니다. 결괏값이 나오기까지 2초의 대기 시간을 유지하고, 사업자등록상태 결과를 추출하여 리스트 변수인 resultList에 추가합니다.

```python
# 사업자등록번호를 입력해서 결괏값 가져오기
for regNo in df["Business_no"] :                    # for 문 생성
    driver.find_element(By.CSS_SELECTOR, "#bsno").send_keys(regNo) ──────── ❶
                                                    # 사업자등록번호 입력
    driver.find_element(By.CSS_SELECTOR, "#trigger5").click() # 조회하기 버튼 클릭
                                                                    ──────── ❷
    time.sleep(2)                                   # 2초 대기 시간 유지
    result = driver.find_element(By.CSS_SELECTOR, "#grid2_cell_0_1").text
                                                    # 결괏값 가져오기
    resultList.append(result)                       # 결괏값을 reslutList에 저장하기
                                                                    ──────── ❸
```

❶ id가 '#bsno'인 Elements를 찾아서 사업자등록번호가 저장되어 있는 regNo를 입력합니다.

❷ id가 'trigger5'인 조회하기 버튼을 클릭합니다.

❸ 사업자등록상태의 결괏값을 가져와 리스트 변수인 resultList에 저장합니다.

06 조회 결과 저장하기 결괏값을 저장한 resultList를 df["result"] 열에 저장합니다. df.to_excel() 함수로 결과를 저장하고 driver.close() 함수로 드라이버를 종료합니다.

```python
# 조회 결과 저장하기
df["result"] = resultList                           # df에 열 추가
df.to_excel("사업자등록번호 조회 결과.xlsx", index = False)  # 엑셀로 저장
driver.close()                                      # 드라이버 종료
```

지금까지의 실습 코드를 종합하면 다음과 같습니다. 코드를 실행하면 크롬이 동작하는 과정을 눈으로 확인할 수 있습니다.

```python
# 패키지 불러오기
from selenium import webdriver
from selenium.webdriver.common.by import By
import pandas as pd
import time


# 사업자등록번호 조회 웹 페이지 접속하기
driver = webdriver.Chrome()
url ="https://teht.hometax.go.kr/websquare/websquare.html?w2xPath=/ui/ab/a/a/UTEABAAA13.xml"
driver.get(url)
time.sleep(3)


# 사업자등록번호 엑셀 파일 읽어오기
resultList = []
df = pd.read_excel("사업자등록번호.xlsx")


# 사업자등록번호를 입력해서 결괏값 가져오기
for regNo in df["Business_no"] :
    driver.find_element(By.CSS_SELECTOR, "#bsno").send_keys(regNo)
    driver.find_element(By.CSS_SELECTOR, "#trigger5").click()
    time.sleep(2)
    result = driver.find_element(By.CSS_SELECTOR, "#grid2_cell_0_1").text
    resultList.append(result)


# 조회 결과 저장하기
df["result"] = resultList
df.to_excel("사업자등록번호 조회 결과.xlsx", index = False)
driver.close()
```

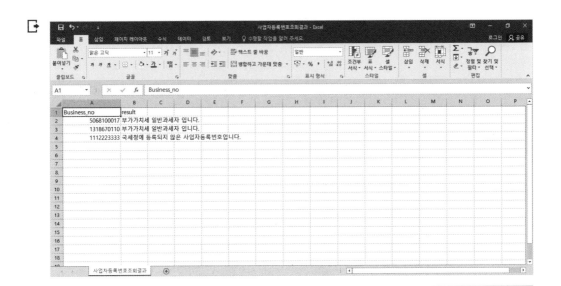

마무리

- 웹 크롤링에는 requests, BeautifulSoup, selenium 패키지를 사용합니다.

- 웹 크롤링 전 HTML, CSS 기초 문법, 개발자 도구에 대한 학습이 필요합니다.

- HTML은 웹 페이지의 모습을 표현하기 위한 마크업 언어입니다.

- CSS는 HTML로 작성된 문서를 웹 브라우저에 표현할 때 서식을 정해 주는 언어입니다.

- CSS 선택자에는 요소 선택자, ID 선택자, 클래스 선택자가 있습니다.

- CSS 결합자는 CSS 선택자를 다양하게 조합해서 사용한 것입니다.

- requests 모듈은 웹 페이지의 HTML 소스를 가져올 때 사용합니다.

- BeautifulSoup 모듈로 HTML 소스를 데이터로 파싱(변환)하고 필요한 태그를 추출할 수 있습니다.

- selenium 모듈로 웹 Elements를 클릭하거나 텍스트를 입력할 수 있습니다.

- 웹 브라우저 제어를 위해 Elements의 xpath, CSS selector를 사용합니다.

CHAPTER 09

실전 자동화 프로젝트

▶▶▶

앞서 학습한 내용을 활용해 실무에서 활용 가능한 파이썬 자동화 프로젝트를 구현해 보겠습니다. 하나씩 차근차근 따라 하다 보면 그동안 시간을 많이 할애해야 했던 단순 반복 작업을 자동화하여 업무 처리 능력을 빠르게 향상시킬 수 있습니다.

프로젝트 개요

▶▶ 복사기 임대업체에서 매월 말 고객사에 제공한 유료 서비스를 종합하여 청구서를 자동으로 발행하는 프로젝트를 진행해 보겠습니다. 업무 자동화를 추진하려면 비즈니스 케이스와 업무 프로세스를 명확하게 분석하고 어떤 자료들을 사용하고 있는지 먼저 파악해야 합니다.

비즈니스 케이스

기업용 복사기 임대업을 하고 있는 ㈜카피맨社는 고객사에 정기적으로 방문하여 토너 교환, 청소 등의 서비스를 무료로 제공합니다. 다만, 제품 파손이나 부품 분실 등 고객 과실로 고장이 난 경우에는 유료로 서비스를 제공합니다. 전국에 있는 지역본부 중 G지역본부가 관리하는 정보는 다음과 같습니다.

㈜카피맨社는 전국에 지역본부를 두고 있는데, 그중 G지역본부가 관리하는 고객사는 약 472개이며, 대여 중인 복사기는 627개입니다. 지역본부에는 서비스 기사 총 8명이 방문 서비스 업무를 한 달 동안 평균 350건 처리하며, 고객사를 방문한 후 엑셀 시트에 방문일자, 발생 비용 등을 입력하여 서비스 이력을 관리합니다. 지금까지의 내용을 정리하면 다음과 같습니다.

- 고객사: 472개
- 대여 중인 복사기: 627개
- 서비스 기사: 8명
- 한 달 평균 방문 서비스: 350건

G지역본부에서 근무하는 K대리는 매월 말 서비스 기사들이 엑셀 시트에 기록한 방문횟수와 실적을 종합한 후, 고객별 서비스 청구서를 작성합니다. 엑셀 시트를 연결하는 방식으로 최대한 자동화해 보려 했지만 꼬박 3일 동안 처리해야 하는 업무량으로 스트레스를 받고 있습니다. 어떻게 하면 파이썬으로 업무를 빠르고 편리하게 처리할 수 있을까요?

청구서 발행 프로세스 분석

코드를 작성하기 전에 청구서 발행의 전체 업무 흐름을 파악해 보겠습니다. 다음 그림에서 보는 것처럼 ① 서비스 기사가 매일 고객사를 방문하여 수리/유지보수 서비스를 제공하고 ② 사무실로 복귀한 후 서비스 내역을 '서비스 이력' 엑셀 시트에 입력합니다. ③ 월말이 되면 K대리가 '서비스 이력' 엑셀 파일을 열어 기사별 서비스 내역을 확인한 후, 고객사별로 청구서 파일을 작성합니다.

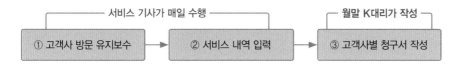

월말마다 진행되는 고객사별 청구서 작성 업무는 단순 반복 작업으로 K대리에게 많은 시간을 소모하게 만드는 일입니다. 이를 자동화하여 K대리의 일을 덜어 주는 것이 이번 프로젝트의 목표입니다.

엑셀 자료와 청구서 양식

예제 파일 | chapter09\서비스 이력.xlsx

이번 프로젝트에서는 서비스 기사가 서비스 업무를 수행한 후 입력하는 '서비스 이력.xlsx' 파일을 K대리가 고객사별 '서비스 청구서.xlsx'로 작성하는 과정을 실습해 보겠습니다.

'서비스 이력.xlsx' 파일은 기사별로 구분된 시트(총 8개 시트)로 구성되어 있습니다. 이 파일은 서비스 업무를 수행한 후 기사들이 직접 입력하는 것으로, 각 시트에는 고객사별 서비스 내역과 각 서비스별 청구 비용이 기록되어 있습니다. K대리는 이 파일을 분석하여 기사별로 정리된 데이터를 고객사별로 정리한 후 청구서를 작성해야 합니다.

서비스 이력.xlsx

K대리가 서비스 이력 파일을 통해 만들어 내는 최종 서비스 청구서 파일은 다음 형태와 같습니다. 매월 말 서비스를 받은 고객사별로 작성하며, 파일 이름은 '서비스 청구서' 뒤에 고객사명을 붙여 지정합니다.

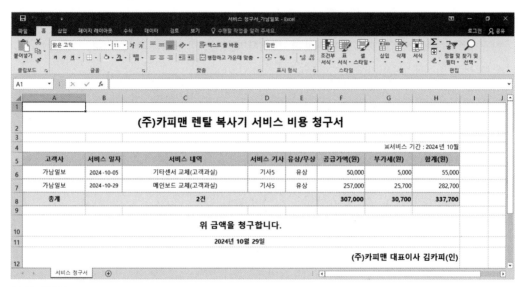

서비스 청구서.xlsx

프로젝트 자동화 구현하기

▶▶ 이제부터 본격적으로 서비스 청구서 발행 자동화의 코딩 절차를 살펴보고 단계별로 코드를 작성해 보겠습니다. 코드는 누가 보더라도 쉽게 이해할 수 있도록 작성해야 합니다. 또한 재사용이 가능한 코드들은 함수로 정의하여 중복으로 인한 시간과 비용을 줄여야 합니다.

이번 프로젝트는 서비스 청구서를 발행하는 프로세스 기준으로 6단계로 진행합니다. 반복해서 사용하는 청구서 생성과 서식 변경 단계는 사용자 함수로 작성하겠습니다. 이번 프로젝트에서 다루는 코드를 제대로 이해한다면 여러 유사한 업무에도 쉽게 적용할 수 있을 것입니다.

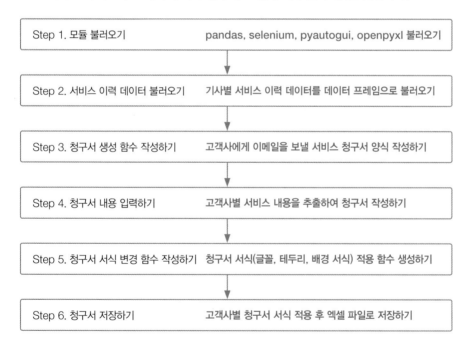

Step 1. 모듈 불러오기   pandas, selenium, pyautogui, openpyxl 불러오기

Step 2. 서비스 이력 데이터 불러오기   기사별 서비스 이력 데이터를 데이터 프레임으로 불러오기

Step 3. 청구서 생성 함수 작성하기   고객사에게 이메일을 보낼 서비스 청구서 양식 작성하기

Step 4. 청구서 내용 입력하기   고객사별 서비스 내용을 추출하여 청구서 작성하기

Step 5. 청구서 서식 변경 함수 작성하기   청구서 서식(글꼴, 테두리, 배경 서식) 적용 함수 생성하기

Step 6. 청구서 저장하기   고객사별 청구서 서식 적용 후 엑셀 파일로 저장하기

Step 1 모듈 불러오기

주피터 노트북을 활용하여 단계별로 코드를 작성해 보겠습니다. 먼저 엑셀 데이터를 불러와 고객사별로 재정렬하기 위해 필요한 pandas와 엑셀로 청구서를 만들고, 서식을 조정하기 위해 필요한 openpyxl 모듈을 불러옵니다.

```
# 모듈 불러오기
import pandas as pd
from openpyxl import Workbook
from openpyxl.styles import Alignment, PatternFill, Font, Side, Border, numbers
```

NOTE 이해를 돕기 위해 단계별로 중간 결과를 확인하는 코드가 있습니다. 실제 활용 시에는 중간 결과 확인 코드는 제거하고 사용하기 바랍니다.

Step 2 서비스 이력 데이터 불러오기

청구서를 작성하기 위해 서비스 기사들의 서비스 이력을 모두 불러와 하나의 데이터 프레임으로 통합하고, 고객사별로 서비스 이력을 추출합니다.

01 앞에서 살펴보았듯이 서비스 기사들이 서비스 후 결과를 입력하는 '서비스 이력.xlsx' 파일은 총 8개 시트로 구성되어 있습니다. 모든 시트를 한 번에 불러오려면 read_excel( ) 함수의 sheet_name 파라미터를 None으로 설정하면 됩니다. 이렇게 설정하면 pandas는 각 시트를 데이터 프레임으로 불러오고 Key-Value 형태의 딕셔너리 리스트로 묶어 리턴해 줍니다.

```
# 서비스 이력 데이터 불러오기
# 각 시트를 df_src로 불러오고, 이를 하나의 딕셔너리 자료형으로 묶어 반환해 줌
df_src = pd.read_excel("서비스 이력.xlsx", sheet_name = None, engine="openpyxl")
```

NOTE Key-Value 형태의 딕셔너리 리스트에서 Key는 시트명, Value는 df를 의미합니다.

02 df_src는 기사별 서비스 이력이 담긴 데이터 프레임 8개로 구성됩니다. 고객사별 서비스 이력을 추출하려면 이것을 하나로 통합해야 합니다. pandas의 concat( ) 함수를 사용하면 딕셔너리로 구분된 데이터 프레임을 하나로 통합할 수 있습니다. 출력 결과를 확인해 보면 총 392개 행이 있다는 것을 알 수 있습니다.

```
# concat() 함수를 사용하여 8개 시트 데이터를 하나의 df로 병합
df = pd.concat(df_src, ignore_index=True)
display(df)
```

	방문일자	고객사명	기사	서비스 내역	유상/무상	비용(공급단가)	비용(부가세)	비용(총비용)
0	2024-10-04	이주그룹	기사1	용지걸림 수리 (고객과실)	유상	37000	3700	40700
1	2024-10-05	문거창고	기사1	용지걸림 수리 (고객과실)	유상	48000	4800	52800
2	2024-10-05	육대장	기사1	용지걸림 수리 (고객과실)	유상	44000	4400	48400
3	2024-10-06	영호몰딩	기사1	용지걸림 수리	무상	0	0	0
4	2024-10-06	주한제분	기사1	드럼교체	무상	0	0	0
...	...	...	...	...	...	...	...	...
387	2024-10-27	타오롱글로벌	기사8	스캐너 교체 (고객과실)	유상	448000	44800	492800
388	2024-10-27	현대건설	기사8	기타센서 교체	무상	0	0	0
389	2024-10-27	중루토건	기사8	용지걸림 수리	무상	0	0	0
390	2024-10-28	발데지알에스	기사8	온도센서 교체	무상	0	0	0
391	2024-10-29	진노삼성자동차	기사8	온도센서 교체	무상	0	0	0

392 rows × 8 columns

03 df의 내용을 고객사별로 구분하려면 loc[ ] 함수를 이용하면 됩니다. 예를 들어 타오롱글로벌과 관련한 행만 출력해 보면 지난 한 달간 기사 3명이 방문하여 유상 서비스 3건을 진행했음을 알 수 있습니다.

```
# loc의 슬라이싱 값에 필터 내용을 넣어 필터링 수행
df_filtered = df.loc[df["고객사명"] == "타오롱글로벌"]
display(df_filtered)
```

	방문일자	고객사명	기사	서비스 내역	유상/무상	비용(공급단가)	비용(부가세)	비용(총비용)
55	2024-10-06	타오롱글로벌	기사2	용지걸림 수리 (고객과실)	유상	35000	3500	38500
272	2024-10-20	타오롱글로벌	기사6	메인보드 교체 (고객과실)	유상	271000	27100	298100
387	2024-10-27	타오롱글로벌	기사8	스캐너 교체 (고객과실)	유상	448000	44800	492800

04 청구서를 작성해야 하는 모든 고객사를 하나씩 추출하는 것은 비효율적입니다. df의 [고객사명] 열에서 고유값을 unique( ) 함수로 추출하면 지난 한 달간 서비스를 받은 고객사 명단을 확보할 수 있습니다. 이 명단에 있는 값을 반복문을 통해 df에서 검색하면 고객사별 서비스 내역을 추출할 수 있습니다. 출력 결과를 확인해 보면 지난 한 달간 서비스를 받은 고객사 수는 총 108개인 것을 확인할 수 있습니다.

```python
customer_list = df["고객사명"].unique()
print("지난 한 달간 서비스를 받은 고객사 수 : {}".format(len(customer_list)))
print("고객사 리스트 : \n{}".format(customer_list))
```

➡️
지난 한 달간 서비스를 받은 고객사 수 : 108
고객사 리스트 :
['이주그룹' '문거창고' '육대장' '영호몰딩' '주한제분' '롭부제철' '삼도네트웍스' '한건도로공사' '힐원무역' '동튜디오드래곤'
 '아울코닉스 엔터테인먼트' '대킨푸드' '아호타이어' '선어' '항진그룹' '한산그룹' '아대캐피탈' '로라면세점' '윕노컴퍼니'
 '피일대우버스' '엔스소프트' '삼열SDS' '더수랙레이블' '나선스평가정보' '업랜드백화점' '신삼계' '방이소아성산업'
 '아근카인텍' '오대중공업그룹' '옥대' '라오라패션디자인전문학교' '삼롯시멘트' '협농공업사' '삼룹그룹' '대공씨아이'
 '애업그룹' '중루토건' '성성생명' '일데하이마트' '한트케미칼' '자양증권' '파엔터테인먼트' '삼디사' '발데지알에스'
 '타오룽글로벌' '동석제약' '웅나식품' '국두투어' '파노마걸' '래주은행' '세사그룹' '그랩' '공진공업사' '펜콩단잠' '한크일보'
 '대스전자부품' '한룹공영' '삼전식품' '중스코' '그방 테크론' '롯나카드' '상앤락' '세화기독교통일신령협회유지재단' '일성'
 '노스트소프트' '반조그룹' '카림 그룹' '삼행' '키그증권' '케근당그룹' '화호산업' '농피아' '룹룽전자' '울나무나' '서엔신문'
 '르움프' '울보엔터테인먼트' '현대건설' '삼나엔지니어링' '조오일보' '영화모자' '풀크원' '로케 엔터테인먼트'
 '에오자이저 코리아' '그광스토어' '명공할머니국수' '피티스타' '권데칠성음료' '진노삼성자동차' '한향신문' '삼카제약'
 '스산동아' '모생돈까스' '항디앤루니스' '까이스침대' '가남일보' '프육우나' '키대웰그룹' '부포은행' '한오약품' '펜리비전'
 '도타교통' '서아운수' '우토아비바생명' '현부건설' '협성증권' '산아운수' '업스콤']

05 반복문을 활용해 고객사명을 한 줄씩 출력합니다.

```python
for customer in customer_list:
    print(customer)
```

Step 3 청구서 생성 함수 작성하기

고객사별 청구서 파일을 만드는 코드는 위 반복문에 직접 넣어도 되지만 코드의 가독성을 위해 함수를 만들어 사용하겠습니다.

01 반복문 안에서 함수를 호출하면 워크북 객체(청구서 엑셀 파일)를 생성해 리턴합니다. 함수의 이름은 이해하기 쉽도록 makeInvoiceWorkbook( )으로 하겠습니다.

```python
# 청구서 생성 함수 작성하기
def makeInvoiceWorkbook():
    wb = Workbook()                  # 워크북 객체 생성
    ws = wb["Sheet"]                 # 자동으로 생성된 첫 번째 시트 선택
    ws.title = "서비스 청구서"          # 선택된 첫 번째 시트의 이름 변경


    ws["A2"] = "(주)카피맨 렌탈 복사기 서비스 비용 청구서"
    ws["A4"] = "※서비스 기간 : 2024년 10월"


    # 청구서 표의 헤더 입력
    for header in invoice_table_header_list:
        ws[header[0] + "5"] = header[1]


    ws["A8"] = "위 금액을 청구합니다."
    ws["A9"] = "2024년 10월 29일"
    ws["A10"] = "(주)카피맨 대표이사 김카피(인)"


    return wb
```

02 청구서 표의 헤더를 입력하는 부분을 invoice_table_header_list 리스트 변수를 활용해 반복 문으로 구성합니다. 이때 사용자 함수 바깥에서도 사용하므로(청구서의 서식을 조정할 때, 내용을 입력할 때) 사전에 전역변수로 선언해야 합니다. 사전에 선언된 invoice_table_header_list 변수의 내용은 다음과 같습니다. 청구서 워크북 객체를 리턴해 주는 함수를 간단히 구성했습니다.

```python
invoice_table_header_list = [      # 항목 열(알파벳), 항목명, 셀 너비 순서
    ["A", "고객사", 20], ["B", "서비스 일자", 12], ["C", "서비스 내역", 40],
    ["D", "서비스 기사", 12], ["E", "유상/무상", 10], ["F", "공급가액(원)", 15],
    ["G", "부가세(원)", 15], ["H", "합계(원)", 15]
]
```

03 리턴받은 객체를 save( ) 함수로 저장해 보면 다음과 같은 엑셀 파일이 만들어진 것을 볼 수 있습니다.

```
wb = makeInvoiceWorkbook()
wb.save("서비스 청구서_테스트.xlsx")
```

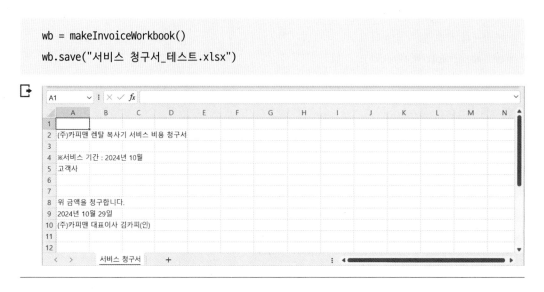

04 다음 코드를 실행해 보면 108개 고객사의 청구서가 한 번에 생성되는 것을 확인할 수 있습니다. 물론 서비스 이력을 아직 입력하지 않았기 때문에 파일을 열어 봐도 양식만 있을 뿐 아직 고객사별 청구 내용은 나타나지 않습니다.

```
for customer in customer_list:
    wb = makeInvoiceWorkbook()
    wb.save("서비스 청구서_{}.xlsx".format(customer))
```

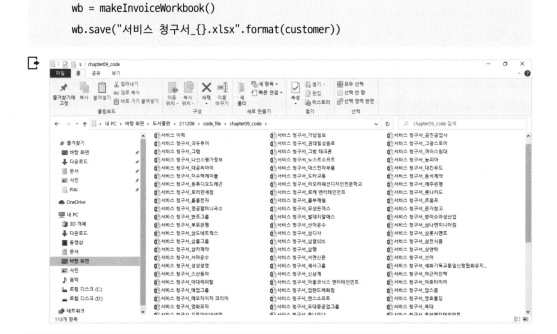

Step 4 청구서 내용 입력하기

청구서를 작성하기 위해 서비스 이력이 들어 있는 df에서 고객사별 서비스 이력을 추출하여 서비스 청구서 워크시트를 생성하겠습니다.

01 먼저 서비스 이력 파일에서 불러온 데이터 프레임에서 특정 고객사의 서비스 이력만 추출해야 합니다. 이를 위해 반복문 안에 loc[ ] 필터링 코드를 작성합니다. 또한 서비스 이력이 들어갈 표에 방문일자, 기사명 순으로 내용이 입력될 수 있도록 sort_values( ) 함수로 필터링한 내용을 정렬합니다.

```
# 청구서 내용 입력하기
for customer in customer_list:
    wb = makeInvoiceWorkbook()
    ws = wb["서비스 청구서"]
    # 반복문에서 현재 접근하고 있는 고객사 이름으로 필터링
    this_customer_items = df.loc[df["고객사명"] == customer]
    # 방문일자, 기사명 순으로 정렬될 수 있도록 함
    this_customer_items = this_customer_items.sort_values(by=["방문일자", "기사"])
    display(this_customer_items)    # 필터링 및 재정렬된 내용 확인
    break    # 테스트로 고객사 하나의 df만 확인하기 위해 반복문을 중지
```

	방문일자	고객사명	기사	서비스 내역	유상/무상	비용(공급단가)	비용(부가세)	비용(총비용)
0	2024-10-04	이주그룹	기사1	용지걸림 수리(고객과실)	유상	37000	3700	40700
166	2024-10-13	이주그룹	기사4	메인보드 교체(고객과실)	유상	258000	25800	283800
234	2024-10-25	이주그룹	기사5	토너교체	무상	0	0	0
149	2024-10-28	이주그룹	기사3	기타센서 교체	무상	0	0	0

02 이제 고객사별 서비스 이력을 가진 this_customer_items 변수를 '서비스 청구서.xlsx' 엑셀 파일의 행으로 삽입합니다. 다음 화면을 보면 서비스 이력은 6행부터 입력되어야 함을 알 수 있습니다.

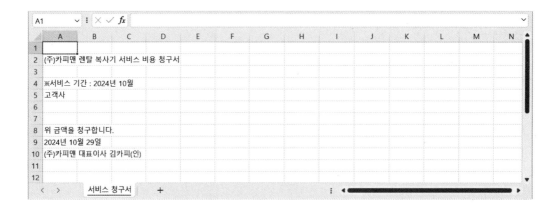

03 서비스 이력이 저장된 this_customer_items 변수의 수(서비스 이력의 개수)만큼 반복문을 구성하여 서비스 이력이 한 줄씩 입력되도록 하고, item_row_no 변수를 활용해 서비스 이력 내용이 한 줄씩 추가될 때마다 엑셀의 행 번호도 같이 증가시켜 줍니다. 서비스 이력을 다 입력하면 공급가액, 부가세, 합계의 총계를 기록하는 행을 하나 더 추가하고, 행 내용에는 총계를 내는 엑셀 수식을 입력합니다.

다음 코드를 수행하면 고객사별 서비스 이력이 입력된 청구서 파일이 108개 생성됩니다.

```python
for customer in customer_list:
    wb = makeInvoiceWorkbook()
    ws = wb["서비스 청구서"]
    this_customer_items = df.loc[df["고객사명"] == customer]
    this_customer_items = this_customer_items.sort_values(by=["방문일자", "기사"])
    item_row_no = 6   # 서비스 이력 내용이 입력되는 행 번호
    for idx in range(len(this_customer_items)):   # 서비스 이력 개수만큼 반복
        ws.insert_rows(item_row_no)   # 서비스 이력이 들어갈 곳에 새로운 행 삽입
        # 고객사, 서비스 일자, 서비스 내역 등 데이터를 항목에 맞게 입력
        ws["A{}".format(item_row_no)] = this_customer_items.iloc[idx, 1]
        ws["B{}".format(item_row_no)] = this_customer_items.iloc[idx, 0]
        ws["C{}".format(item_row_no)] = this_customer_items.iloc[idx, 3]
        ws["D{}".format(item_row_no)] = this_customer_items.iloc[idx, 2]
        ws["E{}".format(item_row_no)] = this_customer_items.iloc[idx, 4]
        ws["F{}".format(item_row_no)] = this_customer_items.iloc[idx, 5]
        ws["G{}".format(item_row_no)] = this_customer_items.iloc[idx, 6]
        ws["H{}".format(item_row_no)] = this_customer_items.iloc[idx, 7]
        item_row_no += 1 # 다음 행에 서비스 이력이 입력될 수 있도록 변숫값을 1 증가시킴
```

```
    ws["A{}".format(item_row_no)] = "총계"
    ws["B{}".format(item_row_no)] = '=COUNTA(C{}:C{})&"건"'.format(6, item_row_no-1)
    ws["F{}".format(item_row_no)] = "=SUM(F{}:F{})".format(6, item_row_no-1)
    ws["G{}".format(item_row_no)] = "=SUM(G{}:G{})".format(6, item_row_no-1)
    ws["H{}".format(item_row_no)] = "=SUM(H{}:H{})".format(6, item_row_no-1)


    wb.save("서비스 청구서_{}.xlsx".format(customer))
    # 결과 확인을 위해 엑셀 파일로 저장
```

Step 5 청구서 서식 변경 함수 작성하기

청구서 서식을 변경하는 코드를 반복문에 직접 넣어도 되지만, 청구서 파일을 생성할 때와 마찬가지로 코드의 가독성을 위해 별도 함수로 만들어 사용하겠습니다. 함수는 워크시트 객체를 파라미터로 넣어 호출하면 서식이 변경된 워크시트 객체를 리턴하도록 구성합니다. 서식 변경 코드는 다음과 같이 4단계로 구성됩니다.

❶ 서비스 이력표 영역 정렬 및 폰트 서식 설정

❷ 셀 병합 처리

❸ 서비스 이력표 제외한 부분의 정렬/폰트 서식 설정

❹ 행별 높이 설정

```
# 청구서 서식 변경 함수 작성하기
# 워크시트와 서비스 이력이 들어간 영역의 시작 행과 종료 행을 파라미터로 받도록 설정
def stylizeInvoiceForm(ws, item_start_row_no, item_row_no):
    # 서비스 이력표 테두리 서식과 적용 영역을 미리 지정
    side = Side(color="CCCCCC", border_style="medium")
    border_style = Border(left = side, right = side, top = side, bottom = side)


    # ❶ 서비스 이력표 영역 정렬 및 폰트 서식 설정
    for header in invoice_table_header_list:
        ws.column_dimensions[header[0]].width = header[2]    # 셀 너비 설정


        # 헤더 행 서식 설정
        ws[header[0] + "5"].font = Font(sz="12", bold=True)
```

```python
        ws[header[0] + "5"].fill = PatternFill(patternType="solid", start_
            color="ffd663")
        ws[header[0] + "5"].border = border_style
        ws[header[0] + "5"].alignment = Alignment(horizontal = "center", vertical =
            "center")


        # 내용 행 서식 설정, 내용 시작 행부터 종료 행까지 반복문으로 접근하여 설정
        for row_no in range(item_start_row_no, item_row_no+1):
            ws["{}{}".format(header[0], row_no)].font = Font(sz="11", bold=False)
            ws["{}{}".format(header[0], row_no)].border = border_style
            if header[0] in ["A", "B", "C", "D", "E"]:    # A~E열은 중앙 정렬
                ws["{}{}".format(header[0], row_no)].alignment
                    =Alignment(horizontal = "center", vertical = "center")
            else: # F~H 열은 숫자(금액)이므로 오른쪽 정렬, 세 자릿수마다 쉼표 입력
                ws["{}{}".format(header[0], row_no)].alignment
                    =Alignment(horizontal = "right", vertical = "center")
                ws["{}{}".format(header[0], row_no)].number_format =numbers.
                    BUILTIN_FORMATS[37]


    # 총계 행 서식 설정
    ws["{}{}".format(header[0], item_row_no)].font = Font(bold=True)
    ws["{}{}".format(header[0], item_row_no)].fill = PatternFill(patternType="s
        olid", start_color="eeeeee")


# ❷ 셀 병합 처리
ws.merge_cells("A2:H2")
ws.merge_cells("A4:H4")
ws.merge_cells("B{}:E{}".format(item_row_no, item_row_no))
ws.merge_cells("A{}:H{}".format(item_row_no+2, item_row_no+2))
ws.merge_cells("A{}:H{}".format(item_row_no+3, item_row_no+3))
ws.merge_cells("A{}:H{}".format(item_row_no+4, item_row_no+4))


# ❸ 서비스 이력표 제외한 부분의 정렬/폰트 서식 설정
ws["A2"].alignment = Alignment(horizontal = "center", vertical = "center")
ws["A2"].font = Font(sz="20", bold=True)
ws["A4"].alignment = Alignment(horizontal = "right", vertical = "center")
```

```
ws["A{}".format(item_row_no+2)].alignment = Alignment(horizontal = "center",
    vertical = "center")
ws["A{}".format(item_row_no+2)].font = Font(sz="16", bold=True)
ws["A{}".format(item_row_no+3)].alignment =
    Alignment(horizontal = "center", vertical = "center")
ws["A{}".format(item_row_no+3)].font = Font(sz="12", bold=True)
ws["A{}".format(item_row_no+4)].alignment =
    Alignment(horizontal = "right", vertical = "center")
ws["A{}".format(item_row_no+4)].font = Font(sz="14", bold=True)


# ❹ 행별 높이 설정
ws.row_dimensions[2].height = 40
ws.row_dimensions[4].height = 20
ws.row_dimensions[5].height = 25
ws.row_dimensions[item_row_no+2].height = 40
ws.row_dimensions[item_row_no+3].height = 20
ws.row_dimensions[item_row_no+4].height = 40


for row_no in range(item_start_row_no, item_row_no+1):
    ws.row_dimensions[row_no].height = 25


# 서식 처리가 완료된 워크시트 리턴
return ws
```

Step 6 서식 적용 후 엑셀 파일로 저장하기

Step 4 코드에 서식 설정 사용자 함수 stylizeInvoiceForm( )을 추가하고 save( ) 함수를 사용해 엑셀 파일로 저장하겠습니다. 회색 코드는 **Step 4**에서 작성한 코드입니다.

```
# 서식 적용 후 엑셀 파일로 저장하기
for customer in customer_list:
    wb = makeInvoiceWorkbook()
    ws = wb["서비스 청구서"]
    this_customer_items = df.loc[df["고객사명"] == customer]
```

```
this_customer_items = this_customer_items.sort_values(by=["방문일자", "기사"])

item_row_no = 6
for idx in range(len(this_customer_items)):
    ws.insert_rows(item_row_no)
    ws["A{}".format(item_row_no)] = this_customer_items.iloc[idx, 1]
    ws["B{}".format(item_row_no)] = this_customer_items.iloc[idx, 0]
    ws["C{}".format(item_row_no)] = this_customer_items.iloc[idx, 3]
    ws["D{}".format(item_row_no)] = this_customer_items.iloc[idx, 2]
    ws["E{}".format(item_row_no)] = this_customer_items.iloc[idx, 4]
    ws["F{}".format(item_row_no)] = this_customer_items.iloc[idx, 5]
    ws["G{}".format(item_row_no)] = this_customer_items.iloc[idx, 6]
    ws["H{}".format(item_row_no)] = this_customer_items.iloc[idx, 7]
    item_row_no += 1

ws["A{}".format(item_row_no)] = "총계"
ws["B{}".format(item_row_no)] = '=COUNTA(C{}:C{})&"건"'.format(6, item_row_no-1)
ws["F{}".format(item_row_no)] = "=SUM(F{}:F{})".format(6, item_row_no-1)
ws["G{}".format(item_row_no)] = "=SUM(G{}:G{})".format(6, item_row_no-1)
ws["H{}".format(item_row_no)] = "=SUM(H{}:H{})".format(6, item_row_no-1)

ws = stylizeInvoiceForm(ws, 6, item_row_no)    # 청구서 서식 변경 함수 호출
wb.save("서비스 청구서_{}.xlsx".format(customer))    # 엑셀 파일로 저장
```

다음은 **Step 1~6**을 종합한 코드입니다. 실행하면 주피터 노트북을 실행한 폴더에 청구서 파일이 108개 생성됩니다.

```
# Step 1. 모듈 불러오기
import pandas as pd
from openpyxl import Workbook
from openpyxl.styles import Alignment, PatternFill, Font, Side, Border, numbers


# Step 2. 서비스 이력 데이터 불러오기
df_src = pd.read_excel("서비스 이력.xlsx", sheet_name = None, engine="openpyxl")
```

```python
df = pd.concat(df_src, ignore_index=True)
customer_list = df["고객사명"].unique()


# Step 3. 청구서 생성 함수 작성하기
def makeInvoiceWorkbook():
    wb = Workbook()
    ws = wb["Sheet"]
    ws.title = "서비스 청구서"
    ws["A2"] = "(주)카피맨 렌탈 복사기 서비스 비용 청구서"
    ws["A4"] = "※서비스 기간 : 2024년 10월"
    for header in invoice_table_header_list:
        ws[header[0] + "5"] = header[1]


    ws["A8"] = "위 금액을 청구합니다."
    ws["A9"] = "2024년 10월 29일"
    ws["A10"] = "(주)카피맨 대표이사 김카피(인)"
    return wb
invoice_table_header_list = [
    ["A", "고객사", 20], ["B", "서비스 일자", 12], ["C", "서비스 내역", 40],
    ["D", "서비스 기사", 12], ["E", "유상/무상", 10], ["F", "공급가액(원)", 15],
    ["G", "부가세(원)", 15], ["H", "합계(원)", 15]
]


# Step 4는 Step 6과 통합


# Step 5. 청구서 서식 변경 함수 작성하기
def stylizeInvoiceForm(ws, item_start_row_no, item_row_no):
    side = Side(color="CCCCCC", border_style="medium")
    border_style = Border(left = side, right = side, top = side, bottom = side)


    for header in invoice_table_header_list:
        ws.column_dimensions[header[0]].width = header[2]
        ws[header[0] + "5"].font = Font(sz="12", bold=True)
        ws[header[0] + "5"].fill = PatternFill(patternType="solid", start_color
            ="ffd663")
        ws[header[0] + "5"].border = border_style
```

```python
        ws[header[0] + "5"].alignment = Alignment(horizontal = "center", vertical
            = "center")

        for row_no in range(item_start_row_no, item_row_no+1):
            ws["{}{}".format(header[0], row_no)].font = Font(sz="11", bold=False)
            ws["{}{}".format(header[0], row_no)].border = border_style
            if header[0] in ["A", "B", "C", "D", "E"]:
                ws["{}{}".format(header[0], row_no)].alignment = \
                    Alignment(horizontal = "center", vertical = "center")
            else:
                ws["{}{}".format(header[0], row_no)].alignment = \
                    Alignment(horizontal = "right", vertical = "center")
                ws["{}{}".format(header[0], row_no)].number_format = \
                    numbers.BUILTIN_FORMATS[37]

        ws["{}{}".format(header[0], item_row_no)].font = Font(bold=True)
        ws["{}{}".format(header[0], item_row_no)].fill = \
            PatternFill(patternType="solid", start_color="eeeeee")
ws.merge_cells("A2:H2")
ws.merge_cells("A4:H4")
ws.merge_cells("B{}:E{}".format(item_row_no, item_row_no))
ws.merge_cells("A{}:H{}".format(item_row_no+2, item_row_no+2))
ws.merge_cells("A{}:H{}".format(item_row_no+3, item_row_no+3))
ws.merge_cells("A{}:H{}".format(item_row_no+4, item_row_no+4))

ws["A2"].alignment = Alignment(horizontal = "center", vertical = "center")
ws["A2"].font = Font(sz="20", bold=True)
ws["A4"].alignment = Alignment(horizontal = "right", vertical = "center")
ws["A{}".format(item_row_no+2)].alignment =  \
    Alignment(horizontal = "center", vertical = "center")
ws["A{}".format(item_row_no+2)].font = Font(sz="16", bold=True)
ws["A{}".format(item_row_no+3)].alignment = \
    Alignment(horizontal = "center", vertical = "center")
ws["A{}".format(item_row_no+3)].font = Font(sz="12", bold=True)
ws["A{}".format(item_row_no+4)].alignment = \
    Alignment(horizontal = "right", vertical = "center")
```

```python
        ws["A{}".format(item_row_no+4)].font = Font(sz="14", bold=True)


        ws.row_dimensions[2].height = 40
        ws.row_dimensions[4].height = 20
        ws.row_dimensions[5].height = 25
        ws.row_dimensions[item_row_no+2].height = 40
        ws.row_dimensions[item_row_no+3].height = 20
        ws.row_dimensions[item_row_no+4].height = 40


        for row_no in range(item_start_row_no, item_row_no+1):
            ws.row_dimensions[row_no].height = 25


        return ws


# Step 4와 Step 6 통합하여 서식 적용 후 엑셀 파일로 저장하기
for customer in customer_list:
    wb = makeInvoiceWorkbook()
    ws = wb["서비스 청구서"]
    this_customer_items = df.loc[df["고객사명"] == customer]
    this_customer_items = this_customer_items.sort_values(by=["방문일자", "기사"])
    item_row_no = 6
    for idx in range(len(this_customer_items)):
        ws.insert_rows(item_row_no)
        ws["A{}".format(item_row_no)] = this_customer_items.iloc[idx, 1]
        ws["B{}".format(item_row_no)] = this_customer_items.iloc[idx, 0]
        ws["C{}".format(item_row_no)] = this_customer_items.iloc[idx, 3]
        ws["D{}".format(item_row_no)] = this_customer_items.iloc[idx, 2]
        ws["E{}".format(item_row_no)] = this_customer_items.iloc[idx, 4]
        ws["F{}".format(item_row_no)] = this_customer_items.iloc[idx, 5]
        ws["G{}".format(item_row_no)] = this_customer_items.iloc[idx, 6]
        ws["H{}".format(item_row_no)] = this_customer_items.iloc[idx, 7]
        item_row_no += 1
    ws["A{}".format(item_row_no)] = "총계"
    ws["B{}".format(item_row_no)] = '=COUNTA(C{}:C{})&"건"'.format(6, item_row_
        no-1)
    ws["F{}".format(item_row_no)] = "=SUM(F{}:F{})".format(6, item_row_no-1)
```

```
ws["G{}".format(item_row_no)] = "=SUM(G{}:G{})".format(6, item_row_no-1)
ws["H{}".format(item_row_no)] = "=SUM(H{}:H{})".format(6, item_row_no-1)


ws = stylizeInvoiceForm(ws, 6, item_row_no)
wb.save("서비스 청구서_{}.xlsx".format(customer))
```

고객사별 청구서 파일

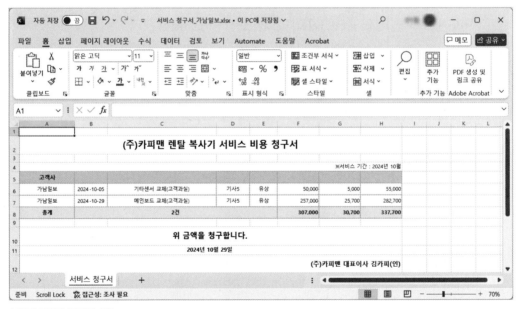

서식이 적용된 청구서 예시

지금까지 고객사별 청구서 작성 업무를 자동화하는 방법에 대해 알아보았습니다. 자신의 업무 환경에 맞게 코드를 수정, 적용한다면 이제 여러분도 충분히 업무 자동화에 파이썬을 적용할 수 있을 것입니다.

마무리

- **업무 자동화**를 추진하려면 먼저 업무 프로세스를 분석하고 사용할 데이터를 미리 확인해야 합니다.

- **코드**는 항상 읽기 쉽고 누가 보더라도 이해하기 쉽게 작성해야 합니다.

- 재사용이 가능한 코드들은 **함수로 정의**하여 중복으로 인한 시간과 비용을 줄여야 합니다.

## CHAPTER 10

챗GPT로 업무 자동화 코드 생성하기

▶▶▶

챗GPT란 미국의 OpenAI에서 개발한 대화형 인공지능(AI; Artificial Intelligence) 프로그램으로, 자연어 이해와 생성을 목적으로 다양한 문제를 해결할 수 있습니다. 대규모 지식을 학습했기 때문에 사용자가 입력한 텍스트를 기반으로 대화를 이어 나가며 특정 질문에 답변을 제공하는 것은 물론, 파이썬 코드를 생성할 수도 있습니다. Chapter 10에서는 챗GPT의 기본 사용법에 대해 살펴보고, 실전 예제를 통해 챗GPT를 이용하여 업무 자동화 코드를 생성하는 방법에 대해 알아보겠습니다.

SECTION 10.1 챗GPT 개요

▶▶ 챗GPT를 사용하기 위해서는 먼저 OpenAI의 챗GPT 서비스에 가입해야 합니다. 이후 챗GPT에 프롬프트(prompt)라고 하는 텍스트로 된 질문을 입력하여 원하는 결과를 얻을 수 있습니다. 이번 절에서는 챗GPT를 사용하기 위해 필요한 회원 가입 및 간단한 프롬프트 사용법에 대해 살펴보겠습니다.

회원 가입하기

챗GPT 홈페이지에 접속해 회원 가입을 진행해 보겠습니다. OpenAI에서 지속해서 서비스를 업데이트하므로 회원 가입 절차 또한 변경될 수 있습니다. 가장 정확한 정보는 OpenAI의 공식 웹사이트나 고객 지원 센터를 통해 확인하는 것이 좋습니다.

01 챗GPT 접속하기 챗GPT 홈페이지(https://chatgpt.com)에 접속하면 다음과 같은 화면이 나타납니다. 아직 계정이 없다면 [회원 가입] 버튼을, 계정이 있다면 [로그인] 버튼을 클릭합니다.

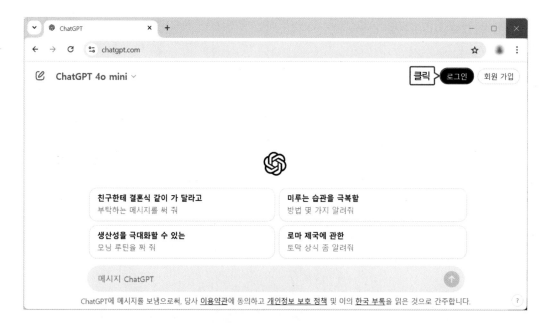

02 계정 만들기 [회원 가입] 버튼을 클릭했다면, OpenAI 계정을 생성하기 위해 이메일 주소를 입력하고 [계속] 버튼을 클릭한 후 비밀번호를 입력하고 [계속] 버튼을 클릭합니다. 이어서 이메일과 생년월일 인증 절차까지 마치면 회원 가입이 완료됩니다.

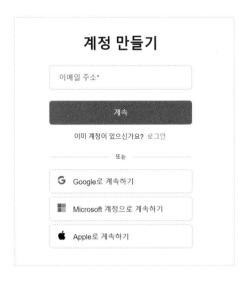

NOTE Google, Microsoft, Apple 계정이 있다면 연동해서 간편하게 가입할 수도 있습니다.

03 챗GPT 시작하기 이제 생성한 계정으로 로그인하여 챗GPT를 사용해 봅시다. 챗GPT 초기 화면은 다음과 같습니다.

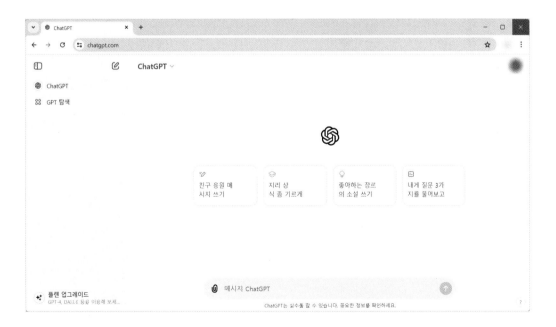

챗GPT 기본 화면과 사용 방법

본격적으로 챗GPT를 사용하기 전에 챗GPT의 기본 화면은 어떻게 구성되어 있는지, 어떻게 사용하는지 알아보겠습니다.

- **새 채팅:** 새로운 채팅을 시작할 수 있습니다. 새 채팅 하단에는 이전에 생성한 채팅 목록이 나타납니다.

- **프롬프트 입력창:** 프롬프트를 작성하는 텍스트 입력창입니다. 챗GPT에게 질문하거나 요청할 내용을 작성하고 [Enter] 키나 🔼 아이콘을 누르면 답변을 받을 수 있습니다.

- **플랜 업그레이드**: 챗GPT는 현재 무료 및 유료 플랜으로 서비스를 제공합니다. 무료 플랜은 기본적으로 GPT-3.5를 이용하되, GPT-4o도 제한적으로 사용할 수 있습니다. 유료 플랜은 Plus와 Team으로 구분되어 있습니다. Plus(월 20달러)는 GPT-4, GPT-4o, GPT-3.5를 모두 이용할 수 있으며 DALL·E와 고급 프롬프트 기능도 제공합니다. Team(1인당 월 25달러)은 Plus의 모든 기능과 워크스페이스 관련 기능까지 사용할 수 있습니다.

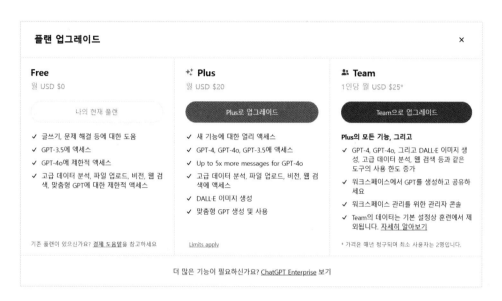

챗GPT로 코딩하기

▶▶ 챗GPT는 대규모 텍스트 데이터를 학습하여 프로그래밍 언어의 문법과 코딩 패턴을 이해합니다. 이를 통해 사용자 요청과 문제 해결에 필요한 코드를 생성하고, 오류를 찾아 수정할 수도 있습니다. 이번에는 챗GPT를 활용해 파이썬 코드를 생성하고 주피터 노트북에서 실행하는 방법에 대해 살펴보겠습니다.

챗GPT를 활용한 파이썬 코딩은 다음과 같은 단계로 나눠 진행합니다. 본격적인 실습에 들어가기 전에 'Hello, World!' 문구를 출력하는 간단한 파이썬 프로그램 제작을 예시로 살펴보며, 각 단계별 내용을 구체적으로 알아보겠습니다.

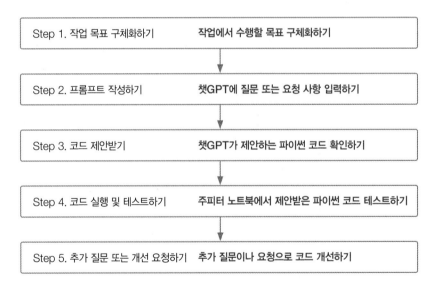

| Step 1. 작업 목표 구체화하기 | 작업에서 수행할 목표 구체화하기 |

| Step 2. 프롬프트 작성하기 | 챗GPT에 질문 또는 요청 사항 입력하기 |

| Step 3. 코드 제안받기 | 챗GPT가 제안하는 파이썬 코드 확인하기 |

| Step 4. 코드 실행 및 테스트하기 | 주피터 노트북에서 제안받은 파이썬 코드 테스트하기 |

| Step 5. 추가 질문 또는 개선 요청하기 | 추가 질문이나 요청으로 코드 개선하기 |

Step 1 작업 목표 구체화하기

이번 작업의 목표는 'Hello, World!'를 출력하는 파이썬 기반 프로그램 개발입니다.

Step 2 프롬프트 작성하기

프롬프트는 나의 의도가 명확히 전달되도록 작성해야 원하는 답변을 받을 수 있습니다. 챗GPT에게 이번 작업의 목표인 "파이썬에서 'Hello, World!'를 출력하는 코드를 작성해 줘."라고 프롬프트를 작성합니다.

Step 3 코드 제안받기

코드를 작성해 달라는 프롬프트를 입력받은 챗GPT가 목표를 달성할 수 있는 파이썬 코드를 제안해 줍니다. 제안받은 코드는 [코드 복사] 기능을 사용하면 쉽게 활용할 수 있습니다.

NOTE 챗GPT가 제안하는 코드는 항상 동일하지 않고, 때에 따라 다를 수 있습니다. 이는 챗GPT의 답변에 다양성을 주기 위해 OpenAI에서 의도한 것이므로 책과 다르다고 해서 당황하지 않아도 됩니다.

Step 4 코드 실행 및 테스트하기

챗GPT에게 제안받은 코드를 복사해서 주피터 노트북의 셀 영역에 붙여 넣습니다. 코드를 실행하여 'Hello, World!'가 잘 출력되는지 확인합니다.

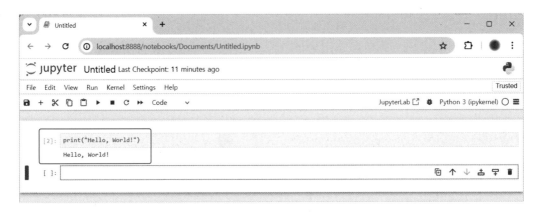

Step 5 추가 질문 또는 개선 요청하기

만약 더 복잡한 로직이 필요하다면 추가 질문으로 코드를 개선할 수 있습니다. "입력받은 이름을 사용해서 'Hello, [이름]!'을 출력하는 파이썬 코드를 작성해 줘."와 같이 추가 질문을 하면 개선된 파이썬 코드를 제시해 줍니다.

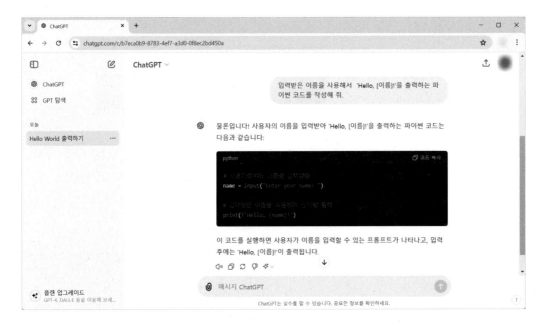

마찬가지로 주피터 노트북에서 코드를 테스트합니다. 필요한 경우, **Step 5**와 같이 수정 사항을 요청하거나 다른 기능을 추가하는 등 피드백을 주고받을 수 있습니다.

이 예시는 매우 간단한 코딩 작업을 보여 주었으나, 챗GPT는 더 복잡한 프로그래밍, 알고리즘의 구현, 디버깅, 코드 리뷰, 최적화 등에도 도움을 줄 수 있습니다. 또한 각 단계에서 더 구체적이고 명확한 프롬프트를 제시할수록 챗GPT는 더 정확하고 유용한 답변을 제공합니다. 다양한 실습을 통해 자세히 알아보겠습니다.

실습 데이터 분석 – 월마트 판매 데이터를 활용해서 상관 관계 분석하기

예제 파일 | chapter10 \ walmart_cleaned.csv

챗GPT를 활용해, '월마트의 2010년~2022년 주별 판매금액' 데이터셋으로 각 항목의 상관 관계를 분석하고 시각화하는 코드를 작성해 보겠습니다.

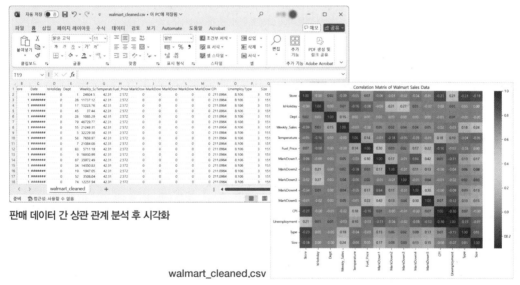

판매 데이터 간 상관 관계 분석 후 시각화

walmart_cleaned.csv

* 데이터셋 출처: https://www.kaggle.com/datasets/ujjwalchowdhury/walmartcleaned?resource=download

데이터셋은 관련된 데이터를 모아 놓은 집합을 말합니다. 파일에는 휴일 여부, 부서 ID, 주간 판매액 등과 같은 상관 관계 분석이 가능한 칼럼 정보가 들어 있습니다.

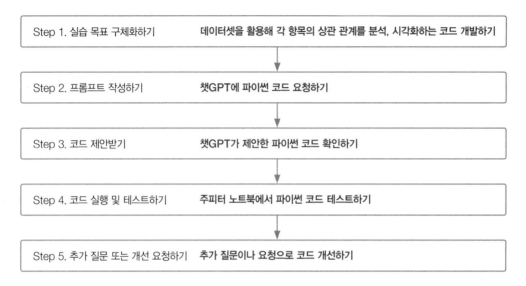

Step 1. 실습 목표 구체화하기	**데이터셋을 활용해 각 항목의 상관 관계를 분석, 시각화하는 코드 개발하기**
Step 2. 프롬프트 작성하기	**챗GPT에 파이썬 코드 요청하기**
Step 3. 코드 제안받기	**챗GPT가 제안한 파이썬 코드 확인하기**
Step 4. 코드 실행 및 테스트하기	**주피터 노트북에서 파이썬 코드 테스트하기**
Step 5. 추가 질문 또는 개선 요청하기	**추가 질문이나 요청으로 코드 개선하기**

Step 1 실습 목표 구체화하기

이번 실습의 목표는 '월마트 판매 데이터 각 항목에 대한 상관 관계를 분석하고 시각화하는 파이썬 코드 개발'입니다.

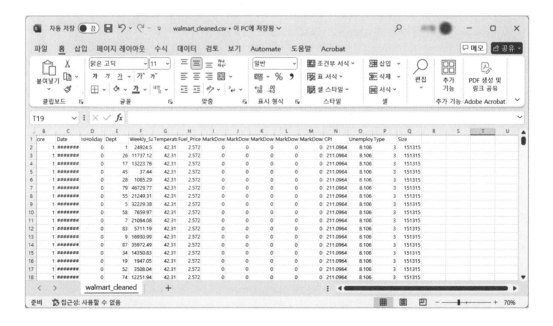

Step 2 프롬프트 작성하기

챗GPT에게서 이번 실습의 목표인 파이썬 코드를 받기 위해 명확한 프롬프트를 작성해 보겠습니다.

01 칼럼 정보 확인하기 'walmart_cleaned.csv' 파일을 불러옵니다. 파일의 데이터를 살펴보면 칼럼 정보를 확인할 수 있습니다. 그중에서 상관 관계 분석이 가능한 수치형으로 된 항목을 정리하면 다음 표와 같습니다.

칼럼(항목)	내용
IsHoliday	휴일 여부
Dept	**부서 ID**
Weekly_Sales	**주간 판매액**
Temperature	온도
Fuel_Price	연료 가격
MarkDown1	가격 인하 관련 항목1
MarkDown2	가격 인하 관련 항목2
MarkDown3	가격 인하 관련 항목3
MarkDown4	가격 인하 관련 항목4
MarkDown5	가격 인하 관련 항목5
CPI	소비자 가격 지수
Unemployment	실업률
Type	상점 유형
Size	상점 크기

> **NOTE** 상관 관계 분석이란 두 변수 간 관계를 측정하고 평가하는 통계 기법입니다. 상관 관계 분석은 주로 수치 데이터를 기반으로 하는데, 이는 상관 관계 분석에서 사용하는 수학적 계산에 수치 데이터가 필요하기 때문입니다.

02 프롬프트 작성하기 상관 관계를 분석하기 위해 살펴보려는 항목을 포함하여 다음과 같이 프롬프트를 작성하고 챗GPT에게 요청합니다.

 다음 내용을 참고해서 파이썬 코드로 작성해 줘.

- 월마트 판매 데이터의 각 항목에 대한 상관 관계를 분석하고 시각화하고 싶어.
- 데이터셋은 'walmart_cleaned.csv'이고 다음 칼럼을 항목으로 설정하고 분석해 줘.

  Store, IsHoliday, Dept, Weekly_sales, Temperature, Fuel_Price, MarkDown1, MarkDown2, MarkDown3, MarkDown4, MarkDown5, CPI, Unemployment, Type, Size

Step 3 코드 제안받기

챗GPT는 프롬프트 내용에 맞춰 다음과 같은 파이썬 코드를 제안해 줍니다. 물론 같은 내용을 요청하더라도 챗GPT가 제안하는 코드 내용은 조금씩 다를 수 있습니다.

상관 관계를 분석하고 시각화하기 위해서는 주어진 데이터셋을 불러와서 각 항목 간 상관 계수를 계산한 후, 이를 히트맵을 통해 시각화하면 됩니다. 다음은 파이썬 코드입니다:

```python
import pandas as pd
import seaborn as sns
import matplotlib.pyplot as plt

# 데이터셋 불러오기

data = pd.read_csv('walmart_cleaned.csv')
# 분석할 컬럼 선정

columns_to_analyze = [
    'Store', 'IsHoliday', 'Dept', 'Weekly_Sales', 'Temperature',
    'Fuel_Price', 'MarkDown1', 'MarkDown2', 'MarkDown3', 'MarkDown4',
    'MarkDown5', 'CPI', 'Unemployment', 'Type', 'Size'
]

# 필요한 컬럼만 추출

data = data[columns_to_analyze]

# 카테고리형 변수 'Type'을 수치형으로 변환

data['Type'] = data['Type'].astype('category').cat.codes

# 상관 계수 계산

correlation_matrix = data.corr()

# 상관 관계 히트맵 시각화

plt.figure(figsize=(15, 10))
sns.heatmap(correlation_matrix, annot=True, cmap='coolwarm',
linewidths=0.5)
```

```
plt.title('Correlation Matrix of Walmart Sales Data')
plt.show()
```

이 코드는 다음 단계를 수행합니다:

1. 데이터셋을 불러옵니다.

2. 분석할 칼럼을 선택합니다.

3. 'Type' 칼럼을 수치형으로 변환합니다. (상관 계수 계산을 위해)

4. 각 칼럼 간 상관 계수를 계산합니다.

5. 히트맵을 사용해 상관 관계를 시각화합니다.

이 코드를 실행하면 주어진 데이터셋의 각 항목 간 상관 관계를 한눈에 확인할 수 있습니다.

Step 4 코드 실행 및 테스트하기

주피터 노트북에서 챗GPT가 제안한 코드를 실행하여 결과를 확인합니다. 필요하다면 추가로 질문하거나 개선할 점을 요청해 보세요. 이 과정을 반복하여 더 구체적인 코드를 개발할 수 있습니다.

```
import pandas as pd
import seaborn as sns
import matplotlib.pyplot as plt

... 중략 ...

# 상관 관계 히트맵 시각화
plt.figure(figsize=(15, 10))
sns.heatmap(correlation_matrix, annot=True, cmap='coolwarm', linewidths=0.5)
plt.title('Correlation Matrix of Walmart Sales Data')
plt.show()
```

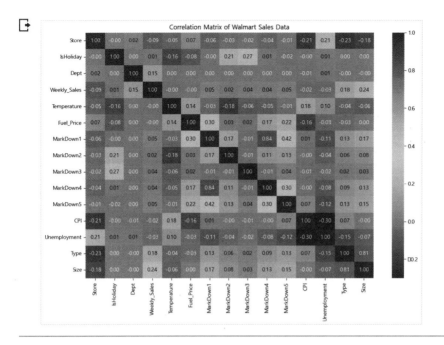

Correlation Matrix of Walmart Sales Data

NOTE 챗GPT가 제시한 코드가 에러 없이 완벽히 작동한다는 보장은 없습니다. 제시한 코드에 오류가 있을 수 있으며, 필요한 패키지가 PC에 설치되어 있지 않아서 에러 화면을 마주하게 될 수도 있습니다. 이 경우 챗GPT에게 출력된 에러 메시지와 함께 해결 방법을 알려 달라고 추가로 요청하면 문제를 해결할 수 있습니다.

실습 업무 자동화 – 여러 엑셀 파일을 하나로 합치기

예제 파일 | Chapter10\시트복사_원본1.xlsx, Chapter10\시트복사_원본2.xlsx

업무 자동화 코드를 직접 작성하는 방법과 챗GPT를 활용해 작성하는 방법을 비교해 볼 수 있도록 216쪽 '[실습] 여러 엑셀 파일을 하나로 합치기'와 동일한 내용으로 실습해 보겠습니다.

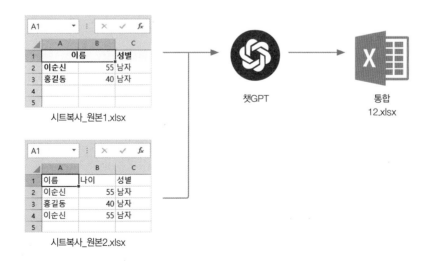

시트복사_원본1.xlsx

챗GPT

통합
12.xlsx

시트복사_원본2.xlsx

'시트복사_원본1.xlsx'과 '시트복사_원본2.xlsx' 파일은 각각 하나의 시트로 구성되어 있고 이름, 나이, 성별 데이터를 가지고 있습니다. 이 시트들을 하나의 파일로 통합해 '통합12.xlsx 파일'을 생성하는 파이썬 코드를 작성해 보겠습니다.

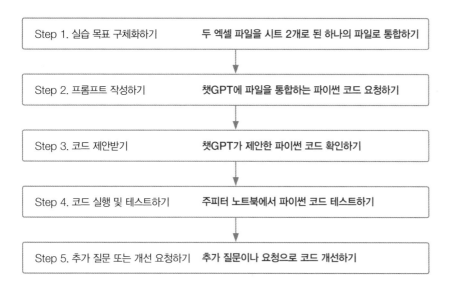

Step 1. 실습 목표 구체화하기	두 엑셀 파일을 시트 2개로 된 하나의 파일로 통합하기
Step 2. 프롬프트 작성하기	챗GPT에 파일을 통합하는 파이썬 코드 요청하기
Step 3. 코드 제안받기	챗GPT가 제안한 파이썬 코드 확인하기
Step 4. 코드 실행 및 테스트하기	주피터 노트북에서 파이썬 코드 테스트하기
Step 5. 추가 질문 또는 개선 요청하기	추가 질문이나 요청으로 코드 개선하기

Step 1 실습 목표 구체화하기

이번 실습의 목표는 두 엑셀 파일(시트복사_원본1.xlsx, 시트복사_원본2.xlsx)에 각각 들어 있는 시트를 통합해, 2개 시트로 된 하나의 파일(통합12.xlsx)을 생성하는 파이썬 코드 개발입니다.

Step 2 프롬프트 작성하기

원하는 파이썬 코드를 얻기 위해 설명, 파일명, 제약 사항, 최종 결과에 대한 내용을 프롬프트에 작성합니다. 프롬프트를 작성할 때는 '파이썬 코드로 작성해 줘'와 같이 요청의 목적을 명확히 하는 것이 중요합니다. 또한 정확한 결과를 얻기 위해 제약 사항을 명시함으로써 필요에 부합한 결과물을 얻을 수 있습니다.

다음 내용을 참고하여 파이썬 코드로 작성해 줘.

#1. 설명: 두 엑셀 파일에 있는 각 시트를 2개 시트로 된 하나의 파일로 통합하는 코드 개발

#2. 파일명: '시트복사_원본1.xlsx', '시트복사_원본2.xlsx'

#3. 제약 사항: 모든 서식은 원본과 동일하게 유지

#4. 최종 결과: 파일명은 '통합12.xlsx'로 설정하고, 시트명은 '시트1'과 '시트2'로 생성하며, 이외의 시트가 있다면 삭제

Step 3 코드 제안받기

챗GPT는 프롬프트에 작성된 요청에 따라 다음과 같은 파이썬 코드를 제안합니다.

이번에는 파이썬에서 'openpyxl' 라이브러리만 사용하여 두 엑셀 파일의 각 시트를 하나의 파일로 통합하고, 서식을 유지하는 코드를 작성해 보겠습니다. 각 파일의 첫 번째 시트만 사용하여 '통합12.xlsx' 파일에 '시트1', '시트2'로 저장합니다.

```python
from openpyxl import load_workbook

def copy_sheet(source_sheet, target_sheet):
    for row in source_sheet.iter_rows():
        for cell in row:
            new_cell = target_sheet.cell(row=cell.row, column=cell.column, value=cell.value)
            if cell.has_style:
                new_cell.font = cell.font
                new_cell.border = cell.border
                new_cell.fill = cell.fill
                new_cell.number_format = cell.number_format
                new_cell.protection = cell.protection
                new_cell.alignment = cell.alignment

source_files = ['시트복사_원본1.xlsx', '시트복사_원본2.xlsx']
```

```
# 새로운 워크북 생성
new_wb = load_workbook(source_files[0])
# 첫 번째 파일의 워크북을 기반으로 새 워크북 생성
new_wb.remove(new_wb.active) # 초기 시트 제거
# 각 파일의 첫 번째 시트를 새 워크북에 복사
for index, file_name in enumerate(source_files):
    source_wb = load_workbook(file_name, read_only=True)
    source_sheet = source_wb.active
    new_sheet = new_wb.create_sheet(title=f'시트{index+1}')
    # 새 시트 생성
    copy_sheet(source_sheet, new_sheet) # 시트 복사
# 저장 전에 원본 파일에서 생성된 빈 시트가 있으면 삭제
if len(new_wb.sheetnames) > 2:
    for sheet_name in new_wb.sheetnames[2:]:
        # 첫 두 시트 이외의 시트 삭제
        del new_wb[sheet_name]
# 파일 저장
new_wb.save('통합12.xlsx')
```

이 코드는 다음 단계를 수행합니다:

1. 두 개의 원본 파일을 로드합니다.

2. 새 워크북을 생성하고, 각 파일의 첫 번째 시트를 새 워크북에 복사합니다.

3. 복사된 시트는 '시트1'과 '시트2'로 명명됩니다.

4. 모든 서식을 유지하면서 데이터를 복사합니다.

5. 최종적으로 '통합12.xlsx' 파일로 저장합니다.

Step 4 코드 실행 및 테스트하기

주피터 노트북에서 복사한 코드를 실행하여 결과를 확인합니다. 추가로 질문하거나 개선할 점을 요청하면서 더 구체적인 코드를 개발할 수 있습니다.

```python
from openpyxl import load_workbook

def copy_sheet(source_sheet, target_sheet):
    for row in source_sheet.iter_rows():
        for cell in row:
            new_cell = target_sheet.cell(row=cell.row, column=cell.column,
value=cell.value)

... 중략 ...

# 저장 전에 원본 파일에서 생성된 빈 시트가 있으면 삭제
if len(new_wb.sheetnames) > 2:
    for sheet_name in new_wb.sheetnames[2:]:  # 첫 두 시트 이외의 시트 삭제
        del new_wb[sheet_name]
# 파일 저장
new_wb.save('통합12.xlsx')
# '통합12.xlsx' 파일을 열어 보면 다음과 같이 2개의 시트 결과를 확인할 수 있습니다.
```

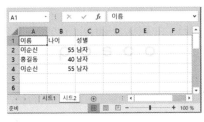

> **NOTE** 챗GPT를 활용하여 코딩하면 직접 코딩한 것에 비해 코드가 간결해진 것을 볼 수 있습니다. 항상 그렇지는 않겠지만 챗GPT를 활용하면 코딩 학습에도 도움이 됩니다.

실습 웹 크롤링 – 서점 베스트셀러 정보 가져오기

웹 크롤링 코드를 직접 작성하는 방법과 챗GPT를 활용해 작성하는 방법을 비교해 볼 수 있도록 282쪽 '[실습] 서점 베스트셀러 정보 가져오기'와 동일한 내용으로 실습해 보겠습니다.

이번 실습의 목표는 국내 대표 서점인 예스24 웹 페이지에 접속해서 베스트셀러 도서, 저자, 가격 데이터를 가져오는 것입니다. 챗GPT가 학습한 지식만으로는 웹 페이지의 구조나 태그 변화에 대응하기 어렵기 때문에, 웹 크롤링을 할 때는 웹 페이지의 구조나 태그 등을 사전에 파악하는 것이 중요합니다. 이는 직접 코딩할 때와 비슷한 준비 과정이 필요함을 의미합니다.

이번 실습은 챗GPT를 활용하여 필요한 데이터를 추출하는 데 목적이 있기 때문에, 베스트셀러 목록에서 데이터를 추출하도록 하겠습니다.

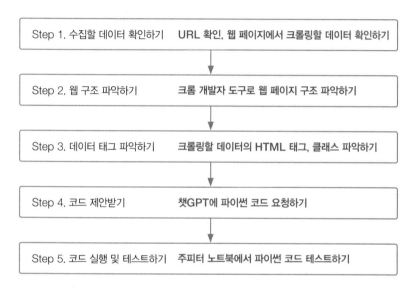

Step 1. 수집할 데이터 확인하기   URL 확인, 웹 페이지에서 크롤링할 데이터 확인하기

Step 2. 웹 구조 파악하기   크롬 개발자 도구로 웹 페이지 구조 파악하기

Step 3. 데이터 태그 파악하기   크롤링할 데이터의 HTML 태그, 클래스 파악하기

Step 4. 코드 제안받기   챗GPT에 파이썬 코드 요청하기

Step 5. 코드 실행 및 테스트하기   주피터 노트북에서 파이썬 코드 테스트하기

Step 1 수집할 데이터 확인하기

첫 단계에서는 예스24 베스트셀러 목록이 있는 웹 페이지 주소를 확인하고 도서명, 저자, 가격 데이터가 어느 위치에 있는지 대략적으로 확인합니다.

01 크롬으로 웹 페이지 접속하기 크롬으로 예스24 베스트셀러 웹 페이지인 'https://www.yes24.com/Product/Category/BestSeller?categoryNumber=001&pageNumber=1&pageSize=24'에 접속하면, [국내도서 종합 베스트] 페이지가 나타납니다. 스크롤을 내려보면 한 페이지에 국내도서 종합 베스트셀러 목록이 24개씩 보여지는 것을 확인할 수 있습니다.

02 데이터 위치 확인하기 정확한 데이터를 가져오기 위해서는 어떤 웹 페이지에 어떤 데이터가 있는지 확인해야 합니다. [국내도서 종합 베스트] 페이지에는 도서명, 저자, 가격 등이 일관성 있게 배치되어 있는 것을 볼 수 있습니다.

Step 2 웹 구조 파악하기

두 번째 단계에서는 크롬 개발자 도구를 활용해 베스트셀러 목록 페이지의 구조를 확인합니다.

01 크롬 개발자 도구 활용하기 베스트셀러 목록 페이지에서 F12 키를 누르면 화면의 우측에 크롬 개발자 도구가 나타납니다. [Elements] 탭에서 Inspect(⌖) 아이콘을 클릭한 후, 도서 목록에서 마우스를 움직이면서 원하는 도서 전체 영역을 클릭하면 해당 HTML 코드를 확인할 수 있습니다.

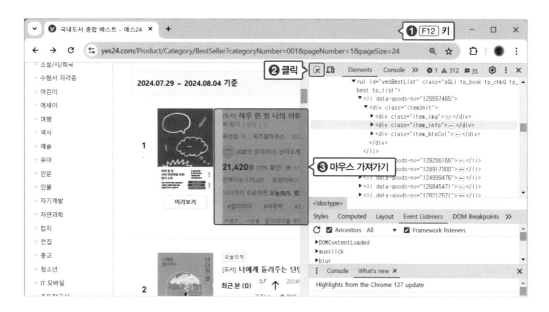

02 웹 구조 파악하기 크롬 개발자 도구 창에서 HTML 코드를 분석해 보면 각 도서의 도서명은 〈a class="gd_name" …〉 태그로 이루어져 있는 것을 확인할 수 있습니다. 같은 방식으로 저자, 가격 등 다른 정보들도 확인할 수 있습니다.

Step 3 데이터 태그 파악하기

도서별 도서명, 저자, 가격 정보를 가져오려면 데이터가 어떤 클래스 속성을 갖고 있는지, 그리고 어떤 태그로 구성되어 있는지 확인해야 합니다.

01 데이터별 태그 확인하기 Inspect(🔍) 아이콘을 클릭한 후, 도서명을 클릭하면 해당 위치의 HTML 태그에서 클래스 속성을 확인할 수 있습니다.

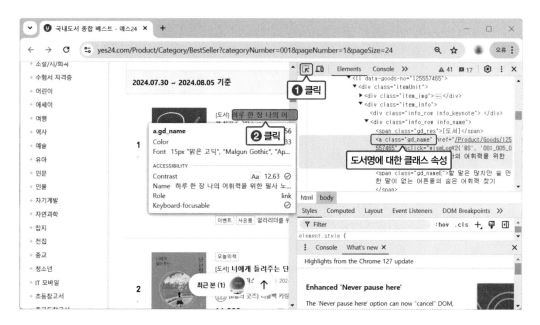

02 태그 정리하기 위에서 알아본 도서명, 저자, 가격 태그를 정리하면 다음 표와 같습니다. 크롤링 코드를 작성할 때에는 데이터별 태그를 검토한 후 각 태그에 적합한 코드를 작성해야 합니다.

데이터명	태그
도서명	class="gd_name"
저자	class="authPub info_auth"
가격	class="yes_b"

NOTE 가격 데이터의 경우 "yes_b" 클래스의 속성값이 다른 용도의 클래스에도 사용 중이므로 다른 클래스와 구별하기 위해 상위 태그의 클래스인 〈strong class="txt_num"〉를 함께 사용합니다.

• 사용 방법: 상위 클래스 〉 하위 클래스(예: .txt_num 〉 .yes_b)

Step 4 코드 제안받기

지금까지 확인한 정보를 토대로 챗GPT를 활용하여 예스24 종합 베스트셀러 도서 정보를 크롤링하는 파이썬 코드를 개발해 보겠습니다.

01 프롬프트 작성하기 원하는 파이썬 코드를 얻기 위해 사용할 패키지, 접속할 URL, 추출 정보, 최종 결과물에 대한 내용을 프롬프트에 작성합니다.

 다음 내용을 참고해서 파이썬 코드를 작성하고, 단계별 코드를 기반으로 계속 발전시켜 줘.

```
#1. 사용할 패키지
import requests
from bs4 import BeautifulSoup as bs
import pandas as pd


#2. 접속할 URL
URL = 'https://www.yes24.com/Product/Category/BestSeller?categoryNumber=001
&pageNumber=1&pageSize=24'


#3. 다음 element의 텍스트를 추출해 줘.
 - '.gd_name'
 - '.authPub.info_auth'
 - '.txt_num > .yes_b'


#4. 최종 결과물: 화면 출력은 display 함수 사용
 - 데이터 타입: Pandas DataFrame
 - 칼럼명: '도서', '저자', '가격'
```

NOTE #3의 클래스 선택자 사용 시, 속성값 앞에 '.'을 써 주어야 하고(예: .gd_name), 속성값에 공백이 있을 때는 공백을 '.'으로 대체합니다(예: .authPub info_auth → .authPub.info_auth). 상위 태그와 하위 태그를 연결하여 사용할 때는 '.상위 클래스 속성값 > .하위 클래스 속성값'과 같이 사용합니다(.txt_num > .yes_b).

02 코드 제안받기 챗GPT는 프롬프트에 작성한 요청에 따라 다음과 같은 파이썬 코드를 제안합니다.

좋습니다! 주어진 요구사항에 따라 코드를 작성하겠습니다. 각 단계별로 진행하여 최종적으로 Pandas DataFrame을 화면에 출력하는 코드를 만들어 보겠습니다.

Step-by-Step Code Development

Step 1: 필요한 패키지 import하기

```python
import requests
from bs4 import BeautifulSoup as bs
import pandas as pd
```

Step 2: 접속할 URL 정의하기

```python
URL = 'https://www.yes24.com/Product/Category/BestSeller?categoryNumber=001&pageNumber=1&pageSize=24'
```

Step 3: HTML에서 필요한 요소 텍스트를 추출하여 Pandas DataFrame 화면에 출력하기

```python
# 추출한 데이터를 Pandas DataFrame으로 변환합니다.
data = pd.DataFrame({
    '도서': book_names,
    '저자': authors,
    '가격': prices
})

# DataFrame을 화면에 출력합니다.
def display(data):
    from IPython.display import display_html
    display_html(data.to_html(), raw=True)

# display 함수를 사용해 DataFrame을 출력합니다.
display(data)
```

최종 결과물

```python
python                                                    코드 복사

import requests
from bs4 import BeautifulSoup as bs
import pandas as pd

# 접속할 URL
URL = 'https://www.yes24.com/Product/Category/BestSeller?categoryNum-
ber=001&pageNumber=1&pageSize=24'

# URL로 GET 요청을 보내고 응답을 받습니다.
response = requests.get(URL)

# BeautifulSoup을 사용해 HTML을 파싱합니다.
soup = bs(response.text, 'html.parser')

# 도서 제목 추출
book_names = [item.text.strip() for item in soup.select('.gd_name')]

# 저자 및 출판사 정보 추출
authors = [item.text.strip() for item in soup.select('.authPub.info_
auth')]

# 가격 정보 추출
prices = [item.text.strip() for item in soup.select('.txt_num > .yes_b')]

# 추출한 데이터를 Pandas DataFrame으로 변환합니다.
data = pd.DataFrame({
    '도서': book_names,
    '저자': authors,
    '가격': prices
})
```

```
# DataFrame을 화면에 출력하는 함수 정의
def display(data):
    from IPython.display import display_html
    display_html(data.to_html(), raw=True)

# display 함수를 사용해 DataFrame을 출력합니다.
display(data)
```

이 코드를 실행하면 지정된 URL에서 베스트셀러 도서명, 저자, 가격을 추출하여 Pandas DataFrame으로 변환하고, 화면에 테이블 형태로 출력합니다.

Step 5 코드 실행 및 테스트하기

01 주피터 노트북에서 복사한 코드를 실행하여 결과를 확인합니다. 이때 역시 추가 질문이나 개선할 점을 요청하는 피드백이 가능합니다.

```
import requests
from bs4 import BeautifulSoup as bs
import pandas as pd

# 접속할 URL
URL = 'https://www.yes24.com/Product/Category/BestSeller?categoryNumber=001&page
Number=1&pageSize=24'

...중략...

# display 함수를 사용해 DataFrame을 출력합니다.
display(data)
```

	도서	저자	가격
0	하루 한 장 나의 어휘력을 위한 필사 노트	유선경 저	21,420
1	그의 운명에 대한 아주 개인적인 생각	유시민 저	15,120
2	불변의 법칙	모건 하우절 저/이수경 역	22,500
3	내 몸 혁명	박용우 저	17,550
4	2024 큰별쌤 최태성의 별별한국사 한국사능력검정시험 심화(1,2,3급) 상	최태성 저	14,400

NOTE 챗GPT를 활용하여 코딩하면 직접 코딩한 것에 비해 코드가 간결해집니다. 항상 그렇지는 않겠지만 챗GPT를 활용하다 보면 코딩 학습에도 도움이 됩니다.

마무리

- 프롬프트는 나의 의도가 명확히 전달되게 작성할수록 원하는 답변을 받을 수 있습니다.

- 챗GPT가 제안한 코드를 실행하는 중에 오류가 발생하면 챗GPT에 에러 메시지와 해결 방법을 추가로 요청하면 해결할 수 있습니다.

- 챗GPT를 활용하면 코딩 작업을 더 쉽고 빠르게 작성할 수 있습니다.